"中国自贸试验区研究"丛书

沈四宝 ◇ 主编

沈 健 ◇ 著

中国自贸试验区投资便利化研究

2019年·厦门

总　序

沈四宝

党的十九大报告指出："中国支持多边贸易体制，促进自由贸易区建设，推动建设开放型世界经济。"自贸试验区建设是我国立足国内、面向世界所做出的重大战略举措。从 2013 年 9 月第一个自贸试验区——中国（上海）自由贸易试验区挂牌以来，到 2018 年中国（海南）自由贸易试验区获批，五年时间里自贸试验区数量已达十二个，涉及东部沿海、中西部和东北地区的多个省（市）。五年来，自贸试验区建设的广度和深度得到全面拓展，并以制度创新为突破口，先后推出了大量见真章、出实效的对外开放新举措，积累了若干可复制可推广的宝贵经验，发挥了引领中国全面开放的"排头兵"作用。党的十九大决定赋予自贸试验区更大的改革自主权，在进一步开放的过程中，自贸试验区面临哪些法律挑战，有什么样的解决方案，这是目前相关领域应予以高度关注的问题之一。本套丛书聚焦上述问题，由相关领域的青年学者潜心研究、倾力打造而成，对学术界与实务界均具有一定借鉴参考价值。

本套丛书问题聚焦化。整套丛书采取了"背景分析＋重大制度创新＋纠纷解决机制"的体例，以分析我国进一步改革开放的国内国际经贸形势为切入点，聚焦自贸试验区建设所面临的国内国际法律挑战的问题，以自贸试验区的重大制度创新为主轴展开研究，深入剖析其金融制度创新、投资管理制度创新、贸易监管制度创新的相关内容，并对自贸试验区内的民商事纠纷解决机制、投资争端解决机制等问题进行了深入研究。丛书内的具体分册亦聚焦自贸试验区相关创新所面临的法律挑战,分析挑战的原因,提出应对的思路。如《中国自贸试验区多元化纠纷解决机制研究》从涉自贸区纠纷的特点出发,分别对自贸试验区仲裁制度,司法制度,调解制度,诉讼、仲裁与调解衔接制度以及投资争端解决机制的现状、创新、不足进行了分析,并在借鉴相关国际规则及别国成熟经验的基础上,指出相应的完善路径。

本套丛书角度专业化。丛书从国际经济法学的专业角度,将国际经济法学的相关理论运用到我国自贸试验区建设的实践之中,探讨自贸试验区建设的国内法治以及国际法治问题。比如:《中国自贸试验区贸易便利化研究》一书运用国际经济法学有关贸易便利化的相关理论与研究成果,着重探讨在我国法律框架下如何进行自贸试验区的贸易监管制度创新,同时也探讨在国际法治框架下如何使我国自贸试验区的制度创新能够与国际相关规则相衔接。又如:《中国自贸试验区金融创新制度研究》一书并未过多着眼于我国现阶段金融市场的全球化改革,而是从国际金融法的视角对以负面清单制度所实现的金融行业准入的开放、资本项目管制和汇率制度改革、人民币跨境使用等方面的问题进行分析,探讨自贸试验区金融制度的创新。

本套丛书视野国际化。丛书的一大特点是不仅仅局限于我国自贸试验区建设,而是大量借鉴、参考世界贸易组织(WTO)、美国、欧盟、世界银行、经济合作与发展组织(OECD)、联合国国际贸易法委员会(UNCITRAL)等的相关理论与实践做法,对自贸试验区的相关问题进行探讨。比如:《中国自贸试验区投资便利化研究》一书在探讨外资并购国家安全审查制度的构建时,将视野投向了诸多国家安全审查制度较为完善的国家与地区,如美国、澳大利亚等,在分析别国国家安全审查制度的优劣势的基础上,结合我国具体情况,提出我国自贸试验区外资国家安全审查机制的构建设想。又如:《中国自贸试验区多元化纠纷解决机制研究》一书亦大量借鉴国际上著名争议解决中心的相关规则,提出我国自贸试验区纠纷解决机制面临的法律挑战的解决路径。而该套丛书的"背景分析"——《中国自贸试验区建设与国际经济合作》一书更是从经济全球化与区域经济一体化的角度出发,分析我国自贸试验区与国际经贸形势之间的关系,完全可以说是用世界的眼光来审视我国的自贸试验区建设。

  本套丛书对于解决自贸试验区建设与"一带一路"倡议中的重大理论与实践问题，对于促进我国自贸试验区健康发展及我国对外贸易、投资供给侧改革均具有重大的理论与实践意义。

目录

绪论 /1

第一章　中国自由贸易试验区投资便利化概述 /5

 第一节　自由贸易试验区的概述 /6

  一、外国投资的概念 /6

  二、投资便利化的概念 /8

  三、我国设立自由贸易试验区的归因 /9

 第二节　我国自由贸易试验区投资便利化的特点 /12

  一、第一批自由贸易试验区 /12

  二、第二批自由贸易试验区 /13

  三、第三批自由贸易试验区 /15

 第三节　我国自由贸易试验区的投资制度演进 /16

  一、第一阶段：1978—1991 年 /17

  二、第二阶段：1992—1999 年 /20

  三、第三阶段：2000—2012 年 /21

  四、第四阶段：2013 年至今 /26

第二章　中国自由贸易试验区绿地投资便利化的制度创新 /32

 第一节　外资的负面清单管理模式 /33

  一、负面清单管理模式的概述 /33

二、典型双边投资协定与自由贸易协定中的负面清单 /53

　　三、典型国家的负面清单管理模式 /77

第二节　自由贸易试验区负面清单管理模式的制度创新 /88

　　一、自由贸易试验区负面清单法律的源流 /88

　　二、自由贸易试验区负面清单的比较研究 / 91

　　三、自由贸易试验区负面清单模式下的事中事后监管 /103

　　四、自由贸易试验区负面清单的再创新 /112

第三节　自由贸易试验区视野下的《外商投资法》/121

　　一、自由贸易试验区的《外商投资法》/122

　　二、过渡期内自由贸易试验区外商投资企业的法律适用 /126

第三章　中国自由贸易试验区褐地投资便利化的制度完善 /161

第一节　国家安全审查的概述 /162

　　一、国家安全概述 /163

　　二、外资并购国家安全审查的法学理据 /165

　　三、外资并购国家安全审查的经济学理论 /173

第二节　美国外资并购国家安全审查制度 /178

　　一、美国外资并购国家安全审查制度的演变 /178

　　二、美国外资并购国家安全审查制度的实体规定 /181

　　三、美国外资并购国家安全审查的对象 /183

　　四、国家安全审查的标准 /188

　　五、美国外资并购国家安全审查程序 /192

第三节　澳大利亚外资并购国家安全审查制度 /204

　　一、澳大利亚外资并购国家安全审查制度的法律框架 /205

　　二、外资并购国家安全审查的主体 /206

　　三、外资并购国家安全审查的审查内容 /207

　　四、外资并购国家安全审查的审查程序 /216

第四节　自由贸易试验区的外资并购国家安全审查制度 /218

　　一、我国外商投资国家安全审查制度的沿革 /218

二、我国外资并购中的国家安全审查制度法律框架及不足 /221

三、我国自由贸易试验区外资国家安全审查机制的构建 /229

第四章　中国自由贸易试验区投资便利化的法治保障 /236

第一节　自由贸易试验区投资便利化的司法保障 /237

一、人民法院为自由贸易试验区投资便利化建设提供司法保障的重要性 /237

二、人民法院为自由贸易试验区投资便利化提供司法保障的体制机制建设 /241

三、自由贸易试验区内行政备案行为的可诉性 /252

第二节　司法实践对自由贸易试验区投资便利化的保障 /269

一、明确了外商投资企业涉外性的认定标准 /271

二、平等保护中外投资者合法权益 /281

附录1　外商投资项目核准政策演变 /291

附录2　国务院关于在自由贸易试验区暂时调整与投资便利化相关的法律、行政法规、国务院文件和经国务院批准的部门规章 /294

结语 /310

主要参考文献 /314

绪 论

从 2013 年上海设立自由贸易试验区至今，我国自由贸易试验区历经了 5 年的发展，成绩斐然，硕果累累，目前已经基本形成了东中西协调、陆海统筹的全方位和高水平的区域经济发展的高地。回首自由贸易试验区走过的 5 年，也正是我国经济新常态重要的 5 年。2013 年是中国自由贸易试验区的"开局之年"，2013 年 9 月，上海自由贸易试验区正式挂牌，成为我国首个自由贸易试验区。2014 年是"突破之年"，上海自由贸易试验区实现四大重要突破：实行"负面清单"管理模式，监管水平和效率明显提升，积极推进金融创新和开放以及建立事中事后监管体系。[1] 2015 年是"扩张之年"，2015 年 4 月，广东、天津、福建第二批 3 个自由贸易试验区正式挂牌。2016 年是"推广之年"，2016 年 8 月，中央决定设立第三批共 7 个自由贸易试验区，同年 9 月，全国人大常委会通过《关于修改〈中华人民共和国外资企业法〉等四部法律的决定》，以立法形式将自由贸易试验区内试行的外商投资负面清单模式正式在全国推广。[2] 2017 年是"深化之年"，之所以将 2017 年定位为"深化之年"，是因为国务院分别对新旧自由贸易试验区的深入发展提出了新要求、

---

[1] 杨玉红《自贸区一年创下四大重要突破》，《新民晚报》2014 年 9 月 26 日第 B03 版。

[2] 廖凡等《上海自贸试验区建设推进与制度创新》，中国社会科学出版社，2017 年，第 1 页。

新建议。一方面是由于国务院发布了《全面深化中国（上海）自由贸易试验区改革开放方案》，肯定了上海自由贸易试验区建设3年多来取得的成绩，同时提出了新任务，要求对照国际最高标准、最好水平的自由贸易区，全面深化自由贸易试验区改革开放，加快构建开放型经济新体制，在新一轮改革开放中进一步发挥引领示范作用，可以说该方案是上海自由贸易试验区建设的2.0版；另一方面，针对辽宁、陕西、四川、重庆、河南、湖北、浙江7个新自由贸易试验区的建设，国务院分别发布了总体方案，分别对各自由贸易试验区的特点进行了有针对性的定位，确定了目标，制定了主要任务和措施，7个新建自由贸易试验区的政策落地。

自由贸易试验区的立足点是制度创新，是改革高地，相当于新常态下的"改革开放"。1978年，十一届三中全会开创性地提出了改革开放，40个春秋的风雨兼程，我国发生了翻天覆地的变化，2017年年底，我国外汇储备高达31339亿美元，是改革开放初期的52倍。① 但国际政治经济形势早已今非昔比，经济全球化"深化"与"浅化"两者力量的交互作用关系导致了国际经济格局的统合与分化。伴随着这一趋势出现的突出现象是：少数国家谋求全球性的经济霸权，却导致了全球多元、多极化的利益主体分化；WTO（世界贸易组织）谋求帕累托最优的多边主义谈判受阻，导致了贸易保护主义抬头和静态边际收益递减的双边、区域主义空前泛滥，2015年10月达成的TPP（跨太平洋伙伴关系协定）便是最好的例证；互联网、信息技术创新的最大效应不是全球普遍的经济增长，而是收入差距扩大造成剧烈经济波动进而引发全球治理型制度创新；货物贸易便利化支撑的市场空间没有最终导致普遍的过剩性实体经济危机，而是造成金融泡沫破灭引发的经济混乱和各国政府的束手无策等。② 昔日的改革开放也无法适应新常态下经济发展的需要，自由贸易试验区的提出正是应对国际投资贸易新规则的新变化，在新时期建立包括

---

① 郭伟莹《2017年国家外汇储备3.13万亿美元比上年增加1294亿》，2018年2月28日，http://finance.ifeng.com/a/20180228/16002468_0.shtml，2018年3月7日。

② 黄建忠、陈子雷、蒙英华等编著《中国自由贸易实验区研究蓝皮书2015》，机械工业出版社，2015年，第1页。

政府职能的转变，投资制度、贸易制度、金融制度、监管制度等改革创新的现代市场经济和开放型经济的体制。

昔日的改革开放以开放促进改革，以改革推动开放，可以说打开国门的对外开放为我国发展提供了强大的动力，自由贸易试验区的设立就是在现阶段我国再次开放的前奏，正如十九大报告所说"中国开放的大门不会关闭，只会越开越大"，通过自由贸易试验区的建设，尤其在外资领域，推进投资便利化的措施，依靠先试先行的优势，积累制度创新的经验，为在全国范围内实施可复制可推广的制度提供支持。如果说在改革开放初期，我国有着廉价劳动力这一巨大优势的话，当下，这一优势已不复存在。通过40年的改革开放，我国因经济的快速发展而失去了廉价劳动力的优势，取而代之的是更加良好和完善的投资环境，一流的硬件水平、完备的法律体系、巨大的国内市场、良好的人员素质等，这些都是现阶段我国吸引外资的有利因素。但是，由于一些历史原因导致我国的外资法律、政策已经与时代相脱节，无法有效地为我国经济社会发展服务。自由贸易试验区正是弥补了这方面的缺陷，"准入前国民待遇＋负面清单"的外资管理制度创新正如一针强心剂，为我国的外资发展注入了十足的活力。同时，负面清单的适用不仅在外资领域发挥了作用，更是在政府职能转变方面产生了"奇妙的化学作用"，正如当年的改革开放，以开放促改革。完善的事中事后监管又为负面清单的实施提供了有效的保证，同样体现了以改革推动开放的历史进程。自由贸易试验区的设立，无论在制度领域还是实践领域均提升了外资的便利化程度，以上海自由贸易试验区为例：2017年上海实到外资170亿美元，其中自由贸易试验区实到外资60亿美元，超过了上海市实到外资的三分之一；区内设立了全国首家外商独资医院、首家外商独资金融类投资性公司、首家外资再保险经纪公司、首家外商独资非学制类职业培训机构等一批首创性项目，成为中国利用外资名副其实的风向标。

外资的便利化程度已经成为衡量一国经济发展的重要指标，更是一国吸引外资的重要因素，作为"制度创新高地"而非"政策洼地"的自由贸易试验区，正是通过有效的制度创新，成为我国"形成全面开放新格局"的桥头堡。本书正是以对自由贸易试验区在外资便利化方面的总结，以对未来的展望为宗旨，以法学视角深入分析我国自由贸易试验区在外资法律方面的制度创新，并提出下一步发展的立法建议，为自由贸易试验区再立新功贡献微薄之力。

第一章
中国自由贸易试验区投资便利化概述

后金融危机时代，新的全球化经济治理格局正在形成：发达国家积极构建新型经济结构，新兴经济体加快崛起，全球金融、贸易、投资治理结构大调整，新产业革命催生新业态、新模式，全球发展重心向亚太转移。我国主动顺应全球化经济治理新格局，建立自由贸易试验区，打造我国新时期面向世界、深耕亚太的战略载体。国际贸易投资规则体系正面临重塑与升级，我国自由贸易试验区的出发点就是主动对接国际贸易投资新规则。因此，通过自由贸易试验区的设立，主动承担全国开放战略的先行引领使命，为我国更高层次的、与我国国际地位相适应的开放创造经验、积累经验，引领全国开放升级。[1] 自由贸易试验区的建设应该坚定践行新发展理念，坚持以制度创新为核心，继续解放思想、勇于突破、当好标杆，进一步对照国际最高标准、查找短板弱项，大胆试、大胆闯、自主改，坚持全方位对外开放，推动贸易和投资自由化便利化，切实有效地防控风险，以开放促改革、促发展、促创新，为推动实施新一轮高水平对外开放进行更为充分的压力测试，探索开放型经济发展新领域，形成适应经济更加开放要求的系统试点经验。[2]

从2013年9月上海自由贸易试验区成立至今，我国自由贸易试验区已经

---

[1] 谢卫群、孙小静《先试先行　引领开放新格局》，《人民日报》2013年8月23日第10版。

[2] 参见《全面深化中国（上海）自由贸易试验区改革开放方案》。

经过了两轮扩容、扩围,形成了从沿海向内陆、由点到线进而由线到面,东西南北相对均衡的自由贸易试验区布局。①"1+3+7"的自由贸易试验区总体规模为自由贸易试验区的全面发展、全区域发展、全阶段发展提供了保障。自由贸易试验区的发展肩负着诸多任务,投资便利化始终是各个自由贸易试验区的主要任务之一,因此,本章主要对我国自由贸易试验区的相关背景及各个自由贸易试验区的特点进行简要介绍。

第一节 自由贸易试验区的概述

一、外国投资的概念

"投资"这个概念,实际上包括三种层次的理解。为获取收益而取得财产或其他资产所付出的花费,这是投资的第一层含义。第二层含义是由于这个代价所获得的资产。这两个层次都是名词意义上的解释。第三层含义是一种经济行为,指将资本或金钱投入某种打算,确保获取利润的活动。所以,在国际投资的条约当中通常谈到对国际投资相关的待遇,比如国民待遇、最惠国待遇等等。在这些方面它至少涉及三个概念,一是界定投资者,谁是投资者,通常是以投资者的国籍以及居所作为判断的因素;在投资者的身份认定之后,就要认定什么是投资,主要是指财产形态;接下来还会涉及投资活动。

关于国际投资的分类,根据时间的长短,可以分为长期投资和短期投资。短期投资指不超过一年的投资,其风险小、变现能力强,因而其收益

---

① 黄建忠、陈子雷、蒙英华等编著《中国自由贸易试验区研究蓝皮书:2016》,经济科学出版社,2017年,第1页。

率较低。长期投资指超过一年的投资,其风险较大、变现能力弱,然而收益率较高。

国际货币基金组织（International Monetary Fund,简称IMF）在其发布的《国际收支平衡》第六版中,将投资分为直接投资（Foreign Direct Investment,简称FDI）、证券投资（Portfolio Investment）和其他投资[①]。一般意义上的国际投资主要是指国际直接投资,本书涉及的外商投资也属于国际直接投资。根据国际货币基金组织《国际收支平衡手册》和经济合作与发展组织（OECD）《外国直接投资的标准定义》,国际直接投资（FDI）指一国（地区）的居民实体（对外直接投资者或母公司）在其本国（地区）以外另一国（地区）的企业（外国直接投资企业、分支机构）中建立长期关系,享有持久利益并实行控制的投资。

国际直接投资（FDI）根据其资本流向分为资本的流入（inbound）和流出（outbound）。资本的流入是指资本从一国（地区）的境外进入境内,通过新设和购买的方式建立经济实体（包括法人实体、非法人实体、分支机构）,在该国（地区）从事生产、研发等生产经营活动的行为,相对于资本输入国来说,该项投资行为被称为外国直接投资。根据外国直接投资进入东道国的方式不同,亦可分为绿地投资（Greenfield Investment）和跨国并购[②]（International Mergers and Acquisitions）。绿地投资是对全新工厂的投资,又称为创建投资,是外国资本通过新设经济实体的投资方式进入东道国,继而购买或租赁土地建设工厂或机构并取得相关资质,从而获取在东道国匹配投资者需求标准的生产能力,属于东道国的增量资产。跨国并购则是外国投资通过对东道国现存实体的资产和股权的兼并、收购行为而接入式地进入东道国市场,属于东道国的存量资产。

国际投资拥有以下特点:中长期性,深刻的政治内涵,具有直接投资和间接投资的双重性,增长的速度快、规模庞大,参与国际投资的主体多元化。

---

① 很多学者也将证券投资和其他投资统称为间接投资,与直接投资一起成为国际投资的主要方式。

② 也称为"褐地投资"或"过继投资",本书第三章就是对跨国并购的探讨。

投资者的目的是获得企业的管理权和持续性利益,投资者拥有10%或以上的普通股或者投票权,能够影响企业的管理,但这不意味着拥有绝对的控制权。1980年以后,科技革命、金融领域发展以及跨国公司全球化经营等共同作用力,使得国际投资发展迅猛,这一时期国际投资的特点是国际直接投资高速增长,发达国家之间的资金对流成为主要趋势,然而不同国家的国际投资增速不同,形成了美、日、西欧三足鼎立的局面。

二、投资便利化的概念

投资便利化这一概念是2008年由亚太经济合作组织(APEC)提出的,是指政府通过采取措施消除投资壁垒、提高投资效率的行为。近年来,保护主义抬头,给国际投资设置了重重壁垒,严重阻碍了世界经济的发展。[①] 但是,在经济全球化的浪潮下,各国仍通过各种方式降低外资准入的门槛,加大吸引外资的力度,实施投资便利化政策,推动国内经济的发展,国际投资在国际经济领域始终是不可或缺的重要组成部分。

投资便利化主要有以下特点:

第一,在国际层面上建立起了全面的合作机制,使相互间经贸交流与合作能够在政府有效的指导和协调下顺利进行。突出了政府推动的作用,体现了以政府为主导,民间机构和企业广泛参与的合作特点。

第二,合作领域广泛,各国优势互补。贸易投资便利化中纳入了不同领域、不同行业的对口合作机制,如中医药产业合作、电子商务合作、中小企业合作,通过在这些领域的具体合作,充分发挥各自的比较优势,实现优势互补、共同发展的目标。

第三,减少了彼此间的合作障碍,兼顾现实需要与长远发展。加强双方的合作,协调解决存在的问题,促进贸易投资的顺利进行。同时根据国家间

---

① 张磊《投资便利化中国方案获支持》,《WTO经济导刊》2018年第3期,第43页。

合作发展的情况不断增加新的合作领域和合作内容。

我国自由贸易试验区宣布了一系列投资便利化的举措,这将推动未来流入中国的外国直接投资继续保持在高位水平。便利、高效的合作是投资便利化所追寻的,推进国际投资的便利化,优化运营市场,使对外开放的举措落地生根,从而使外资企业继续成为推动中国经济发展的重要力量。

三、我国设立自由贸易试验区的归因

投资贸易自由化是当今世界经济全球化的最重要特征。改革开放以来,中国加入了全球产业分工体系,通过发挥比较优势,对外贸易获得快速增长,综合国力得到了极大的提升,成为全球化的受益者。2008年金融危机爆发后,全球经济的动荡直接反映出旧有的全球治理机制已无法适应新的全球发展的需要,全球层面的治理机制进入深层调整期,继而中国经济的发展也进入新常态。面对国内外的新形势和新挑战,需要统筹开放型经济顶层设计,加快构建开放型经济新体制,进一步破除体制、机制障碍,实施新一轮高水平对外开放,以开放促改革、促发展、促创新,培育参与和引领国际经济合作竞争的新优势。因此,设立自由贸易试验区就是要充分发挥自由贸易试验区作为制度创新"试验田"的作用,为全面深化改革和扩大开放探索新途径、积累新经验。

1. 探索建立与服务业扩大开放相适应的新体制和新机制

近十余年来,服务业全球化成为全球化的主导力量和主要内容,影响广泛深刻,与全球经济发展中的许多重大议题密切相关。根据WTO的统计数据,2005—2014年,全球国际服务贸易规模由4.77万亿美元增至9.8万亿美元,10年翻了一番。服务业跨国投资在全球投资总额中的比例也由2000年的52.95%上升到2012年的70.4%。美国是世界上最大的服务贸易国家,服务业占其国内生产总值(GDP)的四分之三和就业的五分之四,欧盟的服务业分别占其GDP和就业的四分之三。然而,我国服务业发展水平和服务贸易竞争力远远不及发达国家,2015年的比重只有50.5%。因此,加快服务业和服

务贸易发展对我国经济的产业结构调整、经济增长方式转变和"多元平衡"的开放型经济体系构建具有重要的意义。

我国服务业对外开放不足，未形成行业的充分竞争，这是制约服务业发展的主要原因。根据经济合作与发展组织（OECD）公布的服务贸易限制指数（STRI），我国服务贸易18个主要领域的得分均高于全部样本国家和OECD成员国的平均值。具体看来，建筑、工程服务的限制相对较少，而在速递、广播、电信、金融、保险等部门还存在较高的贸易壁垒。经济规律和国际经验表明，要实现更加"多元平衡"的高质量发展，就必须消除"边境内壁垒"，加快服务与投资市场的对内对外开放，才能参与新一轮更高层次的国际分工和竞争。但是，从国际投资贸易便利化的实践来看，消除"边境内壁垒"比消除"边境上壁垒"的改革难度要大得多。因此，必须以深化改革和扩大开放为动力，着力消除制约服务业发展的深层次体制机制障碍，探索发达国家高端服务业进入国内市场和国内资本产能走向海外的监管模式，为外向型经济的转型升级提供新动力，这正是建立自由贸易试验区的真正意义所在。

2. 跟踪测试与国际贸易新规则相衔接的新体制和新机制

从关税与贸易总协定（GATT）到WTO，倡导贸易规则一体化有利于提高效率，提升贸易便利化水平，扩大全球货物贸易量。现存以WTO为核心的多边贸易体系是以比较优势理论为依据，以国民待遇和最惠国待遇为依托，突出发达国家与发展中国家区别对待和给予发展中国家优势待遇的原则，而新一代贸易投资规则是以西方市场理论和竞争经济学为依据，强调公平竞争与权益保护，取消了发展中国家的优惠待遇，要求发展中国家加强市场化改革，在经贸规则和经济运行机制方面与发达国家市场深度接轨，从而换取市场的对等开放。

我国作为全球第一货物贸易大国，是全球贸易规则的利益攸关者，在全球拥有越来越广泛的国际经贸利益。TPP（跨太平洋战略经济伙伴协定）、TISA（国际服务贸易协定）、TTIP（跨大西洋贸易与投资伙伴协议）等新一代贸易投资规则的高标准对中国而言在现阶段难以企及。但是，代表着新国际分工和新自由贸易发展的内在要求的全球投资贸易规则重构已是箭在弦上。

因此，新规则、新议题对于中国加快实施新一轮高水平对外开放提出了挑战。自由贸易试验区作为参与全球投资贸易重构的试验平台，就是要跟踪测试与国际贸易新规则相衔接的新体制和新机制，以应对当下全球区域经济合作中正在酝酿的国际新规则。自由贸易试验区的建立有利于我国在国际贸易谈判中增强设置议题并提出建设性倡议的能力，有利于在参与全球投资贸易规则重构中提出中国方案，加快培育参与和引领国际经济贸易合作竞争新优势。

3. 试验构建市场配置资料的新机制

对外开放是我国的一项基本国策，改革是我国社会发展的直接动力。以开放促改革、促发展是我国改革不断取得成功的重要经验。国际金融危机爆发后，全球贸易和价值链都面临着再平衡的巨大压力。随着人口红利递减，对发展质量和效益的更高要求，我国必须加快产业结构调整和转变发展方式，从主要依赖低成本优势转变到依靠人才、技术、品牌、质量和服务为主的市场竞争优势。转变发展方式和推动产业结构调整，本质上是经典的资源配置问题，也就是资源配置在什么行业、什么企业的问题。

在现代经济学理论中，政府的职能就是为市场主体提供一个公平、公正的营商环境，保障市场主体的公平竞争地位。社会主义市场经济就是要发挥市场的决定性作用，更好地发挥政府作用，不是简单地削弱政府职能、强化市场功能，而是两者职能的重新界定，即市场要在资源配置方面发挥决定性的作用，政府要在基本公共服务、市场监管和社会性监管方面更好地发挥作用。因此，在新一轮高水平对外开放中，就是要通过深化经济体制改革，发挥社会主义市场经济体制的优势，形成更具竞争力的体制参与国际竞争，以对外开放的主动赢得经济发展和国际竞争的主动，以建设开放型经济强国。自由贸易试验区就是要探索市场配置资源的新机制，才能促进国际国内要素有序自由流动、资源全球高效配置、国际国内市场深度融合，建立起公平开放、竞争有序的现代市场体系。在自由贸易试验区还要探索经济运行管理的新模式，按照国际化、法治化的要求，营造良好的法治环境，依法管理开放，建立与国际高标准投资和贸易规则相适应的管理方式，为我国参与国际宏观政策协调机制提供经验，推动国家治理体系和治理能力走向现代化进程。[①]

第二节 我国自由贸易试验区投资便利化的特点

一、第一批自由贸易试验区

2013年9月，国务院印发《中国（上海）自由贸易试验区总体方案》，上海自由贸易试验区正式成立，面积28.78平方公里，涵盖上海市外高桥保税区、外高桥保税物流园区、洋山保税港区和上海浦东机场综合保税区等4个海关特殊监管区域。《全面深化中国（上海）自由贸易试验区改革开放方案》对上海自由贸易试验区的投资便利化的要求是：按照国际最高标准，为推动实施新一轮高水平对外开放进行更为充分的压力测试，探索开放型经济发展新领域，形成适应经济更加开放要求的系统试点经验。

作为我国第一批唯一的自由贸易试验区，上海自由贸易试验区在投资便利化方面是全国的排头兵，诸多外资制度的创新首先在上海自由贸易试验区落地，引领了全部自由贸易试验区乃至全国的投资便利化的发展，国务院两次专门为上海自由贸易试验区发文，分别为2013年9月国务院印发的《中国（上海）自由贸易试验区总体方案》和2017年3月30日印发的《全面深化中国（上海）自由贸易试验区改革开放方案》，两个"方案"都对上海自由贸易试验区寄予了厚望，赋予了上海自由贸易试验区作为11个自由贸易试验区的"领头羊"地位，同时也是最重要的"试验田"，如果没有上海自由贸易试验区在投资便利化方面的先试先行，将不会出现当下众多自由贸易试验区的投

---

① 李善民主编《中国自由贸易试验区发展蓝皮书》，中山大学出版社，2016年，第4—10页。

资政策改革和在全国范围内推行"负面清单",也不会出现《自由贸易试验区外商投资国家安全审查试行办法的通知》等诸多与投资便利化相关的制度安排。

在商务部和国家发展改革委的指导下,2013年9月上海自由贸易试验区发布中国首份外商投资准入负面清单,其中列明了190条外商投资特别管理措施。对负面清单以外的外商投资企业和项目,政府实行备案管理。将我国在外资领域一直适用的"混合清单"——《外商投资产业目录》升级为"负面清单",扩大了自由贸易试验区的开放领域,更代表着政府管理思维的巨大转变。2018年,最新版的负面清单管理措施已减少至45条。

成立5年来,上海自由贸易试验区累计新注册新设外资企业数1万多户,占比从自贸试验区挂牌初期的5%上升到近20%。累计实到外资250亿美元,累计办结境外投资项目超过2200个。从商事登记制度改革、国际贸易单一窗口到"证照分离"试点,上海自贸试验区已经有127项制度创新成果向全国复制推广。

上海自由贸易试验区在已有的成绩上,还将从以下4方面继续加快投资便利化发展:

(1)进一步放宽投资准入。最大限度缩减自贸试验区外商投资负面清单,探索实施管理新模式。完善国家安全审查、反垄断审查等投资审查制度。

(2)健全以简政放权为重点的行政管理体制。加快推进简政放权,深化行政审批制度改革。

(3)深化创新事中事后监管体制机制。按照探索建立新的政府经济管理体制要求,深化分类综合执法改革,围绕审批、监管、执法适度分离,完善市场监管、城市管理领域的综合执法改革。

(4)优化信息互联共享的政府服务体系。

二、第二批自由贸易试验区

2015年4月21日,广东、福建、天津自由贸易试验区统一揭牌。第二批自由贸易试验区建设正式启动,标志着全国自贸区正式步入新时代。第二批自由贸易试验区在投资便利化方面体现出利用自由贸易试验区的地域特点，通过区域经济的发展推动投资便利化的进一步发展。第二批的3个自由贸易试验区各自拥有其地理上的特点：广东自由贸易试验区立足推动内地与港澳经济深度合作，天津自由贸易试验区立足于京津冀协同发展，福建自由贸易试验区立足于深化两岸经济合作，分别根据其区域性经济发展的特点与要求，实现外商投资的便利化。

以广东自由贸易试验区为例，2014年12月，国务院印发《中国（广东）自由贸易试验区总体方案》，设立广东自由贸易试验区。毗邻港澳的广东自由贸易试验区是粤港澳深度合作示范区，已成为内地与港澳金融合作的桥头堡。《中国（广东）自由贸易试验区总体方案》对广东自由贸易试验区投资便利化的特别要求是：进一步扩大对港澳服务业开放。在《内地与香港关于建立更紧密经贸关系的安排》《内地与澳门关于建立更紧密经贸关系的安排》及其补充协议（以下统称《安排》）框架下探索对港澳更深度的开放，进一步取消或放宽对港澳投资者的资质要求、股比限制、经营范围等准入限制，重点在金融服务、交通航运服务、商贸服务、专业服务、科技服务等领域取得突破。支持在自贸试验区内设立的港澳资旅行社（各限5家）经营内地居民出国（境）（不包括台湾地区）团队旅游业务。在自贸试验区内试行粤港澳认证及相关检测业务互认制度，实行"一次认证、一次检测、三地通行"，适度放开港澳认证机构进入自贸试验区开展认证检测业务，比照内地认证机构、检查机构和实验室，给予港澳服务提供者在内地设立的合资与独资认证机构、检查机构和实验室同等待遇。允许港澳服务提供者发展高端医疗服务，开展粤港澳医疗机构转诊合作试点。

因此，广东自由贸易试验区围绕打造开放型经济新体制先行区、高水平对外开放门户枢纽和粤港澳大湾区合作示范区，提出了建设公正廉洁的法治环境、建设金融业对外开放试验示范窗口和深入推进粤港澳服务贸易自由化等18个方面的具体举措。在广东自由贸易试验区，企业在1天内可领取营业执照、3天内完成刻章备案和银行开户，速度已接近国际先进地区水平。截至2018年9月，广东自由贸易试验区共设立港澳资企业1.2万家，汇丰银行、东亚银行、周大福等港澳企业入区发展。广东自由贸易试验区区内企业在境外直接投资设立企业超过 600 家，中方协议投资额超过 100 亿美元。

第二批自由贸易试验区正是抓住其地理上的优势，通过与香港、台湾及京津冀的深度发展融合，创新了适应其自身发展需要的投资便利化政策，修改了不适合的法律规定，成为开放的高地，"先试先行"了既符合自身需要又可复制可推广的投资便利化规则。

三、第三批自由贸易试验区

2017 年 4 月 1 日，辽宁、浙江、河南、湖北、重庆、四川、陕西自由贸易试验区正式挂牌，第三批自由贸易试验区建设正式启动。第三批自由贸易试验区与前两批有着极大的差异性，前两批自由贸易试验区都为沿海城市且经济基础好、投资环境良好，而第三批 7 个自由贸易试验区中有 5 个位于中西部内陆地区。因此，第三批自由贸易试验区是在前两批的基础上，发挥已有的政策、法律与经验的优势，构建开放型经济新体制、内陆开放型经济发展新模式和建设法治化国际化便利化营商环境。第三批自由贸易试验区在投资便利化方面的特点是寻求差异化发展，构建内陆开放型经济发展新模式。内陆城市的开放与沿海城市的开放截然不同，相比之下，内陆城市既无交通上的便利也无大量外资涌入的经验，可以说第三批自由贸易试验区是在尝试一条与之前自由贸易试验区完全不同的发展之路，并且这条发展之路极具差异性。

陕西自由贸易试验区是"一带一路"经济合作和人文交流的重要支点，其对投资便利化的特殊要求是"鼓励外资更多投向高端装备制造、新一代信息技术、新材料、生物医药等先进制造业领域。鼓励跨国公司在自贸试验区设立地区总部、研发中心、销售中心、物流中心和结算中心"。四川自由贸易试验区是西部门户城市开发开放引领区，其对投资便利化的特殊要求是"允许在自贸试验区内注册的符合条件的中外合资旅行社，从事除台湾地区以外的出境旅游业务；鼓励外资企业通过多种形式参与投资医疗服务业；鼓励外资发展'互联网+'健康服务"。河南自由贸易试验区是"一带一路"建设的现代综合交通枢纽、全面改革开放试验田和内陆开放型经济示范区,其对投资便利化的特殊要求是"大力引进国际组织和机构、金融总部、区域性总部入驻自贸试验区"。浙江自由贸易试验区是东部地区重要海上开放门户示范区、国际大宗商品贸易自由化先导区和具有国际影响力的资源配置基地,其对投资便利化的特殊要求是"对涉及自贸试验区内的投资贸易等商事案件,建立专业化审理机制。严格执行环境保护法规和标准。强化安全监管保障,制定安全生产区域规划,建立自贸试验区油品安全管理制度"。不同的自由贸易试验区因地制宜,突出自身的特点,发挥已有的优势,虽然不具有沿海城市的特色,但是在建设内陆开放新高地的方面仍具有不可替代的力量。简言之,第三批自由贸易试验区在投资便利化方面既是站在巨人的肩膀上,又要寻找自身特点,为外商投资提供有力的保障,简化烦琐的程序,为有效的投资提供便利。

第三节 我国自由贸易试验区的投资制度演进

众所周知,作为我国首个自由贸易试验区的上海自由贸易试验区始于2013年,在此之前我国并没有设立自由贸易试验区的经验,但自由贸易试验区的诸多功能和措施实质上与我国的特殊经济园区相类似。特殊经济园区这里主要指经济技术开发区、高新技术产业开发区、保税区、出口加工、保税物流园区、综合保税区等类型的经济园区。无论是投资还是进出口等贸易形式都已经在这些特殊经济园区中进行了尝试,尤其是通过建立特殊经济园区的模式吸引外资,为之后的自由贸易试验区顺利地确立与实施提供了丰富的经验和坚实的基础。因此,在了解自由贸易试验区的投资制度之前,必须要系统地了解我国从特殊经济园区到自由贸易试验区关于投资制度的演进与发展。

一、第一阶段：1978—1991年

1979年7月，我国颁布了首个外资领域的法律——《中外合资经营企业法》。随后，在1985年颁布了《涉外经济合同法》，在1986年颁布了《中外合作经营企业法》，在1986年颁布了《国务院关于鼓励外商投资的规定》，在1988年颁布了《外资企业法》。正如前文所述，这些法律法规的相继出台标志着我国投资法律体系的初步形成。同时，为适应改革开放的要求，充分发挥我国沿海地区的地域优势，在1980—1990年，我国先后设立深圳等经济特区，开放包括上海、天津等东部沿海城市。除此以外，为进一步吸引利用外资以发展国民经济，我国采取渐进式开放模式，在1984年至1990年的7年中，相继成立了经济技术开发区①、高新技术产业开发区②、保税区③，通过设立特殊经济园区的方式鼓励和支持外向型经济发展，为吸引外资创造了良好的条件。

由于此阶段是我国改革开放初期，虽然形成了我国投资法律体系的雏形，但是也正值计划经济向市场经济转型的起步阶段，还处于大力吸引外资的阶段，更谈不上对外资的有效管理。一方面由于没有吸引外资的经验可循，另一方面又要最大限度地吸引外国投资，因此，在投资政策方面大多给予外资"超国民待遇"。比如，在所得税方面，对外商投资企业给予"三减五免"的优惠政策；在关税方面，对外商投资企业在进口设备及出口产品上给予免税待遇；还给予外商投资企业报关权、进出口经营权以及高于内资企业的经营自主权等优惠待遇。由此可见，当时的特殊经济园区和全国的外资政策相似，即给予外资极大的优惠政策，甚至是"超国民待遇"，当然，特殊经济园区的优惠政策更具吸引力。

---

① 1984年国务院决定在大连、天津、青岛、上海、温州、广州等14个沿海港口城市设立经济技术开发区。
② 1988年国务院批准设立我国首个高新技术产业开发区——北京中关村科技园区。
③ 1990年国务院批准设立上海外高桥保税区。

此阶段我国主要的外商投资法律及政策见下表：

时间	法律、法规、规章、政策的名称	涉及外资管理的领域	简要评述
1979年	《中华人民共和国中外合资经营企业法》	市场准入	1.首次通过立法的形式对外国投资者进入我国设立企业进行了规定，是我国外商投资企业法律体系的第一部立法；2.首次明确地指出了鼓励外商直接投资与确保外商投资利益；3.在中外合资企业的政策资本中，外商投资比例不得低于总注册资本的25%
1979年	《开展对外加工装配和中小型补偿贸易办法》	市场准入	1.本办法主要针对"三来一补"的特殊形式进行规定，针对小微型外商投资企业提供了法律保障，是我国提高出口产品生产技术，改善产品质量、品种，扩大出口商品生产，增加外汇收入的有效途径；2.于2008年废止
1980年	《中华人民共和国中外合资经营企业所得税法》《中华人民共和国中外合资经营企业所得税法施行细则》	鼓励政策	1.作为《中外合资经营企业法》的重要配套法律，对合资企业纳入政府管理依法纳税提供了法律保障；2.合营企业的所得税税率为30%；3.为外商投资提供了宽松的环境，改善了外商投资企业的生产经营条件，使试探性、以港澳台的小资本为主的外商来华投资的局面迅速得到改善；4.1991年废止
1982年	《中华人民共和国外国企业所得税法》	鼓励政策	1.对外国企业按所得税不同实行不同税率（20%—40%）；2.1991年废止
1983年	《中华人民共和国中外合资经营企业所得税法》（修订）	鼓励政策	1.放宽了合营期在10年以上企业的免征和减半征收所得税的年限，即由原来的第一年免征所得税，第二、三年减半征收所得税，调整为第一、二年免征所得税，第三、四、五年减半征收所得税；2.放宽了缴付所得税的时限，即由原来的每年在年度终了后3个月内，调整为每年在年度终了后5个月内；3.放宽了报送年度所得税申报表和会计决算报表的时限，即由原来的年度终了后3个月内，调整为年度终了后4个月内
1983年	《中华人民共和国中外合资经营企业法实施条例》	市场准入	1.针对《中外合资经营企业法》可操作性差的问题，结合实践中积累的管理经验，借鉴了其他国家先进的立法，制定了本条例；2.可以创建合营企业的六大行业；3.把高新技术的引进作为审批建立企业的条件；4.1986年、1987年、2001年、2011年均进行了修订
1986年	《中华人民共和国中外合资经营企业法实施条例》（第一次修订）	市场准入	根据实践的需要及法律的发展，对该条例进行的修改

（续表）

时间	法律、法规、规章、政策的名称	涉及外资管理的领域	简要评述
1986 年	《中华人民共和国外资企业法》	市场准入	首次对全部由外国投资者在中国大陆境内投资设立的企业进行规定，在设立外商投资企业方面给予外国投资者国民待遇
1986 年	《国务院关于鼓励外商投资的规定》	鼓励政策	对高技术水平的外资企业提供了更加优惠的政策
1987 年	《中华人民共和国中外合资经营企业法实施条例》（第二次修订）	市场准入	根据实践的需要及法律的发展，对该条例进行的修改
1988 年	《中华人民共和国中外合作经营企业法》	市场准入	1. 为了适应外国投资在中国的多样化形式和要求，突出投资的灵活性，制定了《中外合作经营企业法》；2. 中外合作企业中，外国投资者投资一般不低于总注册资本的 25%
1990 年	《中华人民共和国外资企业法实施条例》	市场准入	1. 针对《外资企业法》可操作性差的问题，结合实践中积累的管理经验，借鉴了其他国家先进的立法，制定了本条例；2. 提出了外商独资企业所需创建的条件、禁止或限制外商独资企业的兴业，并列出不予批准的情况
1991 年	《中华人民共和国外商投资企业和外国企业所得税法》（同时废止了《中华人民共和国外国企业所得税法》和《中华人民共和国中外合资经营企业所得税法》）	鼓励政策	1. 外商投资企业所得税（33%）得到同意，高新技术的外商投资企业按 15% 的税率收取所得税；2. 生产性高新企业可享受"两免三减"的优惠政策；3. 涉外企业所得税制度的统一，对促进国家经济发展，增加财政收入，起到了重要的作用，但内外资企业税率差距较大，外商投资企业享了"超国民待遇"，降低了内资企业的竞争力，这也是当时众多"假外资"出现的主要原因之一；4. 于 2008 年废止
1991 年	对外经济贸易部颁布的《关于外商投资企业合同、章程的审批原则和审查要点》	市场准入	为加强外商投资企业审批工作的管理，明确了外商投资企业审批合同、章程应遵循的基本原则；是否符合中华人民共和国的法律、法规和政府规定；是否符合项目可行性研究报告的内容和批准文件的要求；是否符合平等互利的原则。并且对合同、章程的法律有效性，合同、章程内容是否齐全，经营范围是否明确具体等 14 个审批要点进行了明确的规定

二、第二阶段：1992—1999 年

1995 年我国颁布了《指导外商投资方向暂行规定》和《外商投资产业目录》，并于 1997 年经修改后颁布了《外商投资产业指导目录》，可以说，以上部门规章的出台，为明确外资准入的标准极大地提高了透明度，为外资的市场准入增强了可操作性，便利了外资的进入，为外资节省了大量的成本，提高了投资的可预期性。同时，还将我国利用外商投资的方向由以往的单纯吸引外资向利用外资实现促进技术进步、促进产业优化、促进区域协调发展倾斜和转变。此外，这种包含鼓励、允许、限制与禁止外商投资的具体产业的混合清单的模式也被保留下来，一直沿用至今。1999 年国务院批准的《关于当前进一步鼓励外商投资的意见》，为鼓励提高利用外资、促进产业结构调整和技术进步，加大对外商投资企业的金融支持力度提供了保障。此外，以经济技术开发区、高新技术产业开发区、保税区为主的特殊经济园区的数量也大量增加，为适应不同外资的需要提供了多元化的投资平台，为我国吸引外资贡献了巨大的力量。1992 年，我国外商直接投资额为 110.08 亿美元，而 1999 年我国外商直接投资额已飙升至 403.19 亿美元。

此阶段的投资制度在之前的基础上进行了发展，从过去单纯对企业的规定，过渡到更加全面细致的规范化规定，这也是在不断积累的外资管理经验基础上完善而成的。然而，之前外商投资企业的"超国民待遇"仍然发挥着重要的作用，但此类"超国民待遇"也慢慢向"国民待遇"回归，从 1995 年年底开始，逐步取消了一些外商投资企业的优惠政策。特殊经济园区仍然发挥着重要的作用，尤其在生产加工类企业中，特殊经济园区有着得天独厚的优势，可见，特殊经济园区在吸引外资方面始终有着综合优势。

此阶段我国主要的外商投资法律及政策见下表：

时间	法律、法规、规章、政策的名称	涉及外资管理的领域	简要评述
1993年	《中华人民共和国企业所得税暂行条例》	鼓励政策	增强了我国企业所得税的计税、征收等方面的可操作性，于2008年废止
1994年	国务院发布的《中华人民共和国增值税暂行条例》《中华人民共和国消费税暂行条例》及《中华人民共和国营业税暂行条例》	鼓励政策	停止执行工商统一税条例。对外商投资企业、外国企业和外籍个人来说，除企业所得税和个别地方税种外，其他税种已与国内企业和个人一样，实行统一的税制，这项规定改变了长期以来内外资企业适用不同的流转税制的模式，向统一税制迈出重要的一步
1995年	《指导外商投资方向暂行规定》	市场准入	1.外商所能进入的领域行业分为鼓励、允许、限制和禁止4类；2.该暂行规定的出台体现了我国在市场准入方面透明度的提升，为外国投资者进入中国市场提供了明确的指引，解决了项目审批标准的不确定性
1995年	《外商投资产业指导目录》	市场准入	1.外商所能进入的领域行业分为鼓励、允许、限制和禁止4类；2.1997年、2002年、2004年、2007年、2011年、2013年、2015年和2017年分别对《外商投资产业指导目录》进行了修订，我国不断增大开放的范围和力度，开放外商直接投资的准入行业；3.产业指导目录的出台体现了我国在市场准入方面透明度的提升，为外国投资者进入中国市场提供了明确的指引，解决了项目审批标准的不确定性
1997年	《外商投资产业指导目录》（第一次修订）	市场准入	第一次修订
1998年	《国务院关于调整进口设备税收政策的通知》	鼓励政策	对国家鼓励发展的行业，外商投资企业所使用的进口设备则免征进口关税和进口环节增值税

三、第三阶段：2000—2012年

我国于2001年成功加入世界贸易组织，入世对我国的对外贸易、吸引外资等诸多方面有着极其重要的影响，将我国带入了国际市场，参与国际竞争，成为经济全球化的重要参与者，然而对我国投资制度也提出了更符合国际规

范、更严格的要求。我国为应对入世的要求，符合 WTO 及其 TRIMs（《与贸易有关的投资措施协议》）的原则及规定，满足我国的入世承诺，相继修改了《外资企业法》《中外合作经营企业法》和《中外合资经营企业法》及其实施条例和实施细则。同时，2002 年我国修订了《指导外商投资方向规定》，并于 2002 年、2004 年、2007 年和 2011 年根据国内经济结构调整和产业优化升级的需要前后 4 次修订了《外商投资产业指导目录》。我国又先后出台了《外商投资商业领域管理办法》《外商投资项目核准暂行管理办法》《外商投资广告企业管理规定》等相关外商投资管理办法。同时，为进一步扩大对外贸易、吸引外商投资，适应经济发展的需要，特殊经济园区也进行了扩容，相继成立了出口加工区①、保税物流园区②和综合保税区③。

这一阶段我国特殊经济园区的投资法律趋于成熟，也出现了特殊经济园区独有的优惠待遇。首先，由于入世的需要，我国的投资法律体系从过去的"超国民待遇"变为"国民待遇"，税收优惠、进出口经营权等都实现了所有企业的一视同仁。其次，由于众多外资的法律法规部门规章的出台，尤其是《外商投资产业指导目录》的多次修改，确保了我国投资法律体系的完善与成熟，能够适应社会经济的发展需要，有效地对外资进行管理。最后，特殊经济园区的扩张既满足了外资发展的需要，也实现了我国区域对外开放的多元化发展，同时，特殊经济园区在吸引外资方面仍具有一定优势④。此外，在该

---

① 2000 年国务院决定在上海、天津等 15 个城市设立出口加工区试点。

② 2003 年国务院批准设立上海外高桥保税物流园区，这是我国首个区港联动保税物流园区。

③ 2007 年国务院批准设立苏州工业园综合保税区，这是我国首个综合保税区。

④ 《企业所得税法》第五十七条：本法公布前已经批准设立的企业，依照当时的税收法律、行政法规规定，享受低税率优惠的，按照国务院规定，可以在本法施行后五年内，逐步过渡到本法规定的税率；享受定期减免税优惠的，按照国务院规定，可以在本法施行后继续享受到期满为止，但因未获利而尚未享受优惠的，优惠期限从本法施行年度起计算。

法律设置的发展对外经济合作和技术交流的特定地区内，以及国务院已规定执行上述地区特殊政策的地区内新设立的国家需要重点扶持的高新技术企业，可以享受过渡性税收优惠，具体办法由国务院规定。

阶段我国外商投资优惠政策实现了外商投资从超国民待遇、次国民待遇及国民待遇的混合待遇向准入后国民待遇的过渡。①

此阶段我国主要的外商投资法律及政策见下表：

时间	法律、法规、规章、政策的名称	涉及外资管理的领域	简要评述
2000 年	《关于外商投资设立研发中心有关问题的通知》	鼓励政策	对外商在我国建立研发中心机构给予多方鼓励和支持，进一步拓展引进技术源
2000 年	《中西部地区外商投资优势产业目录》	鼓励政策	给予西部地区财政信贷、税收优惠等政策支持，并扩大外商投资领域，拓宽利用外资渠道、放宽利用外资有关条件。并于 2004 年、2008 年、2013 年、2017 年进行了多次修订
2001 年	《中华人民共和国中外合资经营企业法实施条例》（第三次修订）	市场准入	此次修改与完善主要表现在按照《TRIMs 协议》的标准，逐步修改违反国民待遇原则的投资措施，包括以下几个方面：1. 取消了当地成分要求；2. 取消了贸易平衡要求；3. 取消了出口实绩要求；4. 进一步扩大了外商投资企业的经营自主权
2002 年	《外商投资产业指导目录》（第二次修订）	市场准入	第二次修订
2003 年	《外国投资者并购境内企业暂行规定》	市场准入	—
2003 年	《鼓励外商投资高新技术产品目录》	鼓励政策	外商直接投资已经成为我国提高高新技术水平的重要手段
2004 年	《外商投资产业指导目录》（第三次修订）	市场准入	第三次修订
2004 年	《中西部地区外商投资优势产业目录》（第一次修订）	鼓励政策	第一次修订

---

① 任春杨《中国自由贸易区投资制度优化研究》，博士论文，第 44 页。

(续表)

时间	法律、法规、规章、政策的名称	涉及外资管理的领域	简要评述
2006年	《关于外商投资的公司审批登记管理法律适用若干问题的执行意见》	市场准入	1. 为了准确适用《公司法》《公司登记管理条例》和有关外商投资的法律，保持我国利用外资法律和政策的连续性，在明确外商投资的公司审批登记管理法律适用原则的基础上，对外商投资的公司的组织机构、设立形式、登记申请期限、审批和登记时需要提交的文件、出资方式、出资监管、境内投资、办事机构的地位、涉及出资的海关和外汇管理等问题提出了明确而具体的意见。2. 对不同类型的外商投资的公司的组织机构做了更为明确的区分：中外合资、中外合作的有限责任公司需按照有关规定设立董事会作为权力机构，公司的其他组织机构由公司章程依法规定；外商合资、外商独资的有限责任公司和外商投资的股份有限公司的组织机构应当符合《公司法》的规定，建立健全的公司组织机构
2006年	《关于外国投资者并购境内企业的规定》	市场准入	由六部委联合发布的规制外资并购的法律文件。首次明确外资可以股权的方式并购境内企业；引入"实际控制"原则防范"假外资"，并从严格审批外资准入和反垄断方面力图维护我国经济安全
2007年	《外商投资产业指导目录》（第四次修订）	市场准入	第四次修订
2008年	《中华人民共和国企业所得税法》（同时废止了《中华人民共和国外商投资企业和外国企业所得税法》和《中华人民共和国企业所得税暂行条例》）	鼓励政策	1. 2008年1月1日生效，企业所得税税率统一确定为25%，对原享受优惠的外资企业给予5年过渡期，并提出"保留、扩大、替代、减少"4个优惠政策方案。2. 新税法改变过去国家在税收上的区域优惠做法，转向行业优惠倾斜。3. 对于符合条件的小型、微型企业，减按20%的税率征收。国家重点扶持的高新技术企业，减按15%的税率征收。扩大企业投资环境保护、节能节水、安全生产等方面的税收优惠，增加企业"从事符合条件的环境保护、节能节水项目的所得"可以享受减免税优惠等方面的内容。4. 在区域优惠上，仍保留经济特区和西部地区两个优惠区域，以顾及港澳地区外商投资在特区的特殊利益，并且照顾西部投资环境不完善的实际情况

（续表）

时间	法律、法规、规章、政策的名称	涉及外资管理的领域	简要评述
2008 年	《中西部地区外商投资优势产业目录》（第二次修订）	鼓励政策	第二次修订
2009 年	《关于外国投资者并购境内企业的规定》（第一次修订）	市场准入	为保证《关于外国投资者并购境内企业的规定》与《反垄断法》和《国务院关于经营者集中申报标准的规定》相一致，对《关于外国投资者并购境内企业的规定》作出了部分修改
2010 年	《外国企业或者个人在中国境内设立合伙企业管理办法》	市场准入	外国投资者可根据《中华人民共和国合伙企业法》，同外国企业、个人或中国的自然人、法人和其他组织在中国境内设立合伙企业
2010 年	《最高人民法院关于审理外商投资企业纠纷案件若干问题的规定（一）》	司法审判	1. 本司法解释是外商投资企业法目前唯一的一部司法解释，重点解决外资企业在设立、变更过程中产生的纠纷的法律适用问题；2. 明确规定未经行政审批的合同效力的认定规则，明确规定需经行政审批的合同，具有报批义务的当事人不履行报批义务，相对人请求其履行报批义务或自行报批的，人民法院应予支持；3. 明确规定股权转让合同未经审批情形下的处理规则，提供了多种救济途径；4. 明确规定外商投资企业隐名投资纠纷的处理规则，针对现实中客观存在的隐名投资现象，在法律框架内寻求对当事人民事权益予以救济的途径；5. 明确规定认定外商投资企业股东出资责任的规则
2011 年	《外商投资产业指导目录》（第五次修订）	市场准入	第五次修订
2011 年	《中华人民共和国中外合资经营企业法实施条例》（第四次修订）	市场准入	根据 2011 年 1 月 8 日《国务院关于废止和修改部分行政法规的决定》进行了此次修订，并未对本条例进行全面修订：1. 将《中外合资经营企业法实施条例》第七十六条中的"《中华人民共和国外商投资企业和外国企业所得税法》"修改为"《中华人民共和国企业所得税法》"；2. 将《中外合资经营企业合营期限暂行规定》第一条中的"根据《中华人民共和国中外合资经营企业法》（1990 年 4 月 4 日第七届全国人民代表大会第三次会议修正）第十二条的规定"修改为"根据《中华人民共和国中外合资经营企业法》的有关规定"

(续表)

时间	法律、法规、规章、政策的名称	涉及外资管理的领域	简要评述
2011年	《关于建立外国投资者并购境内企业安全审查制度的通知》	市场准入	随着经济全球化的深入发展和我国对外开放的进一步扩大，外国投资者以并购方式进行的投资逐步增多，促进了我国利用外资方式的多样化，为引导外国投资者并购境内企业有序发展，维护国家安全，对并购安全审查的范围、并购安全审查的内容、并购安全审查的程序、并购安全审查的其他相关内容进行了规定
2011年	《中西部地区外商投资优势产业目录》（第三次修订）	鼓励政策	第三次修订
2013年	《外商投资产业指导目录》（第六次修订）	市场准入	第六次修订

四、第四阶段：2013年至今

2013年9月，中国（上海）自由贸易试验区作为我国首个自由贸易区获批成立，并顺利运营。同时，国务院颁布了《中国（上海）自由贸易试验区总体方案》，明确提出了自由贸易区投资制度的改革，并以准入前国民待遇加负面清单管理的外商投资准入管理制度作为外资便利化的改革创新点，开创性地在我国对外资全面地实施国民待遇。2013年9月，上海市人民政府公布《中国（上海）自由贸易试验区管理办法》《中国（上海）自由贸易试验区外商投资项目备案管理办法》《中国（上海）自由贸易试验区外商投资企业备案管理办法》，并根据准入前国民待遇的要求，制定了我国首份负面清单——《中国（上海）自由贸易试验区外商投资准入特别管理措施（负面清单）（2013年）》。同时，根据商事登记备案制度和事中事后监管等制度创新，颁布了《国家工商总局关于支持中国（上海）自由贸易试验区建设的若干意见》《国家工商总局关于同意中国（上海）自由贸易试验区试行新的营业执照方案的批复》等一系列投资制度改革的管理办法和政策措施。2014年7月，为进一步完善负面清单，提高外商投资准入透明度，上海市人民政府公布《中国（上海）自由贸易试验区外商投资准入特别管理措施（负面清单）（2014年）》。

2015年4月，中国（广州）自由贸易试验区、中国（天津）自由贸易试验区、中国（福建）自由贸易试验区正式获批挂牌运营。2017年4月，中国（辽宁）自由贸易试验区、中国（河南）自由贸易试验区、中国（浙江）自由贸易试验区、中国（湖北）自由贸易试验区、中国（重庆）自由贸易试验区、中国（四川）自由贸易试验区和中国（陕西）自由贸易试验区正式获批挂牌运营。其间，国务院颁布《关于中国（天津）自由贸易试验区总体方案》《关于中国（广州）自由贸易试验区总体方案》《关于中国（福建）自由贸易试验区总体方案》《关于中国（辽宁）自由贸易试验区总体方案》《关于中国（河南）自由贸易试验区总体方案》《关于中国（浙江）自由贸易试验区总体方案》《关于中国（湖北）自由贸易试验区总体方案》《关于中国（重庆）自由贸易试验区总体方案》《关于中国（四川）自由贸易试验区总体方案》《关于中国（陕西）自由贸易试验区总体方案》《关于进一步深化中国（上海）自由贸易试验区改革方案》《关于自由贸易试验区境外投资准入特别管理措施（负面清单）》和《关于自由贸易试验区外商投资国家安全审查试行办法》等一系列投资制度改革的管理办法和政策措施。

伴随着自由贸易试验区在投资领域的"先试先行"，我国的外商投资领域相关的法律也发生了变化，商务部于2015年对《外商投资产业指导目录》进行了第七次修订，本次修订积极放宽外资准入，通过修订目录大幅减少对外商投资的限制，此次修订后，总条目423条，比2011年版目录的471条减少了48条，其中，限制类条目减少41条，鼓励类和禁止类条目数量基本稳定，分别减少5条、2条。开放力度是历次修订中最大的一次。2017年再次对《外商投资产业指导目录》进行修订，本次修订进一步减少了外资限制性措施，保留63条（包括限制类条目35条、禁止类条目28条），比2015年版《外商投资产业指导目录》93条限制性措施（包括鼓励类有股比要求条目19条、限制类条目38条、禁止类条目36条）减少了30条。此外，由于上海自由贸易试验区可复制可推广的"准入前国民待遇＋负面清单"的管理模式在全国范围内适用,导致《中华人民共和国中外合资经营企业法》《中华人民共和国中外合作经营企业法》《中华人民共和国外资企业法》都在2016年进行了相应修正,对不涉及国家规定实施准入特别管理措施的,将相关审批事项改为备案管理。

总体而言,该阶段是我国自由贸易试验区投资制度的创新期。伴随着11个自由贸易试验区的成立,外商投资管理办法和改革措施密集推出。该阶段的投资制度创新突出体现为:给予外商投资企业准入前国民待遇,投资准入实行负面清单管理模式;取消外商投资事前审批制度,推行商事登记备案"一站式"行政管理服务;建立外商投资事中事后监管体系等等。同时,该阶段的投资制度创新以打造国际级、高水平的投资制度为目标,制度设计充分借鉴了国外成熟的自由贸易区投资制度的经验及国际经贸投资新规则的具体要求,为我国新一轮对外开放、吸引外商投资奠定了坚实的制度基础。

我国自由贸易试验区涉及投资的规定

发布日期	名称	发布单位	涉及自由贸易试验区投资的规定
2013年9月	《中国(上海)自由贸易试验区总体方案》	国务院	总则
2013年9月	《关于授权国务院在中国(上海)自由贸易试验区暂时调整有关法律规定的行政审批的决定》	全国人民代表大会常务委员会	涉及外商投资准入制度的规定
2013年9月	《关于支持中国(上海)自由贸易试验区建设的若干意见》	国家工商行政管理总局	涉及商事登记制度、备案制度、监管制度的规定
2013年9月	《关于同意中国(上海)自由贸易试验区试行新的营业执照方案的批复》	国家工商行政管理总局	涉及商事登记制度的规定
2013年9月	《关于授予上海市工商行政管理局自由贸易试验区分局外商投资企业登记管理权的通知》	国家工商行政管理总局	涉及商事登记制度的规定
2013年9月	《关于实施中国(上海)自由贸易试验区文化市场管理政策的通知》	文化部	涉及外商投资准入制度的规定
2013年9月	《中国(上海)自由贸易试验区管理办法》	上海市人民政府	总则
2013年9月	《中国(上海)自由贸易试验区投资项目备案管理办法》	上海市人民政府	涉及备案制度的规定

（续表）

发布日期	名　　称	发布单位	涉及自由贸易试验区投资的规定
2013年9月	《中国（上海）自由贸易试验区外商投资准入特别管理措施（负面清单）（2013年）》	上海市人民政府	涉及外商投资准入制度的规定
2013年12月	《关于在中国（上海）自由贸易试验区内暂时调整有关行政法规和国务院文件规定的行政审批或者准入特别管理措施的决定》	国务院	涉及外商投资准入制度的规定
2013年12月	《上海市人民政府关于中国（上海）自由贸易试验区进一步对外开放增值电信业务的意见》	工业和信息化部	进一步对外开放增值电信业务
2014年3月	《中国（上海）自由贸易试验区企业年度报告公示办法（试行）》	上海市工商行政管理局	涉及外资监管制度的规定
2014年3月	《中国（上海）自由贸易试验区企业经营异常名录管理办法（试行）》	上海市工商行政管理局	涉及外资监管制度的规定
2014年4月	《关于支持会计师事务所在中国（上海）自由贸易试验区设立分所并开展试点工作的通知》	财政部	进一步扩大开放、支持会计师事务所在上海自贸区设立分所
2014年7月	《中国（上海）自由贸易试验区外商投资准入特别管理措施（负面清单）（2014年）》	上海市人民政府	涉及外商投资准入制度的规定
2014年9月	《关于在中国（上海）自由贸易试验区内暂时调整实施有关行政法规和经国务院批准的部门规章规定的准入特别管理措施的决定》	国务院	涉及外商投资准入制度的规定
2014年9月	《中国（上海）自由贸易试验区反垄断协议、滥用市场支配地位和行政垄断执法工作办法》	上海市工商行政管理局	涉及外资监管制度的规定
2014年9月	《中国（上海）自由贸易试验区监管信息共享管理试行办法》	上海市人民政府	涉及外资监管制度的规定
2014年12月	《关于授权国务院在中国（广东）自由贸易试验区、中国（天津）自由贸易试验区、中国（福建）自由贸易试验区以及中国（上海）自由贸易试验区扩展区域暂时调整有关法律规定的行政审批的决定》	全国人民代表大会常务委员会	涉及外商投资准入制度的规定

（续表）

发布日期	名称	发布单位	涉及自由贸易试验区投资的规定
2015年1月	《在中国（上海）自由贸易试验区深化推进工商登记前置审批改为后置审批工作实施方案》	上海市工商行政管理局、上海市行政审批制度改革工作领导小组办公室、中国（上海）自由贸易试验区管理委员会	涉及商事登记制度的规定
2015年4月	《关于进一步深化中国（上海）自由贸易试验区改革方案》	国务院	总则
2015年4月	《关于中国（广州）自由贸易试验区总体方案》	国务院	总则
2015年4月	《关于中国（天津）自由贸易试验区总体方案》	国务院	总则
2015年4月	《关于中国（福建）自由贸易试验区总体方案》	国务院	总则
2015年4月	《自由贸易试验区外商投资准入特别管理措施（负面清单）（2015年版）》	国务院	涉及外商投资准入制度的规定
2015年4月	《关于自由贸易试验区外商投资国家安全审查试行办法》	国务院	涉及外资国家安全审查制度的规定
2015年4月	《自由贸易试验区外商投资备案管理办法（试行）》	商务部	涉及商事登记制度、备案制度、监管制度的规定
2015年4月	《关于支持中国（福建）自由贸易试验区旅游业开放意见的函》	国家旅游局	进一步开放（福建）自贸区内的旅游业
2015年4月	《关于支持中国（福建）自由贸易试验区建设的若干意见》	国家工商行政管理总局	涉及外商投资准入制度的规定
2015年5月	《关于支持中国（广东）自由贸易试验区建设的若干意见》	国家工商行政管理总局	涉及外商投资准入制度的规定
2015年12月	《福建省人民政府关于发布中国（福建）自由贸易试验区台湾居民个体工商户营业范围的公告》	国家工商行政管理总局	进一步开放（福建）自贸区台湾居民个体工商户的营业范围

（续表）

发布日期	名称	发布单位	涉及自由贸易试验区投资的规定
2016年8月	《进一步深化中国（上海）自由贸易试验区和浦东新区事中事后监管体系建设总体方案》	上海市人民政府	涉及外资国家安全审查制度的规定
2016年12月	《关于为自由贸易试验区建设提供司法保障的意见》	最高人民法院	涉及外资纠纷的司法指导，把握正确的执法尺度
2017年3月	《全面深化中国（上海）自由贸易试验区改革开放方案》	国务院	涉及商事登记制度、备案制度、监管制度的规定
2017年3月	《中国（辽宁）自由贸易试验区总体方案》	国务院	总则
2017年3月	《中国（陕西）自由贸易试验区总体方案》	国务院	总则
2017年3月	《中国（四川）自由贸易试验区总体方案》	国务院	总则
2017年3月	《中国（重庆）自由贸易试验区总体方案》	国务院	总则
2017年3月	《中国（浙江）自由贸易试验区总体方案》	国务院	总则
2017年3月	《中国（河南）自由贸易试验区总体方案》	国务院	总则
2017年3月	《中国（湖北）自由贸易试验区总体方案》	国务院	总则
2017年6月	《自由贸易试验区外商投资准入特别管理措施（负面清单）（2017年版）》	国务院	具体内容涉及外商投资准入制度
2017年12月	《关于在自由贸易试验区暂时调整有关行政法规、国务院文件和经国务院批准的部门规章规定的决定》	国务院	涉及外商投资准入制度的规定

第二章
中国自由贸易试验区绿地投资便利化的制度创新

绿地投资是国际直接投资的一种主要方式，也是外资在我国实现的重要方式之一。我国的外资法律体系主要以绿地投资为主，外商投资企业法便是最好的体现。改革开放以来，我国对外资一直采取审批制，导致外资无法享受"准入前国民待遇"，而只能适用"准入后国民待遇"。2013年，《中国（上海）自由贸易试验区外商投资准入特别管理措施（负面清单）》正式实施，作为我国首部负面清单，上海自由贸易试验区首次开启了"准入前国民待遇＋负面清单"的外资管理模式，对外商准入的行政管理模式进行了改革，对负面清单之外的行业，按照内外资一致的原则外商投资项目由核准制改为备案制，扩大了对外开放的规模，提高了外资便利化的程度。此外，自由贸易试验区外资管理模式的改革是一个系统性工程，负面清单仅是其中的一个方面，为了配合这一制度的有效实施，自由贸易试验区进行了相关制度的创新，建立了负面清单模式下的事中事后监管，按照国际化、法治化的要求，积极探索建立与国际高标准投资和贸易规则体系相适应的行政管理体系。同时，外商投资企业法作为外资法律体系的核心，早已与实践相脱节，在一定程度上来看，对外资企业造成了"歧视待遇"，因此，在作为改革高地的自由贸易试验区应当再次成为外资制度改革的先锋，发挥自由贸易试验区体制机制改革和制度创新的优势，为提高外资的便利化程度作出贡献。

第一节 外资的负面清单管理模式

外资市场准入的管理模式由正面清单、负面清单和混合清单构成,这些管理模式也分别对应着外资享受国民待遇在不同阶段的实现。全面的准入前国民待遇多伴随着负面清单的出现,纵观全球典型的双边投资协定和自由贸易协定,负面清单的使用率也随着时代的推移和国家发展程度的提高而被广泛采用。对这些典型的负面清单进行考察可以反映出负面清单在制定中各国的考量因素,主流负面清单的内容与结构也是值得我国自由贸易试验区学习的,为我国自由贸易试验区制定高质量的负面清单提供依据。同时,一些典型的发展中国家也纷纷使用负面清单对外资进行管理,他们在实施负面清单过程中的经验也值得我国学习,取长补短,对我国自由贸易试验区健康有效地实施负面清单具有借鉴意义。

一、负面清单管理模式的概述

(一)外资准入前国民待遇

国民待遇在国际法中是指确认外国人在被投资国所拥有哪一种民事法律地位的基础原则,在现代国际投资法的规范中,国民待遇对于世界列国国内的法令法规是有很巨大的影响力的。① 国民待遇第一次出现是在12世纪的汉萨条约中,最初是由于欧洲地中海附近的一些封建国王在投资地位方面赋予外国投资者与本国国民相等的待遇。② 17世纪时,一些国家之间经过构建双边投资条约,在外资准入方面给予对方国民相同的待遇。有关国民待遇的双

---

① 王贵国《国际投资法》,北京大学出版社,2001年,第173页。
② 约翰·H·杰克逊《世界贸易体制:国际经济关系的法律和政策》,张乃根译,复旦大学出版社,2001年,第237页。

边投资协定最初出现是在 1688 年丹麦和荷兰的协定当中。然而，最早在法律中对国民待遇进行明确规定的是 1804 年的《法国民法典》，东道国以外的外国国民在当地享有与法国人同样的民事法律权利。1883 年《保护工业产权巴黎公约》第二条首次将国民待遇引入多边条约领域。而随着国际交往的日益频繁，国民待遇制度的外延和内涵都有了较大的扩展，从民事权利领域延伸至国际贸易投资领域。从此开始，国民待遇逐渐被写进一些双边协议，以至于在之后的国际贸易中，成为国家之间彼此的基础条款。例如意大利、葡萄牙、西班牙、荷兰、奥地利、挪威、瑞典等国逐渐在其国内立法及国际条约中采用。在 20 世纪 30 年代左右，美国与其他国家在签订友好通商航海协定中，国民待遇是基础条款。[①] 这些均为日后布雷顿森林体系的构建奠定了坚实的基础，其自然也成为影响至今的多边贸易体制的基本条款。

国民待遇制度是指一国或地区给予另一国或地区的自然人、法人以及其他组织在民事与经济方面，与本国的自然人、法人以及其他组织平等的法律待遇。简单而言，在同样的情况下，外国人和本国的国民享有的民事权利义务以及经济方面的待遇是同等的。根据联合国贸发会的研究，国民待遇主要可分为准入前（pre-establishment）国民待遇和准入后（post-establishment）国民待遇两类。准入前国民待遇即指从时间跨度上将国民待遇的适用延伸——从投资发生和建立之时及之后扩及投资发生和建立之前，核心思想是给予外资准入权。[②] 与国际社会所普遍适用的准入后国民待遇有着极大的差异。准入后国民待遇有两种表现形式：第一种形式为"不纯正"的准入后国民待遇，即在准入后阶段给予外国投资者以国民待遇的同时，东道国仍保留着较大的自由裁量权。例如，中日 1988 年签订的双边投资协定，它将准入阶段排除在外，并在其议定书中规定，若因"公共秩序、国家安全或国民经济的健康发展"所必需，可以采取差别待遇。第二种形式为"纯正"的准入后国民

---

① 胡家祥《一个学理与实践中的难题——条约与协议在美国的直接适用与间接适用机理分析》，《太平洋学报》2012 年第 3 期。

② 赵玉敏《国际投资体系中的准入前国民待遇——从日韩投资国民待遇看国际投资规则的发展趋势》，《国际贸易》2012 年第 3 期，第 54 页。

待遇。这种做法包括以下特点：仅适用于准入后待遇，对国家经济至为重要的特定产业或幼稚产业予以例外保护，实体标准采用"类似情况"和"不低于"这样的表述，没有地方政府措施的例外，适用法律上和事实上的国民待遇，国民待遇条款与其他待遇条款并存。①

准入前国民待遇是国民待遇发展至晚近的产物，是对国际投资的一种更高级、更全面的保护，最早由美国开始推行，源自其双边投资协定范本。追溯至20世纪80年代，美国率先在对外缔结的双边投资协定中以列举的方式引入准入前国民待遇条款。如1983年美国与塞内加尔签订的双边协议中有关国民待遇问题的表述为"各方当事人应当授予其领土内另一缔约方已存在的投资或新设投资及相关活动不低于本国国民或公司的投资及相关活动"的待遇，并对"相关活动"以列举的方式表明，包括"设立、控制、维持商业生产的分支、代理处、办公场所、工厂或其他设施"。此处已明确将"设立"包含在"投资及相关活动"之中，虽然没有明确冠以"准入前"字样，但其内涵已有所体现，不过局限于当时的国际投资环境，这种超前的国民待遇标准并未得以广泛适用。90年代后，美国将准入前国民待遇从列举的方式转换为概括方式直接置于双边投资协议中，如1993年美国同厄瓜多尔订立的投资协定，在正式文本的第二条中用明确的语言规定了国民待遇的适用包括准入前和准入后两个阶段。至此，准入前国民待遇正式成为美国对外签署的双边投资协定之标准模式，并在之后的实践中不断得以应用，同美国签署双边投资协定时被允诺适用准入前国民待遇的有亚美尼亚、阿塞拜疆、巴林、玻利维亚、爱沙尼亚、洪都拉斯、牙买加、约旦、哈萨克斯坦、拉脱维亚、摩尔多瓦、波兰和乌克兰等国。美国双边投资协定范本随着现实的变化不断调整更新，最新一版将准入前国民待遇定义为"不得低于相同条件下授予本国投资者在投资的设立、收购、扩张、管理、生产运作、销售或其他安排之时的待

---

① 余劲松《中国发展过程中的外资准入阶段国民待遇问题》，《法学家》2004年第6期，第12页。

遇"。① 由于美国在全球经济中的影响力和推动力，同时随着国际投资的蓬勃发展，准入前国民待遇被一些国家所接受，很多双边投资协定和自由贸易协定采用了准入前国民待遇。

准入前国民待遇是在外国投资者享受准入后国民待遇之前亦可享受的一种国民待遇，以绿地投资为例，外国投资者在进行绿地投资前，即申请建立企业之前所享受的国民待遇。准入前国民待遇可以表现为两种形式：第一种形式为"不纯正"的准入前国民待遇，即将国民待遇扩及准入后和准入前阶段，从而在一定程度上限制了东道国关于外资准入的自由裁量权，但是东道国对于自由化的程度和步伐以及准入的条件仍保留着某种程度的控制权。根据联合国贸发会的研究报告，这种方式对那些希望以渐进的方式对外资准入实行自由化的国家比较适合。比如：（1）使用 WTO《服务贸易总协定》第十六条采用的"选择准入"（opt-in）、"由下至上"（bottom up）、"正面清单"（positive list）的方式，除非经东道国特别同意，其产业和活动在准入前阶段不适用国民待遇。（2）使用"尽最大努力"（best endeavors）这样的表述，就像 APEC 无约束力的《投资原则》所使用的一样。这样一来，发展中国家在法律上就不受准入阶段给予国民待遇的约束。这种做法也是一些发展中国家在向准入前国民待遇过渡的时期所使用的。第二种形式为"纯正"的准入前国民待遇，即除通过负面清单方式，在准入阶段给予国民待遇的承诺原则上扩及所有的外国投资者。这种方法缩小了东道国的自由裁量权，在相当程度上限制了东道国控制外资准入的传统的权力。例如，日韩双边投资协定第二条第一款规定：在投资的设立、获得、扩大、经验、管理、维持、使用、享有、出售及其他处分等方面，每一缔约方在其境内须给予另一缔约方投资者及其投资不低于其本国投资者及其投资在类似情况下所享有的待遇。② 因此，在全面的准入前国民待遇下，负面清单是一种比较常见的方式，我国自由贸

---

① 张正怡《论国际投资规则中的准入前国民待遇——兼谈中国的应对之策》，《安徽大学法律评论》2013 年第 1 期，第 45 页。
② 余劲松《中国发展过程中的外资准入阶段国民待遇问题》，《法学家》2004 年第 6 期，第 13 页。

易试验区也采取了"准入前国民待遇＋负面清单"的方式，可以说这是我国外资管理模式的升级，为在自由贸易试验区投资的外国投资者提供了全面的国民待遇，方便了投资项目的开展，能够更好地吸引外资。

（二）外资市场准入的管理模式

无论是准入前国民待遇还是准入后国民待遇，东道国为了本国的经济利益，都会为外国投资者在本国的投资行为提供便利，国民待遇即是最好的体现。然而，吸引外国投资对一国的经济具有双重作用，一方面给东道国带来资金、技术、管理经验和国际市场机会，另一方面则会带来负面的外部效应。[1] 东道国有权力行使其外资准入管制权，以达到对外资的甄别和筛查，这也是对外国投资者进入东道国市场的第一道制度性屏障，其目的是最大限度地抑制外资对本国经济产生的消极影响，最大限度地发挥外资的积极影响，从而促进本国经济健康、持续发展。[2] 如果没有外资准入管制权，在投资环境良好时，外资就会蜂拥而上，泥沙俱下，经济体量小、产业竞争力差的国家可能会很容易被外资垄断核心部门和经济命脉，进而威胁国家经济安全和国家经济主权。[3] 即使是经济体量大，抵御风险能力强的大国，也轻易不敢对外资不加甄别地任意准入，尤其是跨国并购和兼并，很容易造成本国技术能力丧失、资产流失、行业垄断，经济安全堪虞。[4] 东道国如果对"看上去很美"的外国投资进行管理，既要吸引对本国经济、技术发展有利的外国投资，又要防止对本国经济、社会、国家安全有威胁的外国资本的流入，可以说与外国资本的市场准入制度及国民待遇有着极其密切的关系。

目前，国际上主流的做法是通过清单（List）的方式，对外资是否可以进入哪些行业，哪些行业是完全放开的，哪些行业是鼓励外国资本进入的，哪

---

[1] 温耀庆、陈泰峰《论引进外资与国家经济安全》，《国际贸易问题》2001年第2期，第35—37页。
[2] 孙效敏《外资并购国有企业法律问题研究》（经济法文库第二辑），北京大学出版社，2007年，第157页。
[3] 徐泉《国家经济主权论》，博士论文，第20页。
[4] 李群《外资并购国家安全审查法律制度研究》，博士论文，第16—17页。

些行业是限制外国资本自由进入及其哪些行业是禁止外资涉及的进行明确的规定。外国投资者可以根据清单的具体内容对其投资的可行性进行分析，东道国也可根据清单的内容对外资进行管理，判断是否给予外国投资者国民待遇或哪种国民待遇。清单一般分为三种类型：正面清单（positive list）、混合清单（hybrid list）和负面清单（negative list）。

1. 正面清单的特点

正面清单又称为肯定列表、积极清单等，相当于投资领域的"白名单"。对于正面清单的界定，有学者从表现形式入手，将其定义为"一个国家或地区列出允许或鼓励外资进入的行业清单，不在清单内的为禁止准入或不鼓励准入"[1]，此定义体现了"法无规定不可为"的本质，只要是正面清单上所列举的都是受到东道国的许可和鼓励的。以欧盟为例，从1957年签署的《欧洲共同体条约》开始，对涉及的服务和投资条款基本上都以正面清单为主，鼓励成员国间消除国别歧视，以促进贸易和投资自由化。例如在2002年签署的《欧洲共同体及成员国方与智利共和国方建立交往的协议》第三部分"合作"中，明确合作在三个领域中进行：第一，经济合作，包括工业、标准和技术规则及合格评估程序、中小型企业、服务、投资促进、能源、运输、农业和农村部门及植物卫生措施、渔业、海关、统计、环境、消费者保护、数据保护、知识产权、公共采购、旅游、采矿等方面的合作；第二，科学技术及信息社会合作，包括科学技术、信息社会和信息技术及电信合作；第三，文化、教育、视听，包括教育、培训、视听领域、信息和文化交流的合作。同时，对重点合作领域还有明确的规定，如第二十一条"促进投资"的第二点，"合作将特别涵盖以下：（a）为信息提供、投资规则、机会的识别和传播建立机制；（b）制定有利于投资缔约方的法律框架，在适当情况下，通过欧共体成员国和智利之间的双边协定，促进和保护投资，避免双重征税；（c）开展技术援助活动，培养缔约方政府机构之间处理问题的能力；（d）制定统一且简

---

[1] 林钰主编《区域自由贸易协定中"负面清单"的国际比较研究》，北京大学出版社，2016年，第318页。

化的行政程序"。

正面清单一般会被发展中国家所采用，特别是发展中国家之间签署的各类投资协定。造成此类情况的主要原因是：（1）与发达国家完善的外资管理法律体系不同，发展中国家无论在立法技术还是在具体运用方面，尚显欠缺。正面清单比较容易对外资可进入的领域进行规范，外国投资者对可投资的领域"一目了然"。但是正面清单的篇幅有限，所列举的内容同样受限，导致此制度对投资者的吸引力不足。面对社会经济发展和国家外资政策的变化，正面清单难免挂一漏万，只能适时作出必要的调整，才能够适应东道国的需要，因此其稳定性相对较弱。（2）虽然正面清单制度的存在体现了东道国对外开放的态度，符合国际投资自由化的趋势，但是基于国家安全、保护本国弱小产业等各方面的考量，这种开放程度是有限度的。（3）虽然正面清单以清单的方式列明了外资准入的领域，但很多东道国仍然要对外资进行审批。由于正面清单的这些不足，导致发达国家对发展中国家的外资管理不满，认为发展中国家的外资准入制度既缺乏明确的标准，又缺少透明度（内部外资政策、文件、规范等普遍存在）。无论如何，正面清单作为一种外资管理模式始终是很多国家尤其是发展中国家所采用的方式，仍发挥着重要的作用。此外，以"正面清单"立法的国家，呈现出越来越开放的态势，放开的部门数量增加，禁止和限制外资进入的部门逐渐减少。如韩国1999年向外资全面开放的部门是11个，2000年增至14个，到2007年禁止外资进入的行业只有47个，投资自由化率达99.7%；[1] 印度到2006年除4个禁止行业和一些部分限制行业外，其他行业原则上都允许外资进入；[2] 泰国1998年时颁布了新的外国投资法（Foreign Investment Law）逆转了外国企业法（Alien Business Law），允许外国人拥有75%的国内商业，开放了33个之前禁止的商业部门，同时颁布了新破产法。

2. 混合清单的特点

---

[1] 杨文升《国际投资准入法律制度》，辽宁师范大学出版社，2007年，第13页。
[2] 王宏军《论印度外资法的体系及其对我国的启示》，《经济问题探索》2009年第2期，第162页。

混合清单是介于负面清单与正面清单之间的一种方式，即清单中既包括正面清单同时也包括负面清单。WTO下的《服务贸易总协定》（GATS1995）就采取了混合清单的方式，正面清单指明开放的行业，负面清单标出各行业的市场准入限制和国民待遇承诺。混合清单虽然同时包括正面清单与负面清单，但这种外资管理模式更倾向于正面清单，可以将混合清单看作是全面的正面清单加不全面的负面清单。之所以是全面的正面清单是因为不管有无负面清单，外国投资者可以进入的行业都已经在正面清单中进行了详细的规定；而之所以是不全面的负面清单是因为即便在负面清单中规定了不可以进入的行业，而对于那些既没有在正面清单中规定的也没有在负面清单中规定的行业，外资是否可以进入则没有统一的规定。因此，混合清单实质上还是正面清单的一种，只不过在清单中加入了负面清单。如欧盟与加勒比论坛国家之间的经济合作伙伴协定，就采取了混合清单的方式，根据服务贸易的各种提供模式，规定各国的开放领域。在欧盟方面的清单中，关于商业存在、跨境提供等采取正面清单的方式，列出了各方的开放承诺与保留条款，而在有关主要人员、毕业实习生、履约服务人员与独立专业人员的方面，则采用负面清单的方式，列出各方的保留条款。

混合清单多为发展中国家所适用，在双边投资协定和多边投资协定方面，一般也为发达国家与发展中国家之间签订的协定所采用。我国目前适用的《外商投资产业目录》就属于混合清单。我国的《外商投资产业目录》从1995年版到2017年版，鼓励类的外商投资产业数量逐渐增加，限制类和禁止类的逐渐减少。2011年版中的限制类从2007年的84条减少到79条，2015年版直接减少到38条，2017年版继续减少至35条，详情请见下表：

版本	鼓励类	限制类	禁止类
1995	172	113	30
2007	351	87	40
2011	354	79	38
2015	349	38	36
2017	348	35	28

3. 负面清单的特点

负面清单是指外商投资活动中与国民待遇、最惠国待遇、业绩要求、高管要求等不符的管理措施，以列表的形式表示。简单来讲，负面清单本质是外商投资准入的禁区。在国际贸易与双多边投资协议中，负面清单代指与国民待遇原则不适应的特别管理措施。负面清单其实是一般原则的例外，运用的是"除非是法律禁止的，否则是法律认可"的法律逻辑，依据的是"法无禁止即自由"的法理基础。[①] 采取"负面清单"的国家，其发达程度和开放程度较高，因为负面清单不仅仅是简单地改变了外资准入限制的方式，更是一国对待外资的标志：凡是未在清单中列明的均为允许外资进入的部门，全面开放是根本，少数部门的禁止只是特例，反映在东道国的外资立法中即为负面清单中列明的部门禁止或限制外资，而不在负面清单中的均为可以进入的行业，大大缩减了禁止外资进入的部门，投资自由化的步伐更大。

以墨西哥为例，墨西哥在 20 世纪 90 年代，加入北美自由贸易区之前就实行开放的外资政策，将外资分成三类：（1）全部或者部分保留国有活动：石油和其他碳氧化合物、基本石化产品、电信和无线电报业务、辐射材料、发电、核能、造币和印刷以及邮政服务；（2）为墨西哥国民保留的活动：汽油和石油液化气零售、无线广播和电视服务、信贷合作社、储蓄和贷款机构、开发银行、特定的专业和技术服务以及在墨西哥国内铁路客货运输，不包括传呼或者包裹递送服务（但是允许外资拥有提供点到点货运服务的公司的多数股权）；（3）限制所有权的活动：最重要的是航空（外资股权不得超过 25%）和有线电视（外资股权不得超过 49%）。在移动电话服务、银行、油气管道，外资股权超过 49%需要得到批准。而在加入北美自由贸易区之后，墨西哥采用了负面清单，仅保留了在娱乐、电信和社会服务方面采取任何措施的权利（包括外国直接投资形式），但是在"非保留"的活动中，即使没有违背协定也不能引入歧视性的准入或者创业措施，尤其对于美国和加拿大的投资者。[②]

[①] 陈安《国际投资法学》，北京大学出版社，1999 年，第 341 页。
[②] 联合国贸易与发展会议《世界投资报告 2003 促进发展的外国直接投资政策：国家与国际展望》，中国财政经济出版社，2005 年，第 103 页。

从负面清单的内涵看，负面清单所对应的正面义务一般包括国民待遇、最惠国待遇、不得实施当地存在要求、不得实施业绩要求和不得实施高管人员要求等。最惠国待遇是指东道国给予另一方投资者及其投资的待遇应不低于其在相似情形下给予任何第三国投资者及其投资的待遇。不得实施当地存在要求是指任何一方不得要求另一方的服务供应商在其领土内设立或维持一个代表处或任何形式的企业，或者居住在其境内作为跨境提供服务的条件。不得实施业绩要求分为两个方面：一是不得对投资强制实施业绩要求；二是不得将业绩要求规定为投资获得优惠的条件，其中涉及的业绩要求有8种：出口业绩、国内含量、采购本国产品、将进口与出口或投资相关外汇流入额挂钩、通过将境内销售与出口或外汇收入挂钩来限制境内销售、技术转让、仅从本方领土向其他市场供给产品或服务、使用本国技术。不得实施高管人员要求是指不得要求另一方投资者在其境内投资的企业任命具有特定国籍的自然人作为高级管理人员。其中国民待遇和最惠国待遇义务适用于跨境服务贸易和投资两个领域，不得实施当地存在的要求适用于跨境服务贸易领域，不得实施业绩和高管人员要求适用于投资领域。①

（三）负面清单的法律特征

1999年联合国贸发会在其报告中提出，负面清单是相对于正面清单的一种外商投资管理办法。在1991年的《菲律宾外国投资法案》中就出现了负面清单，但是其外国投资负面清单是指列出要求某公司的股票或合伙资本的外国拥有权被限制在最大为40％的经济活动领域的清单。其内容主要有行业、股权限制和法律依据，包括两个清单：一个是列明宪法和具体法律授权内采取限制措施的行业清单；另一个是列明基于国防安全、公共健康和道德、保护小型和中等规模企业等原因而采取限制措施的行业清单。② 可见，负面清单作为一种外资管理模式，任何国家都可以适用，关键在于如何适用，比如在美国2012年双边投资协定范本中的负面清单就适用了棘轮条款。所谓棘轮条

---

①② 樊正兰、张宝明《负面清单的国际比较及实证研究》，《上海经济研究》2014年第12期，第33页。

款就是为了防止"以后可能还会有"的问题,又被称为"祖父条款",它形象地描绘了一种常用的阻止齿轮倒滑的机械装置,使得东道国的"不符措施"(non-conforming measures)、"维持现状"(stand still),不能再增加这些措施的不符程度(does not increase the non-conformity of these measures),即不得加严也不能出现新的不符措施。① 这样可以防止一方面适用负面清单,另一方面又给负面清单加码,增加其内容,实则增加了外资进入的难度。因此,只有全面对负面清单进行分析,才能有效地适用这一先进的外资管理办法。

1. 负面清单的历史演进

19世纪30年代,近代关于负面清单的标志性事件发生在德意志。当时的普鲁士在1834年领导并建立了第一个超国家性质的德意志关税同盟,这也是历史上第一个具有超国家性质的关税同盟。加入同盟的18个德意志邦国,就用负面清单模式,订立彼此之间共同的贸易条约——同意开放所有进口市场、取消所有进口限制,除非列明不开放和不取消的。② 虽然在此之后各国签订了许多条约,但均未采取负面清单的形式。值得一指的是,从1947年到1994年,战后为重建和恢复世界自由贸易秩序进行了马拉松式的谈判,作为谈判的副产品,WTO霍然跻身国际贸易谈判的核心谈判机制。签字国需要遵守《关税及贸易总协定》(GATT1994)的关税减免和消除贸易壁垒的原则。这一过程开拓了正面清单管理模式的时代。③ 随后签订的WTO下的《服务贸易总协定》(GATS1995)则采取了混合清单模式,正面清单指明开放的行业,负面清单标出各行业的市场准入限制和国民待遇承诺。

也有学者和政策制定者认为"负面清单"这一概念直接来源于美国与法国在二战后签订的《友好通商航行条约》。1778年美国与法国签订了第一个《友好通商航行条约》,后来美国又陆续与荷兰(1782年)、瑞典(1783年)和普鲁士(1785年)等国签订了《友好通商航行条约》,这些早期的《友好通

---

① 温先涛《〈中国投资保护协定范本〉(草案)论稿(一)》,《国际经济法学刊》第18卷第4期,第183页。
② 陆振华《"负面清单"简史》,《21世纪经济报道》2014年1月1日第14版。
③ 《负面清单简史》,《会计纵横》2014年第2期,第147页。

商航行条约》主要涉及贸易、航行、知识产权以及人权等内容。在二战后随着美国对外投资的扩张,《友好通商航行条约》增加了意义重大的投资保护内容。但是美国签订《友好通商航行条约》的目的不仅是投资保护,还包括投资自由化,因此,美国与其他国家后期签订的许多《友好通商航行条约》给予准入前国民待遇和最惠国待遇的承诺。为保留一定的政策实施空间,在《友好通商航行条约》中还规定了一些保留条款,也叫作有关国民待遇和最惠国待遇义务的不符措施（non-conforming measures）。美国通常在《友好通商航行条约》中规定通信、空运和水运、信托业和银行业、土地利用和其他资源的外国收购业务可以采取保留措施。①

直到北美自由贸易协定的出现,现代意义上的负面清单才真正登上了历史的舞台。美国于 1992 年签订并于 1994 年生效的《北美自由贸易协定》对以往美国的《友好通商航行条约》和双边投资协定模式中的负面清单进行了一次重要的试验和突破,实现了 4 点创新:第一,使用多个附件来分类列明所有的保留措施;第二,设计了列举保留措施的格式;第三,除了列举保留未来采取限制措施权利的行业清单外,还单独列举出现存的不符措施;第四,政策空间的灵活性有所增强,保留措施不仅仅限制在国民待遇和最惠国待遇,通常还包括业绩要求和高管人员及董事会的规定。在美国的极力推动下,《北美自由贸易协定》中的负面清单模式不仅应用到加拿大、澳大利亚等发达国家,更出现在了与智利和孟加拉等发展中国家和最不发达国家的国际贸易投资协定中。可以说,《北美自由贸易协定》直接将国际投资协定带入了第二代 IIAs（国际投资条约）模式。②

2. 负面清单的法理基础

负面清单实际上是原则的例外,遵循的是"除非法律禁止的,否则就是法律允许的"解释逻辑,体现的是"法无禁止即自由"的法律理念。③ "法无禁止

---

①② 樊正兰、张宝明《负面清单的国际比较及实证研究》,《上海经济研究》2014 年第 12 期,第 32 页。

③ 龚柏华《中国（上海）自由贸易试验区外资准入"负面清单"模式法律分析》,《世界贸易组织动态与研究》2013 年第 6 期,第 24 页。

即自由",这一理念最早出现在古希腊的政治准则之中。当时,古希腊人把"法律之下的自由"视为城邦的基本要素,并从道德的角度加以推崇。"法律之下的自由"就蕴含着"法不禁止即自由"的要义。① 而对于法与自由的关系,早期霍布斯认为,世界上没有一个国家能有足够的法规来规定人们的一切言论和行为。这样就必然会得出一个结论:在法律未加规定的一切行为中,人们有自由去做自己的理性认为最有利于自己的事情。② 除了不能根据约定转让的权利(比如生命权)外,其他自由则取决于在主权者未以条令规定的地方、法律未作规定之处,臣民都有根据自己的判断采取或不采取行动的自由。因此,这种自由便因时因地而有大有小,要看主权者认为怎样最有利而定。③

洛克进一步将霍布斯的观点概括为"唯意志论",即自由是个人愿意做任何可能的事情的权力或能力。自由意味着无序和冲突,法律限制并反对自由,对自由做出调整。有法律之处则必没有自由。然而洛克本人倾向于阿奎那的"唯理论",即天赋自由并不是人们按照自己的意志而是按照符合自然法的方式行动的能力。法律的作用"不是要限制天生的自私自利的欲望,而是要促进人们追求美好生活的自然的理性欲望"。④ 即"除经人们同意在国家内所建立的立法权外,不受其他任何立法权的支配;除了立法机关根据对它的委托所制定的法律外,不受任何意志的统辖或任何法律的约束"。⑤ 所以"法律的目的不是废除或限制自由,而是保护和扩大自由,在一切能够接受法律支配的人类状态中,哪里没有法律,哪里就没有自由"。⑥ 马克思也有观点认为

---

① 王人博、程燎原《权利及其救济》,山东人民出版社,1998年,第230页。
② [英]霍布斯《利维坦》,黎思复、黎廷弼译,商务印书馆,2009年,第164页。
③ [英]霍布斯《利维坦》,黎思复、黎廷弼译,商务印书馆,2009年,第171页。
④ [英]詹姆斯·塔利《语境中的洛克》,梅雪芹等译,华东师范大学出版社,2005年,第277页。
⑤ [英]洛克《政府论(下册)》,叶启芳、霍菊农译,商务印书馆,2009年,第17页。
⑥ [英]洛克《政府论(下册)》,叶启芳、霍菊农译,商务印书馆,2009年,第35页。

"法律不是压抑自由的手段，法典就是人民自由的圣经"。[①]

霍布斯和洛克之所以对法与自由的关系产生不同的解读，源于二人对自由的不同理解，但实际上他们都赞同私权利的"法不禁止即可为"。[②] 由于国家的权力来自人民的授予，法律也只能是个人行使权利的结果而非渊源，所以私权利并不适用"法无明文授权即禁止"。但对于公权力而言，立法权是主权的象征和体现，从内容的角度看，立法权不可能适用"法无授权即禁止"，因为它受到社会契约和自然法的约束而不臣服于任何实在法。因此，从形式的角度看，它应该通过公开的具有普遍性的法律加以统治，在极为有限的程度上体现了"法无授权即禁止"，行政权作为立法权的执行者，其权限受到立法权的严格约束，基本上遵循着"法无授权即禁止"。因此对公民而言，只要法律没有禁止的，公民都可为之；而对政府而言，凡是未经法律授权的均不得为之。[③]

然而，"法无禁止即自由"原则下的负面清单反映出一国政府会指定负面清单时只列明禁止类和限制类的行业，对于外资可以自由进入的行业并未体现，对这些行业的"沉默"，在法律层面究竟为何意？在一般情况下，"沉默"不能视为意思表示，也不能被理解为一种"明文规定"。一个人对事物没有发表见解，也不能理解为他必然持肯定或否定观点。根据普通法的规定，如果一个人存在说话的义务时，"沉默"本身就能够被理解为一种陈述。此时这种"沉默"就有了非常正面的意义——不提出反对意见即为认可。但要将"沉默"视作陈述，前提是要有上文和下文的关联。在法律和契约之中有特别规定或有特别约定的情况下，"沉默"可以转化为一种不作为的暗示，也就是说，可以被视为一种意思表示。当然，这种"沉默"可能是要表达一种同意，

---

① 栾文莲《全球的脉动——马克思主义世界市场理论与经济全球化问题》，人民出版社，2005年，第109页。
② 汪习根、武小川《权利与权利的界分方式新探——对"法不禁止即自由"的反思》，《法制与社会发展》2013年第4期，第39页。
③ 龚柏华《"法无禁止即可为"的法理与上海自贸区"负面清单"模式》，《东方法学》2013年第6期，第138页。

也可能是陈述一种否认。①

一个国家的立法主体不能用"沉默"立法,"沉默"既不能指引和评价人的行为,也不能发挥政治职能和社会职能。"沉默"在不同的法律关系中可能具有不同的含义。法律通常对"沉默"(包括不行为或不表态)不规定责任。立法部门不能通过"沉默"的方式来立法。要理解"沉默"在法律中的真正含义,还要结合法律文本,通过上下文来确定"沉默"的真实表示。在我国法律体系中针对"沉默"的解释也分为三类:第一,表示肯定,例如《民法通则》第六十六条第一款规定,"本人知道他人以本人名义代理而不作否认的,视为同意";第二,表示否定,例如《合同法》第四十七条第二款规定,"第三人催告后,限制行为能力人的法定代理人沉默的,视为拒绝";第三,既可表肯定,也可作否定,例如《继承法》第二十五条规定,"继承开始后,继承人放弃继承的,应当在遗产处理前,做出放弃继承的表示。没有表示的,视为接受继承"(此段表示为肯定),而该条进而规定"受遗赠人应当在知道受遗赠后两个月,做出接受或放弃遗赠的表示,到期没有表示的,视为放弃受遗赠"(此段表示为否定)。

但是,对于负面清单中的"沉默"而言,无疑应当做肯定的解释。从其设置原因上看,负面清单的作用是外资管理中的"安全阀",发展中国家一方面因经济发展急需资金,另一方面抵御全球化风险的能力有限,在经济全球化过程中,只能迎头赶上,顺应全球化发展的要求,积极主动地抵御全球化的风险,充分利用各种防御手段,为本国经济发展保驾护航。在这些防御手段中,法律手段越来越受到重视,随着国际法法律机制的强化和遵从机制的完善,国际法律手段被越来越多地援引。东道国通过外资准入权的实施来抵御外资全球经济一体化带来的负面效应,外资准入管制权起到安全阀的作用。从其功能上看,负面清单的内容是以否定形式规定的,内容比较简短,可以保证外国投资者快速地了解东道国对市场准入的管理;行政主管机关在负面

---

① 龚柏华《"法无禁止即可为"的法理与上海自贸区"负面清单"模式》,《东方法学》2013年第6期,第139页。

清单制度下，只需严格审批清单范围内的即可，这大大减轻了他们的负担，同时也减少了寻租的机会；同正面清单相比，在对外商投资的鼓励力度上来说，负面清单所限制和禁止的投资范围较正面清单的小，所以鼓励和支持的力度更大，另一方面，负面清单对于我国产业发展的鼓励力度也更大，尤其是在鼓励技术创新上，国家限制较少，提供了较好的环境和条件。

3. 设置负面清单的原因

（1）国际政治层面

冷战结束后，全球政治趋向缓和，以对抗为特征的"高级政治"（军事和安全）已被以合作为特征的"低级政治"（经济）代替。虽然"9·11"之后，恐怖主义的阴云再次引起安全渴求，但尚不足以影响经济的主导地位。国际关系的重心从政治、军事转向经济，世界经济的政治效用被强化，政治为经济服务，[①] 政治军事化的世界逐渐走向政治经济化的世界，强权政治为民主政治所取代，[②] 为国际投资领域的合作提供了宽松的政治环境。

（2）国际经济层面

全球经济一体化已成为时代常态，表现为世界经济一体化、区域集团化、经济体制市场化和经济格局多极化。在过去的二十年中，FDI（外商直接投资）数量增长了10倍，[③] 从以前发达国家向发展中国家的单向投资扩展到发达国家间的对流、发展中国家向发达国家的回流，全球化和FDI的增长扩大了用法律机制保护和促进投资的需求，快速膨胀的海外投资要求国际投资领域法律体系的创制，投资者为了拓展海外市场，攫取海外利润，积极游说和推动本国政府与东道国签订国际投资条约以实现便利化和保护投资，大量的国际投资协定涌现，导致国际投资行为风起云涌，成为国际社会发展的重要推手。

（3）国际治理层面

[①] 刘中民《冷战后国际政治形势的特点》，《现代国际关系》1996年第5期，第2页。
[②] 李建民等《冷战后的国际政治》，《国际经济评论》1996年第4期，第36页。
[③] 武娜《区域贸易协定对FDI影响的空间竞争效应研究》，南开大学出版社，2011年，第77页。

二战后，国际贸易法治化逐步实现。从 1947 年的《关税与贸易总协定》到 1995 年世界贸易组织的建立，国际贸易规则经历了从"权力导向"向"规则导向"的升级，全球范围内的国际贸易规则建立，该体系不仅包括充分的实体权利义务，还包括了具有强制力的争端解决机制，专家小组和上诉机构的判例进一步解释和扩充了这些贸易规则，使 WTO 领域内的法治化初现端倪。① 虽然 WTO 以货物贸易为基础，但以货物贸易为切入点延伸至了诸多方面，投资便是其重要的一个议题，TRIMs 便是最好的例证，也有众多国家因违反 WTO 的相关投资措施而受到惩罚。在国际投资方面甚至出现了"向下竞争"（race to the bottom）的现象，各国为吸引更多的投资，也纷纷降低门槛，在国际直接投资方面的表现便是负面清单的推广使用。

4. 负面清单设置的特点

（1）以美国为代表的发达国家间的协定普遍采用负面清单模式

以北美自由贸易区协定为例，其附件 2 "未来措施的保留"中规定：缔约方附表的列出，根据 1108（3）条（投资）和 1206（3）条（跨境服务贸易），缔约方在有关具体部门、行业或活动方面可以维持现有的或采用新的或更严格的，不与规定的义务相符的措施：①1102 条（国民待遇）；②1103 条（最惠国待遇）；③1105 条（当地存在）；④1106 条（业绩要求）；⑤1107 条（高级管理人员或董事）。此规定为缔约的美国、加拿大和墨西哥提供了在规定领域采取相应措施的权利。在美国的保留措施中，有关"投资保留"强调的是国民待遇和最惠国待遇，涉及海滨土地投资的所有权、广播电视有线服务和报刊出版与印刷的同等待遇等，对这些领域美国保留继续维持或采取其他措施的权利。

又如，美国与澳大利亚于 2004 年签署的《澳大利亚—美国自由贸易协定》全面采用了负面清单模式，澳大利亚与新西兰签订的双边投资协定除了部分服务项目外，基本上都采用了负面清单的模式。

（2）发达国家与发展中国家之间的协定一般采取负面清单模式

---

① 何芳《外资管辖权研究》，博士论文，第 70—71 页。

自从美国在北美自由贸易区协定成功地适用了负面清单，美国便开始在其谈判的各个双边投资协定和多边投资协定中推广负面清单的适用，不管相对方是发达国家还是发展中国家。因此，美国签订的众多协定中很大一部分都采用了负面清单模式。以美国与哥伦比亚于 2006 年签署、2012 年生效的《美国—哥伦比亚自由贸易协定》第十二章《金融服务》第一条明确规定，"本章不适用于缔约一方有关采取或维持的措施"：公共退休计划或社会保险法定系统的部分活动或服务，或缔约一方担保账户或使用财务资源，其中包括公共实体的活动或服务。除非缔约一方允许他的金融机构参与公共实体或金融机构竞争，开展有关上述的任何活动或服务。

（3）发达国家与新兴经济体之间的协定倾向采取负面清单模式

新兴经济体因其经济发展的需要，无法避免与发达国家签订各种各样的投资协定，因此，不得不接受发达国家普遍采用负面清单的做法，并且在适用负面清单的过程中也学会了保护自己的利益，通过负面清单模式规避开放可能带来的风险。在对外开放的同时，强调本国主权的独立、领空和领海的安全以及国内经济正常有序发展的保护。例如 2006 年《日本—菲律宾经济伙伴关系协定》、2005 年《日本—马来西亚经济伙伴关系协定》等均采用负面清单模式。①

5. 负面清单的内容

从各国国际贸易和投资协定中负面清单的相关实践来看，一个完整的负面清单通常包含以下 6 个要素：②

第一，不符措施对应的正面义务。

最初的负面清单所列的限制性行业和特别管理措施仅针对国际贸易和投资协定中的国民待遇和最惠国待遇承诺，后来扩大到不得以业绩要求和高管人员要求限制外资市场准入等多项正面义务。

---

① 林钰主编《区域自由贸易协定中"负面清单"的国际比较研究》，北京大学出版社，2016 年，第 15—17 页。
② 杨荣珍《外商投资负面清单模式的国内外经验比较研究》，《山东大学学报》（哲学社会科学版）2016 年第 5 期，第 146 页。

第二，限制性行业及其分类。

针对正面义务而设置的限制外资准入的行业清单是整个负面清单的核心，它以文字描述或列表的形式具体阐明了东道国外资管控的限制范围。从各国负面清单的实践来看，列入负面清单中的行业主要包括两类：一类是关系东道国国家安全或具有公共服务性质的基础性行业，如农业、采矿业、交通运输业等；另一类是对东道国具有战略意义的行业，包括东道国具有比较优势的产业和幼稚产业。此外，缔约双方往往会在此部分对行业分类的具体方法和标准做出说明。

第三，措施描述。

指详细描述针对限制性行业所执行的具体特别管理措施，如股权限制、运营限制、高管和董事会要求、业绩要求等。措施描述一般分为两类：一类是列出东道国现存已明确保留的不符措施，另一类是在列出相关具体行业的基础上声明保留未来在这些行业内采取不符措施的权利。

第四，法律依据。

缔约方在负面清单中一般会就不符措施逐条列出国内法依据。这里的国内法不仅指东道国立法机关制定的宪法、法律，还包括东道国各级政府和外资管理部门制定的行政法规、部门规章和地方性法规。

第五，政府层级。

政府层级是指缔约方在负面清单中对采取或维持各项不符措施的政府级别做出标示，一般分为中央（central）、区域（regional）和地方（local）三级。这种分级标示不仅可以使外国投资者明确具体不符措施的效力级别，也可以使他们了解不符措施在东道国内部适用的地域范围。

第六，过渡期。

过渡期是负面清单中的一项特殊规定，并非所有负面清单都会有此项规定，然而一旦负面清单出现过渡期条款，则是对清单上的限制行业和不符措施规定一个过渡期。在过渡期内，外商须遵守外资准入行业限制和不符措施的规定；过渡期结束后，相应行业限制和不符措施将自动移出负面清单，外资可以自由进入。

6. 负面清单涉及的领域

(1) 关系到国家安全的产业、产品或技术

国家安全是一国社会、经济稳定发展之本，如果涉及国家安全的产业、产品或技术依赖外国或者有外国介入，必将对东道国的国家安全造成严重的影响，因此，这些领域理应写入负面清单。例如，《美国—哥伦比亚贸易协定》附件1，在关于美国原子能部门的国民待遇中规定，根据美国核管理委员会要求，在美任何人出于商业需要或工业用途，传送或接收洲际贸易、制造、生产、转让、使用、进口或出口任何核能，必须获得该委员会颁发的许可证。尽管美国核管理委员会要求核能在医学治疗中使用，或用于研究和开发获得，但也禁止将这样的许可证给予知道核能用途、控制或支配核能的外国人、外国企业、外国任何实体或外国政府。

(2) 关系到国家金融安全或具有公共服务性质的领域

在经济全球化深入发展的今天，金融领域的发展已经将各个国家连接在了一起，任何金融领域的风险都会造成全球性的影响，比如美国的次债危机，可谓是牵一发而动全身。因此，为保护本国的金融安全，限制外国投资者进入或为外国投资者设置更高的标准，可以有效地保障本国金融的健康发展。例如，在韩国的投资协定中负面清单的金融部分，主要针对银行设立、外汇买卖进行限制，而在保险和投资领域的限制较少，但要求公司高管必须居住在韩国。对有关国家安全稳定的交通运输、通信、文化娱乐和法律服务，制定了大量的限制性规定或设置了更严格的监管标准。

澳大利亚对外签订的贸易协定中，服务贸易的负面清单涉及的内容：专业服务中的律师服务、移民咨询服务、会计审计服务、医疗服务与海关清关服务；通信服务中的邮政服务、电信；批发零售服务中的医疗产品、化学品、酒精饮料和香烟产品贸易；金融服务中的吸收存款业务、人寿保险服务、非人寿保险服务、金融市场服务、托管投资服务；健康服务；传媒、娱乐、文化及体育服务（包括报纸、广播、商业电视等视听服务、博彩业）；运输服务中的内河运输、海运运输、航空运输；教育服务中的初等教育、其他教育。

(3) 影响国家基础的行业或具有战略意义的产业或战略物资

一般认为负面清单中的产业除了前两类外，主要是东道国的幼稚产业，但实践中，负面清单中的产业并非都是东道国的幼稚产业，也包括东道国具有竞争优势的产业。例如，新西兰的畜牧业，韩国的航运业和娱乐业，日本的生物医药，越南的钛矿，中国的稀土等。基于知识产权保护或战略储备安全的考量，这些颇具竞争力的产业或是稀缺资源的产业均被列入负面清单或作为例外予以保护。此外，在发达国家的投资协定中一般都将研究开发等方面列入负面清单，比如，加拿大的医疗研究、航空航天研究，美国的研究开发全部类别都被作为例外。

（4）与环境保护相关的产品

很多国家考虑到环境保护的因素，将一些涉及环境保护的领域也写入了负面清单。例如，美国在签订的《北美自由贸易协定》中就将原木排除在外。这主要是由于美国历史上经历了大开发，过度的开发导致东部沿海的原始森林遭到破坏，因此美国加大了对生态环境的保护，对所有原木实现出口管制，对原木的管制措施也成为美国签署贸易协定的一个例外。

二、典型双边投资协定与自由贸易协定中的负面清单

现代负面清单制度是在美国的推动和影响下，加之经济全球化的不断深入，国际投资的蓬勃发展，逐步被各国所接受并广泛适用的。发达国家签订的典型双边投资协定与自由贸易协定普遍适用负面清单，可以说发达国家在负面清单制度方面有着极其丰富的经验，尤其针对不同缔约国的行业特点、敏感行业的分布、目标行业的分类，制定有针对性、侧重点的负面清单，达到既保护自己的优势产业又可以进入对方市场的目的。对这些典型双边投资协定与自由贸易协定的负面清单进行考察，对我国负面清单制度的发展有着极强的借鉴意义。

（一）美国典型的双边投资协定与自由贸易协定中的负面清单

对于外商投资管理，美国并没有出台统一的负面清单来限制外国的投资。而且美国对外资一贯持开放态度，对外商投资实施准入前国民待遇，外商投资进入美国一般无须审批，只需按照一定的程序直接申报即可。当然，尽管

美国没有专门针对外资总的限制性措施,但美国也不可能做到完全意义的投资自由化。一方面,美国通过与投资相关的联邦、州及地方相关法律法规对外资特定行业进行了限制,如金融业、通信业、航空运输业和海运业等;另一方面,美国通过安全审查制度对外资并购进行限制。[①] 美国负面清单管理模式出现在其与其他国家签署的双边投资协定(Bilateral Investment Treaties,以下简称 BIT)和自由贸易协定(Free Trade Agreements,以下简称 FTA)。

1. 美国采用负面清单模式的双边投资协定与自由贸易协定的历史沿革

截至 2015 年 1 月,美国共签署了 47 个 BIT 和 14 个 FTA,这些 BIT 和 FTA 共涉及 67 个签约对象(其中 FTA 涉及 20 个签约对象),详情请见下表。

分类		双边投资协定		自由贸易协定	
		签约数	缔约国	签约数	缔约国
以发展程度为标准	发达国家	9	捷克、斯洛伐克、罗马尼亚、保加利亚、爱沙尼亚、拉脱维亚、克罗地亚、立陶宛、波兰	3	加拿大、以色列、澳大利亚
	转型国家	10	亚美尼亚、格鲁吉亚、吉尔吉斯斯坦、摩尔多瓦、白俄罗斯、乌克兰、乌兹别克斯坦、阿尔巴尼亚、阿塞拜疆、俄罗斯	0	—
	发展中国家	28	巴拿马、海地、格林纳达、阿根廷、厄瓜多尔、特立尼达和多巴哥、洪都拉斯、尼加拉瓜、玻利维亚、萨尔瓦多、乌拉圭、土耳其、孟加拉国、埃及、斯里兰卡、哈萨克斯坦、蒙古、约旦、巴林、塞内加尔、刚果共和国、摩洛哥、喀麦隆、刚果、突尼斯、牙买加、莫桑比克、卢旺达	17	巴拿马、哥斯达黎加、多米尼加、萨尔瓦多、危地马拉、洪都拉斯、尼加拉瓜、哥伦比亚、墨西哥、秘鲁、智利、巴林岛、韩国、新加坡、约旦、阿曼、摩洛哥

---

① 聂平香、戴丽华《美国负面清单管理模式探析及对我国的借鉴》,《国际贸易》2014 年第 4 期,第 39 页。

（续表）

分类		双边投资协定		自由贸易协定	
		签约数	缔约国	签约数	缔约国
以地区为标准	亚洲	10	土耳其、孟加拉国、斯里兰卡、哈萨克斯坦、亚美尼亚、格鲁吉亚、蒙古、约旦、巴林、吉尔吉斯斯坦	7	巴林、新加坡、以色列、约旦、澳大利亚、韩国、阿曼
	欧洲	16	捷克、斯洛伐克、罗马尼亚、俄罗斯、保加利亚、波兰、摩尔多瓦、白俄罗斯、乌克兰、爱沙尼亚、乌兹别克斯坦、拉脱维亚、阿尔巴尼亚、克罗地亚、阿塞拜疆、立陶宛	0	—
	美洲	11	巴拿马、海地、格林纳达、阿根廷、厄瓜多尔、特立尼达和多巴哥、洪都拉斯、尼加拉瓜、玻利维亚、萨尔瓦多、乌拉圭	12	巴拿马、哥斯达黎加、多米尼加、萨尔瓦多、危地马拉、洪都拉斯、尼加拉瓜、哥伦比亚、墨西哥、加拿大、秘鲁、智利
	非洲	10	塞内加尔、刚果共和国、摩洛哥、喀麦隆、刚果、突尼斯、牙买加、莫桑比克、卢旺达、埃及	1	摩洛哥

（1）美国采用负面清单模式的双边投资协定的历史沿革

美国采用负面清单模式的双边投资协定的发展历史可以分为4个阶段：

第一阶段，1990年以前。

美国在此阶段分别与巴拿马、塞内加尔、海地、刚果共和国、摩洛哥、土耳其、喀麦隆、孟加拉国、埃及、格林纳达、刚果、波兰、突尼斯签订了双边投资协定，共13个。此阶段采用的负面清单既不适用国民待遇条款也不适用最惠国条款。

第二阶段，1990—1993年。

美国在此阶段分别与斯里兰卡、捷克、斯洛伐克、阿根廷、哈萨克斯坦、罗马尼亚、俄罗斯、保加利亚、亚美尼亚、吉尔吉斯斯坦、摩尔多瓦、厄瓜多尔签订了双边投资协定，共12个。此阶段采用的负面清单分别列举出了国民待遇条款和最惠国条款的例外行业。

第三阶段，1994—1999年。

美国在此阶段分别与白俄罗斯、牙买加、乌克兰、格鲁吉亚、爱沙尼亚、特立尼达和多巴哥、蒙古、乌兹别克斯坦、拉脱维亚、阿尔巴尼亚、洪都拉斯、尼加拉瓜、克罗地亚、约旦、阿塞拜疆、立陶宛、玻利维亚、莫桑比克、萨尔瓦多、巴林签订了双边投资协定，共20个。此阶段从1994年与格鲁吉亚签订双边投资协定开始，美国对负面清单进行了重要的调整，在负面清单的形式上，逐步调整为首先列出国民待遇条款和最惠国条款共同的例外行业，再单列最惠国条款的例外行业；另一方面，负面清单的项目开始缩减、调整和整合。

第四阶段，2004年至今。

截至2015年，美国在此阶段分别与乌拉圭、卢旺达签订了双边投资协定，共2个。此阶段美国于2004年出台的新的BIT范本中的负面清单采用了全新的表述形式，由之前的行业列表转变为不符措施列表。这两个双边投资协定有3个附件，共规定了29项不符措施，其中附件1有9项，附件2有6项，附件3有14项。附件中列出了与协议正文中国民待遇、最惠国待遇、经营要求以及高级管理人员和董事4个条款（分别为协议的第三、四、八、九条）不符的措施，其中附件1和附件3列出现存的不符措施（附件3专门针对金融服务行业），附件2列出的是保留未来采取不符措施权利的领域。[①]

（2）美国采用负面清单模式的自由贸易协定的历史沿革

与双边投资协定相比，美国采用负面清单模式的自由贸易协定的发展则相对简单，大体可以分为两个阶段。

第一阶段，2000年以前。

此阶段，美国签署了《美国—以色列自由贸易协定》《北美自由贸易协定》和《美国—约旦自由贸易协定》，其中只有1992年签署的《北美自由贸易协定》是美国第一个采用负面清单模式的FTA。该协议首次提出不符措施的概念，并在负面清单中采用了不符措施列表形式。作为美国第一个采用负面清单模式的

[①] 陆建明、吴立鹏、梁思焱《美国双边投资协议与自由贸易协议负面清单的关联性与差异性分析》，《国际商务研究》2017年第2期，第79—80页。

FTA，《北美自由贸易协定》的负面清单极其复杂，由 7 个附件构成。

第二阶段，2000 年至今。

此阶段，美国与智利、新加坡、澳大利亚、摩洛哥、巴林、阿曼、秘鲁、哥伦比亚、巴拿马、韩国分别签订了自由贸易协定，其中还包括与多米尼加共和国、哥斯达黎加、萨尔瓦多、危地马拉、洪都拉斯、尼加拉瓜一同签订的《中美洲自由贸易协定》（CAFTA-DR）。这些自由贸易协定均采用负面清单的模式，并在协定中包括了 3 个不符措施附件。各附件中，不符措施的排序有较强的一致性，表述也基本一致。① 此阶段的负面清单主要有以下两个方面的变化：第一，附件数量减少；第二，负面清单的表述更加简洁。

2. 美国负面清单的特点

从美国签署的双边投资协定和自由贸易协定来看，按照国际约束力的强弱，其负面清单将保留限制措施的服务和投资分为两类：第一类是服务和投资允许保留现有的限制措施，用清单方式列出来，即中央政府层面和地方政府层面的任何现行"不符措施"清单。凡列入此类清单中的不符措施，修订时需要受制于"棘轮效应"的规定，即该类不符措施不得出现倒退。② 第二类负面清单不但允许维持现有的限制措施，缔约方同时还保留了对相关行业现有的限制措施进行修订或设立新的更严格的限制措施的权利。通常使用"有权采取或维持任何措施"（reserve the right to adopt or maintain any measure）或者"有权采取或维持任何措施，但不局限于以下措施"（reserve the right to adopt or maintain any measure, but not limited to）等条款表示。③ 可见，在第二类负面清单中缔约方保留了较大的自主权，为当事国限制外资保留了较大的自由裁量空间，对外商投资的限制措施更多，限制程度更高。

---

① 陆建明、吴立鹏、梁思焱《美国双边投资协议与自由贸易协议负面清单的关联性与差异性分析》，《国际商务研究》2017 年第 2 期，第 81 页。

② 魏新亚《自贸试验区负面清单与中美 BIT 谈判对接的基础研究》，《亚太经济》2017 年第 6 期，第 159 页。

③ 杨嫒、赵晓雷《TPP、KORUS 和 BIT 的金融负面清单比较研究及对中国（上海）自由贸易试验区的启示》，《国际经贸探索》2017 年第 4 期，第 72 页。

美国的负面清单一般包含3个附件：第一个附件是第一类负面清单，第二个附件是第二类负面清单，第三个附件是将金融服务的不符措施单独列出。第二类负面清单通常只列明设限行业和法律依据，大多以"保留采取或维持任何措施的权力"来表述，最大限度地扩展了缔约国不符措施的范围。在金融服务负面清单中，根据约束力的不同，也区分了两种类型的不符措施。由于美国金融服务国际竞争力较强，近年来美国签署的双边投资协定和自由贸易协定中都对金融服务单独规定，追求高标准的金融自由化。[①]

（1）美国双边投资协定中的负面清单

除与俄罗斯的双边投资协定外，美国所有双边投资协定均采用了负面清单模式。一般而言，美国双边投资协定中的美方负面清单涉及的行业均可归纳为6个领域：第一，土地与自然资源；第二，能源与核；第三，海洋与航空运输；第四，广播与通讯；第五，金融、保险与地产；第六，水平型限制（涉及所有行业）。详情见下表。

涉及领域	涉及项目
土地与自然资源	土地和自然资源的使用；在公有土地上采矿；渔业；政府土地上的矿产资源租赁；政府土地上的矿产资源和管道通行权租赁
能源与核	能源和电力生产；核能
海洋与航空运输	航空运输；远洋及沿海航运；海运服务及海运相关服务；空运、海运及相关服务；报关
广播与通讯	广播电视、电话电报服务、卫星通讯、海底电缆服务；广播电视及电台公共营运人的所有权及运营权、通讯卫星企业的股权和所有权、电话电报的公共营运服务提供、海底电缆服务提供；海底电缆的铺设、广播及公共营运人或航空无线电台的许可、通讯卫星、基于单向卫星传送的电视和数字音频直接到户和直播服务
金融、保险与地产	银行业、保险业；银行、证券、保险和其他金融服务；房地产所有权、不动产所有权；政府债券的主经销权
水平型限制	政府补助；政府保险和贷款项目；补贴或补助，包括但不限于政府支持的贷款、担保和保险

[①] 高维和、孙元欣、王佳圆《美国FTA、BIT中的外资准入负面清单：细则与启示》，《外国经济与管理》2015年第3期，第88页。

但是，自 2004 年美国出台了双边投资协定范本后，分别与乌拉圭和卢旺达两国签署了双边投资协定，由于该双边投资协定适用的是美国最新的双边投资协定范本，因此本部分以美国与乌拉圭和卢旺达签署的双边投资协定作为样本进行分析。这两项双边投资协定中的负面清单的形式由行业列表改为不符措施列表，与过去的双边投资协定表现形式不一样。负面清单的具体规定请见下表。

行业	编号	子行业
土地与自然资源	1-2	采矿
海洋与航空运输	1-4	航空
	1-5	航空
	1-6	报关代理人
	2-5	运输
广播与通讯	1-8	无线通讯
	2-1	通讯业
	2-2	通讯业—有线电视
水平型限制	1-3	所有行业
	1-7	所有行业
	2-6	所有行业
其他	2-3	公共服务
	2-4	少数民族事务
金融服务	3-1	银行业
	3-2	银行业
	3-3	银行业
	3-4	银行业
	3-5	银行业
	3-6	银行业
	3-7	银行业
	3-8	证券业
	3-9	证券业
	3-10	证券业
	3-11	证券业
	3-12	保险业
	3-13	保险业

乌拉圭和卢旺达均属于欠发达国家，产业结构单一，经济发展滞缓，尤其是卢旺达，国内经济仅仅依赖农业艰难维系。对比美国与卢旺达、美国与乌拉圭签订的双边投资协定，两份协定中美国对缔约国的开放行业、行业细分、限制措施均完全一致。美国针对两个国家的特点，行业设置的不同，制定了详细的负面清单。

乌拉圭是典型的单一型产业的国家，农牧业发达，出口的主要产品为肉类、羊毛、水产品、皮革和稻米等，其在金融业、服务贸易及高新技术产业与美国不可同日而语。因此，在与美国签订的双边投资协定中，充分考虑到了其自身的产业劣势，针对美国对外投资热点领域，将金融保险和通信业列入了负面清单。

在国有企业方面，乌拉圭将其列入第二类负面清单。乌拉圭规定，对于现有的石油精炼及进口、配电、配水、基础电信行业的垄断性国有企业，其收益的转移权和处置权应当归属乌拉圭政府，同时保留对现有的限制措施进行修订或设立更严格的新的限制措施的权利。除此之外，在金融服务负面清单中，明确规定乌拉圭政府和国有企业的存款仅可储蓄在两个指定的乌拉圭金融机构中，禁止外国投资者参与，防止外资通过金融服务干涉国有资产和政府行为，对其自主性提供了保障。

乌拉圭的负面清单，不符措施有 20 项之多，对渔业、广播电视业和银行业均提出了多条限制措施。除了应用普遍的绝对禁止和比例限制之外，针对乌拉圭本国国情和产业特征，灵活运用多种类型的不符措施。例如，差别设置，银行存款保险占存款总额的上限因存款货币（乌拉圭比索或外币）的不同而有所差别。[①] 详情见下表。

[①] 高维和、孙元欣、王佳圆《美国 FTA、BIT 中的外资准入负面清单：细则与启示》，《外国经济与管理》2015 年第 3 期，第 90—92 页。

美国—乌拉圭负面清单（第一类负面清单）

行业	细分行业	涉及原则	说　明
渔业	—	国民待遇、经营要求、高级管理人员和董事要求	1. 在距离乌拉圭的内湖和领海12英里以内开展商业捕鱼和其他海洋捕捞的，须驾驶悬挂有乌拉圭国旗的船只并获许可；船长、捕捞指挥员须为乌拉圭人，且至少一半以上的船员为乌拉圭籍。 2. 悬挂外国国旗的船只只允许在12—200英里内进行商业捕捞，并且需要获得行政部门的授权和登记。 3. 鱼的加工和销售可能会要求全部或部分在乌拉圭境内完成
通信	平面媒体	高级管理人员和董事要求	要求乌拉圭国民担任该报纸、杂志和期刊的责任编辑或经理
通信	广播电视	国民待遇、最惠国待遇、高级管理人员和董事要求	1. 免费的无线电视和收音机广电服务只能由乌拉圭国民提供，该广电企业的所有股东或合作方必须为定居在乌拉圭的国民。 2. 广电企业的高管、董事会成员和主要负责人必须是乌拉圭人。 3. 编辑必须是乌拉圭人
交通运输	铁路运输服务	国民待遇、最惠国待遇、高级管理人员和董事要求	1. 铁路客运或货运营运商须从行政部门获得许可证。 2. 要求铁路运输企业至少51%的实收资本由定居在乌拉圭的国民或企业持有，且该企业至少51%的董事会或经理层人员由定居在乌拉圭的国民担任
交通运输	公路运输	国民待遇、高级管理人员和董事要求	经营国内客运业务、国际客运和国际货运业务的企业，其一半以上的实收资本和控制权须由乌拉圭国民持有；经营国内货物点对点运输则无限制
交通运输	海洋运输服务和辅助服务	国民待遇、最惠国待遇、高级管理人员和董事要求	工作人员须满足以下条件：经由主管机关授权的，50%的工作人员（包括船长）须为乌拉圭人；未经主管机关授权的，船长、首席工程师以及无线电操作员或首席军官必须为乌拉圭人
交通运输	航空服务	国民待遇、经营要求	51%以上的股份由定居在乌拉圭的国民持有，所有机组人员和其他工作人员必须为乌拉圭籍，除非另有授权

美国—乌拉圭负面清单（第二类负面清单）

行业	细分行业	涉及原则	说明
交通运输	公路、铁路、机场、港口服务和基础设施	国民待遇、经营要求、高级管理人员和董事要求	对于公路、铁路、机场、港口服务和基础设施建设，乌拉圭有权保留或进一步采取不符措施
交通运输	铁路运输服务和辅助服务	经营要求	如果在乌拉圭法律中是"充分透明、非歧视的"，有权保留或进一步采取不符措施
交通运输	地面交通	最惠国待遇	依据南方共同市场约定，在此之后订立的关于地面交通的协定，乌拉圭拥有针对不同环境采取或者维持任何举措的权利
能源	水和天然气配送服务	经营要求	对于水和天然气的配送服务，乌拉圭有权保留或进一步采取不符措施
邮政	—	国民待遇	对于限制收据和加工、运输、交付国有企业定期发票，乌拉圭有权保留或进一步采取不符措施
社会服务	—	国民待遇、经营要求、最惠国待遇、高级管理人员和董事要求	对于公共污水处理、供水、社会福利、公共教育、公共培训、健康等社会服务领域，乌拉圭有权保留或进一步采取不符措施
传统节日活动	—	国民待遇	如游行、狂欢节等传统节日和活动，乌拉圭有权保留或进一步采取不符措施
所有产业	—	国民待遇、经营要求、高级管理人员和董事要求	由于社会和经济因素产生的少数民族问题，乌拉圭有权保留或进一步采取不符措施
所有产业	—	国民待遇、经营要求、高级管理人员和董事要求	对现有垄断性国有企业（石油精炼及进口、配电、配水、基础电信）收益的转移和处置，乌拉圭保留采取或维持限制措施，以确保其收益归属于乌拉圭政府。然而这种转移和处置，仅限于限制初始转移或处置，而非后续行为
所有产业	—	最惠国待遇	1. 对于在此之前签订的国际双边或多边协定，乌拉圭拥有针对不同环境采取或者维持任何举措的权利。 2. 对在此之后签订的条款，拥有针对不同环境采取或者维持任何举措的权利，主要适用于以下四个方面： （1）航空（2）渔业（3）电信（4）海上事务（包括打捞）

美国—乌拉圭负面清单（金融类负面清单）

行业	细分行业	涉及原则	说　明
金融业	银行	国民待遇、高级管理人员和董事要求	1. 分行或外资金融机构的分支机构不得以其法律和章程禁止乌拉圭国民参与该银行的董事会、管理层或其他任何职位（国民权利同等）。 2. 银行存款保险占存款总额的上限因存款货币（乌拉圭比索或外币）的不同而有所差别（鼓励货币）
金融业	保险	国民待遇	Banco de Seguros del Estado 公司是提供劳工赔偿保险的唯一合法公司，因此它可能会获得竞争优势（指定公司）
金融业	—	国民待遇	除非行政部门另外授权，乌拉圭政府和国有企业的存款只存在 Banco de la Repulica Oriental del Uruguay 或者 Banco Hipotecario del Uruguay 两个机构（指定机构）

卢旺达是世界上最不发达的国家之一，国内经济以农牧业为主，并且粮食不能自给。但是在与美国签订的双边投资协定中，卢旺达设置的负面清单内容有限，除了保险业单列了一项限制条件，为美国在卢旺达创造了自由宽松的投资贸易环境。美国的诸多优势领域，如服务贸易、电信、电子商务、农产品等，卢旺达均对美国予以开放，美国就此将获得大量的利益。

卢旺达针对美国的不符措施具体包括以下几类：比例限制（在卢旺达境内运营的保险公司须由卢旺达国民持股30%以上）、年限限制（在卢旺达境外注册的非营利组织，不得超过5年，但可延长；在境内注册的则无期限限制，并且适用于所有产业）、投资限额（卢旺达和东南非共同市场成员国的投资者，投资金额不低于10万美元；美国投资者投资金额不能低于25万美元）、起止时间限制（在卢旺达境内运营的保险公司须为2009年9月1日之后或比卢旺达颁布《保险法》更晚设立）。除此之外，卢旺达的负面清单未列明任何其他措施，原因在于：一方面，卢旺达属于世界最贫困的国家之一，国家社会、经济发展落后，法律不健全、法治程度较低，导致其投资环境不理想，很难有效地吸引到大量外国投资，因此急需美国"救援式"的投资扶助；另一方面，在与美国签订双边投资协定时，卢旺达处于谈判弱势方，综合国力影响谈判话语权，因此，卢旺达对美国设置的各类限制措施少之又少，绝大多数行业几乎可以说是敞开国门、一路绿灯。①

(2) 美国自由贸易协定中的负面清单

① 《北美自由贸易协定》

1992年签订并自1994年起生效的《北美自由贸易协定》中,美、加、墨三国在现有不符措施和未来措施保留项中分别提出了各自的产业分类标准。为了使北美地区国家在商业统计上更具可比性,也为了降低谈判成本,美、加、墨三国于1997年提出了统一的北美产业分类标准(NAICS),并在后来许多北美自由贸易协定类型区域贸易协定谈判中被采纳。北美产业分类标准每5年调整一次,每10年进行大规模的调整。②

《北美自由贸易协定》正文共包含8个部分,共计22章,从货物贸易到技术性贸易壁垒、政府采购、投资和服务贸易、知识产权等诸多项目。其采取从一般到特殊的方式,即先制定一些基本的原则和规则,然后再根据各国的具体情况以保留、例外和承诺的形式进行修正。例如,关于投资和服务贸易,明确规定各项原则不适用于下列服务和活动:金融服务、与能源或基础石油化工有关的服务、航空服务及其支持服务(除航空器维修服务和专业航空服务之外)、跨境劳工贸易、政府采购、政府补贴、执法、惩教服务、收入保障、社会福利、公共教育、公共培训、保健和儿童护理等。

《北美自由贸易协定》共有7个附件,除附件6为补充的自由化承诺外,其他6个附件基本都是缔约国具体产业部门开放的例外和保留措施,即负面清单。③ 墨西哥的负面清单虽然种类较多,但涉及行业较为集中,主要是在金融、通信、交通运输和专业服务等涉及国家经济命脉,且墨西哥不具备竞争优势的领域。

---

① 高维和、孙元欣、王佳圆《美国FTA、BIT中的外资准入负面清单:细则与启示》,《外国经济与管理》2015年第3期,第90—92页。

② 沈玉良《NAFTA类型及中国(上海)自由贸易试验区制度设计导向》,《世界经济研究》2014年第7期,第38页。

③ 武芳《墨西哥负面清单设计特点及借鉴》,《国际经济合作》2014年第6期,第10—11页。

a. 金融

根据《北美自由贸易协定》，墨西哥允许美国和加拿大的银行或其他金融机构在墨西哥建立全资金融子公司，并在相同条件下与墨西哥金融机构展开竞争。在附件7中，缔约国则对金融领域现行保留的不符措施、可能采取的不符措施以及未来的自由化承诺等进行了规定。墨西哥保留和扩展的承诺如下：在现行不符措施的保留当中，墨西哥主要是对外商投资于国内金融机构，包括控股公司、商业银行、证券公司、担保公司等的设立条件（主要是外资参股的限定，此限定不适用于外资金融子公司）和业务范围的限制，所涉及原则主要是国民待遇。例如，限制控股公司与商业银行的外国投资总额不得超过普通股资本的30%，信用合作社、金融代理公司与外汇公司、开发银行等不允许外商投资等。此外，也有一些规定涉及跨境交付，如规定对跨境保险服务贸易保留现行的禁止与限制，但不限制个人通过自然人流动购买人寿与健康保险的权利。

在可能采取或维持的不符措施当中，墨西哥约定过渡期内对外资金融机构（包括单个金融机构和全部外资金融机构）设立资本占墨西哥同一类型所有金融机构总资本的比例限制，也可对一些业务类型进行限制。然而当过渡期结束后，墨西哥仍然可以对外资金融机构采取一些与以上类似的保留措施。

b. 交通运输

根据附件1的规定，即在现行保留清单的57项措施（其中5项适用于所有产业）中，有18项专门针对交通运输领域；在附件2（未来可采取保留措施清单，共10项，其中一项适用于所有产业）和附件5（数量限制，共3项）中，也有3项针对这一领域，占到负面清单的三分之一左右。墨西哥针对交通运输的现行负面清单，涉及空运、水运和陆路运输3个领域。主要涉及原则为国民待遇、当地存在和高管要求。主要措施：要求从事相关业务的企业事先获得相关部门的许可或批准，限制股比和工作人员的构成等。

在未来有权采取措施的清单中，墨西哥对铁路服务（墨西哥铁路网范围内的交通运营、管理与控制，铁路通行权的监管与管理，铁路基础设施建设、运营与维护）保留采取或维持任何措施的权利。同时，对船长、飞行员、船东、船舶机械师和技工等工作人员，港航员、报关员等，规定必须由出生即为墨西哥公民的人担任。

此外，还有一些领域不允许私人和外国投资者经营，而必须由墨西哥政府和国有企业进行垄断经营。

c. 通信

在附件1的57项措施中，有8项专门针对通信领域；在附件2和附件5中，共有5项针对通信领域，占负面清单的四分之一左右。现行负面清单主要限制领域为娱乐服务（包括广播、有线电视和影院等）和电信邮政服务，涉及原则为国民待遇和业绩要求，对附件1中的项目主要限制方式为要求业务开展应事先取得当局许可，外资股比限制，对播放内容的语言要求及本地制作要求等。对附件2和附件5中的项目主要是限制外国政府和国有企业对该领域的投资。

在未来有权采取措施的负面清单中，墨西哥保留对电信传输网络与电信传输服务，邮政服务、电报服务、卫星通信服务、航空电信服务，以及广播、高清电视服务等多种服务采取或维持任何措施的权利。

此外，卫星通信、电报和无线电报服务、邮政服务等为墨西哥国家保留的领域。

d. 专业服务

在现行负面清单中，墨西哥对医生、报关员、专业技术人员、律师、会计师、公证员等专业人员的国籍和执业资格进行了限制。对美国人提供法律服务则保留采取或维持任何措施的权利。①

②《美韩自由贸易协定》

美国在2007年和韩国签署了《美韩自由贸易协定》，是美国在亚太地区最具影响力的自贸协定之一，该协定共有24章和3个附件。② 其中涉及不符措施

---

① 武芳《墨西哥负面清单设计特点及借鉴》，《国际经济合作》2014年第6期，第12—13页。

② 杨嬛、赵晓雷《TPP、KORUS和BIT的金融负面清单比较研究及对中国（上海）自由贸易试验区的启示》，《国际经贸探索》2017年第4期，第71页。

的有 5 个章节（第十一章《投资》，第十二章《跨境服务贸易》，第十三章《金融服务》，第十四章《电信服务》，第十五章《电子商务》）和全部 3 个附件。

《美韩自由贸易协定》也采用负面清单模式规定不符措施，负面清单主要在 3 个附件予以规定，其中附件 1 列出了在具体部门和分部门可以保留的现行不符措施，附件 2 则列出了韩国有权维持现有不符措施或采取新的不符措施的清单。两个附件中的不符措施均列明具体部门、涉及原则和措施的具体描述，涉及不符措施的现存国内立法也逐一列出。附件 3 中的金融负面清单部分分别对美国和韩国在金融产业方面的不符措施进行了规定。负面清单主要涉及跨境服务贸易和投资，但主要是针对服务贸易的规定。《美韩自由贸易协定》不仅设置了专门章节对金融、电信等敏感领域的市场开放进行了严格的规定，还在负面清单中进行了明确规定，其中，附件 1 涵盖的 47 个领域中，有 43 个涉及服务贸易，在附件 2 涵盖的 43 个行业当中，除渔业之外，其余领域均涉及服务贸易。

负面清单涉及的原则和领域都十分宽泛。从涉及原则来看，共有 6 种：a. 当地存在（主要是要求对方国家的服务提供商在韩国设立办事机构）；b. 市场准入（如要求通过相关的经济需求测试，并获得主管当局的授权经营许可，或限制业务类型，或要求获得本国学历或资质等）；c. 国民待遇；d. 业绩要求（如限定采购来源，限定项目一定比例必须投向特殊用途等）；e. 高管构成（即要求主要负责人为韩国国籍）；f. 最惠国待遇。其中，主要以涉及当地存在、市场准入和国民待遇的不符措施为主。从负面清单所涉部门来看，涵盖了农业、服务业和制造业以及弱势群体保护等社会事业。此外，在附件 2 中，还有 5 项内容是广泛适用于所有部门的。在这些条款中，韩国以"维护公共秩序"为由，保留了对投资新建或兼并行为采取不符合国民待遇和业绩要求措施的权力；把国有企业或政府部门的股权和资产转让、投资用地、政府服务等内容排除在外；同时还保留了为其伙伴国所提供的差别待遇（最惠国待遇的例外）。[①] 详情请见下表。

---

① 武芳《韩国负面清单中的产业选择及对我国的启示》，《国际贸易》2014 年第 6 期，第 34—35 页。

美韩自由贸易协定——附件 1（负面清单）

行业	子行业	涉及原则
建筑	1. 建筑服务	当地存在
	2. 建筑机械装备的租赁、维修等	当地存在
交通运输	1. 汽车维修保养等，汽车许可牌照发放服务	当地存在、市场准入
	2. 铁路运输及附带服务	市场准入
	3. 道路客运服务	当地存在
	4. 国际海洋货运及海运辅助性服务	当地存在、国民待遇、市场准入
	5. 空运服务	国民待遇、高级管理人员和董事要求
	6. 专业航空服务	当地存在、高级管理人员和董事要求、国民待遇
	7. 飞机的维修保养服务	当地存在
	8. 道路交通支持性服务	当地存在、国民待遇
销售	1. 烟酒批发零售	当地存在、市场准入
	2. 药品零售	当地存在、市场准入
	3. 药品、食品的批发零售	当地存在、市场准入
	4. 农畜产品分销	国民待遇、市场准入
通信	1. 电信服务	当地存在、国民待遇、市场准入
	2. 快递服务	当地存在、国民待遇
	3. 广播服务	当地存在、国民待遇、市场准入、高级管理人员和董事要求
商业服务	1. 房地产中介及评估	当地存在
	2. 医疗设备销售、租赁和修理	当地存在
	3. 汽车租赁	当地存在
	4. 劳务咨询	当地存在
	5. 工程技术服务——产业安全、卫生及咨询	当地存在
	6. 工程技术服务——建筑服务、工程服务及咨询等	当地存在
	7. 眼镜配制和验光服务	当地存在、国民待遇
	8. 法律服务	当地存在、国民待遇
	9. 专利律师	当地存在、国民待遇

（续表）

行业	子行业	涉及原则
商业服务	10. 会计审计服务	当地存在、国民待遇
	11. 税务会计服务	当地存在、国民待遇
	12. 清关服务	当地存在、国民待遇
	13. 科学研究及海洋地图绘制服务	国民待遇
	14. 电子广告牌运营和户外广告服务	当地存在、经营要求、高级管理人员和董事要求
	15. 就业安置、劳务提供和派遣、海员培训	当地存在、市场准入、国民待遇
	16. 调查和安全服务	当地存在、市场准入
文化、娱乐与体育	1. 出版物的分销服务	国民待遇
	2. 演出	国民待遇
	3. 新闻机构	当地存在、市场准入、国民待遇、高级管理人员和董事要求
	4. 期刊出版（除报纸）	当地存在、市场准入、国民待遇、高级管理人员和董事要求
	5. 电影放映服务	经营要求、最惠国待遇
教育	1. 高等教育	市场准入、国民待遇、高级管理人员和董事要求
	2. 成人教育	市场准入、国民待遇
	3. 职业能力发展培训	当地存在
	4. 兽医服务	当地存在
环境服务	废水处理、废物管理、空气污染处理等	当地存在
制造业	生物产品制造	经营要求
农业	农业和畜牧业	国民待遇
能源	1. 除核能之外的电力生产、传输、分配和销售	国民待遇
	2. 燃气	国民待遇

美韩自由贸易协定——附件 2（负面清单）

行业	子行业	涉及原则
所有部门	1. 韩国有权对投资新建或兼并行为采取必要措施，以维护公共秩序，只要韩国立即向美国提出已采取措施的书面通知即可	国民待遇、经营要求
	2. 国有企业或政府部门的股权和资产转让	国民待遇、经营要求、高级管理人员和董事要求、当地存在
	3. 投资用地	国民待遇
	4. 该协定签署前签订的多双边条约，韩国有权为伙伴国保留差别待遇；协定签署后签订的多双边条约，韩国有权在以下领域为伙伴国保留差别待遇：航空，渔业，或海洋相关事务	最惠国待遇
	5. 政府当局运作过程中提供的服务	国民待遇、经营要求、高级管理人员和董事要求
通信服务	1. 非垄断邮政服务	国民待遇
	2. 国有电子信息系统	国民待遇、经营要求、最惠国待遇、高级管理人员和董事要求、当地存在
	3. 广播	国民待遇、经营要求、高级管理人员和董事要求、当地存在、市场准入
	4. 基于用户订阅的视频服务	国民待遇、经营要求、高级管理人员和董事要求、当地存在、市场准入
	5. 对影视作品的合拍要求	经营要求、最惠国待遇
	6. 确定一档广播和视听节目是否为韩国制作	经营要求、国民待遇
	7. 采取措施提高韩国风格数字视听服务的可获得性	国民待遇、高级管理人员和董事要求
	8. 广播	最惠国待遇
商业服务	1. 房地产开发、供给和管理、销售	国民待遇、经营要求、当地存在
	2. 破产清算与管理服务	国民待遇、高级管理人员和董事要求、当地存在
	3. 农林牧渔业附带服务	国民待遇、经营要求、高级管理人员和董事要求、当地存在
	4. 管制商品和技术的出口	国民待遇、当地存在
	5. 农业原料和活性畜制品的检测等	国民待遇、当地存在
	6. 地籍测绘服务	国民待遇

（续表）

行业	子行业	涉及原则
商业服务	7. 外国法律顾问	国民待遇、高级管理人员和董事要求、当地存在
	8. 外国注册税务师	国民待遇、高级管理人员和董事要求、当地存在
	9. 外国注册会计师	国民待遇、高级管理人员和董事要求、当地存在
运输服务	1. 出租车和定期公路客运	国民待遇、经营要求、高级管理人员和董事要求、当地存在、最惠国待遇
	2. 内陆水运	国民待遇、经营要求、高级管理人员和董事要求、当地存在、最惠国待遇
	3. 海上客运、沿海运输	国民待遇、经营要求、高级管理人员和董事要求、当地存在、最惠国待遇
	4. 公路货运（不含国际船公司集装箱货运和与快递有关的货运）	国民待遇、经营要求、高级管理人员和董事要求、当地存在
	5. 大米的仓储服务	国民待遇
	6. 铁路运输	最惠国待遇
文化、娱乐及体育服务	1. 电影宣传、广告、后期制作服务	国民待遇、经营要求、当地存在、最惠国待遇
	2. 博物馆及文化服务（文化遗产的保护和重建）	国民待遇、经营要求、高级管理人员和董事要求、当地存在
	3. 农业、渔业及田园观光	国民待遇
	4. 报纸出版（印刷和分销）	国民待遇、当地存在、高级管理人员和董事要求
能源服务	1. 电力生产、传输、分配和销售	国民待遇、当地存在、高级管理人员和董事要求、经营要求
	2. 天然气	国民待遇、当地存在、高级管理人员和董事要求、经营要求
	3. 原子能产业	国民待遇、当地存在、高级管理人员和董事要求、经营要求
健康、社会	1. 法律执行和惩教服务、社会服务	国民待遇、当地存在、高级管理人员和董事要求、经营要求、最惠国待遇
	2. 人类健康服务	国民待遇、当地存在、高级管理人员和董事要求、经营要求、最惠国待遇
分销服务	大米、高丽参等的佣金代理服务，批发（含进口）零售服务	国民待遇、当地存在、经营要求
教育	学前、小学、中等教育；卫生和医药相关的高等教育；师范类高等教育；法律专业研究生教育；远程教育；其他教育服务	国民待遇、当地存在、高级管理人员和董事要求、经营要求、最惠国待遇

(续表)

行业	子行业	涉及原则
环境服务	饮用水处理和供给；市政污水和垃圾的收集、运输和处理等	国民待遇、当地存在、经营要求
渔业	在韩国水域及特别经济区内的渔业捕捞行为	国民待遇
武器	武器、兵器、炸药及类似物的生产销售、运输、储存、使用	国民待遇、当地存在、高级管理人员和董事要求、经营要求
弱势保护	有权为在经济或社会中处于弱势地位的人提供特殊权益	国民待遇、当地存在、高级管理人员和董事要求、经营要求、最惠国待遇

从上述的负面清单可以看出，主要是基于对自身产业竞争力、发展潜力的客观分析。开放受限较多的服务部门中，不仅涉及金融、电信、文化娱乐等敏感产业，对本国优势产业部门也予以适度保护。第一，严格控制涉及国家经济文化安全的领域开放。金融和电信是国民经济中至关重要且高度敏感的行业，负面清单中明确列出不符措施。同时，由于韩国和美国都是世界主要的文化娱乐服务出口大国，因此，对此行业也给予了重视。第二，对缺乏竞争力的行业进行审慎保护。商业服务业，特别是其他商业服务业（包括运营租赁服务，广告、市场调研及民意调查服务，工程技术服务，研发服务等）和专利及许可使用权购买是韩国服务贸易逆差的主要来源。因此，在韩国的负面清单中将这些行业设置了限制措施，主要为当地存在和市场准入，个别子行业涉及国民待遇和业绩要求、高管构成要求。第三，对优势产业进行适度保护。建筑和交通运输作为韩国最具竞争力的两大服务行业，韩国的负面清单并未完全开放这两类行业，而是通过设置一定条件，防止这些行业完全开放。

（3）美国双边投资协定中的负面清单与自由贸易协定中的负面清单的比较

美国双边投资协定中的负面清单与自由贸易协定中的负面清单的相同点如下：①

---

① 陆建明、吴立鹏、梁思焱《美国双边投资协议与自由贸易协议负面清单的关联性与差异性分析》，《国际商务研究》2017年第2期，第84页。

第一,不符措施项目在两类协定中的表述基本相同。双边投资协定和自由贸易协定对不符措施的定义是相同的。负面清单中列出的不符措施是指现存或未来保留实施权利的"法律、规定、程序、要求和惯例"。根据美国宪法的规定,只要是美国签订的条约或公约,都是美国的法律。因此,无论是自由贸易协定还是双边投资协定,其现存不符措施依据的都是美国法律的一部分,这样则导致各类协定中的同一不符措施项目的表述保持高度的一致性。

第二,自由贸易协定负面清单基本囊括了双边投资协定负面清单的内容。由于自由贸易协定中包含关于投资的章节,因此自由贸易协定在内涵上是可以涵盖双边投资协定的。正是基于两类协定内涵上的这种关系,负面清单在形式和内容上也都体现了较强的一致性和涵盖关系。两类协定的负面清单除形式基本一致外,在双边投资协定负面清单任何一个附件中出现的任何一项不符措施都可以在自由贸易协定的相应附件中找到对应的项目,且涉及行业、协议条款、行政级别、法律依据和措施描述几项内容大体上都是一致的。

美国双边投资协定中的负面清单与自由贸易协定中的负面清单的不同点如下:①

第一,不符措施项目的差异。虽然两类协定的负面清单体现出很强的一致性,但在每个附件中,自由贸易协定的负面清单都有一些项目与双边投资协定的负面清单不同。

第二,不符措施涉及协议条款的差异。双边投资协定的不符措施只涉及4个协议条款,分别为国民待遇(NT)、最惠国待遇(MFN)、经营要求(PR)、高级管理人员和董事要求(SMB),而自由贸易协定的不符措施涉及的条款则增加了3个,分别为本地存在(LP)、跨境服务(CT)和市场准入(MA)。在两类协定负面清单中,双边投资协定的不符措施涉及的协议条款基本上也都是相应的自由贸易协定的不符措施涉及的协议条款。

(二)澳大利亚自由贸易协定中的负面清单

1. 澳大利亚自由贸易协定的概况

---

① 陆建明、吴立鹏、梁思焱《美国双边投资协议与自由贸易协议负面清单的关联性与差异性分析》,《国际商务研究》2017年第2期,第84页。

澳大利亚共签订了9个区域的自由贸易协定。从缔约方是属于区域国家还是单个国家作为标准：与区域国家签订的有澳大利亚—东盟—新西兰和南太平洋区域签订的贸易和经济合作协定；作为单个国家的有美国、智利、新西兰、巴布亚新几内亚、新加坡、马来西亚和泰国。但是，澳大利亚同巴布亚新几内亚和南太平洋区域签订的贸易和经济合作协定只涉及商品贸易，不涉及其他贸易形式，除此以外的其他自由贸易协定均是关于贸易和投资的。

在澳大利亚签订的自由贸易协定中，对部分行业开放，自由贸易协定对开放细则没有进行具体的规定，只是表述为"无限制"。例如专业服务包括：税收服务、建筑服务、牙医服务、兽医服务、计算机及相关服务等。这些自由贸易协定除了与泰国和东盟的未采用负面清单外，其余均对开放的服务业采取负面清单的形式。

2. 澳大利亚自由贸易协定中的负面清单的特征

考察澳大利亚与美国、新加坡、新西兰、东盟、泰国和智利签订的自由贸易协定，澳大利亚根据国家的差异性，对不同的国家开放的服务业也不尽相同。但纵观这些自由贸易协定，还是反映出了澳大利亚负面清单的一些特征：

第一，负面清单主要集中在以下行业：专业服务项下的律师服务、移民咨询服务、会计审计服务、医疗服务与海关清关服务；通信服务项下的邮政服务和电信；批发零售服务项下的医疗产品、化学品、酒精饮料和香烟产品的贸易；金融服务项下的吸收存款业务、人寿保险服务、非人寿保险服务、金融市场服务和托管投资服务；传媒、娱乐、文化及体育服务（包括报纸、广播、商业电视等视听服务、博彩业）；运输服务项下的内河运输、海运运输、航空运输；教育服务项下的初级教育和其他教育。

第二，重点行业或政治经济上较为重要的行业则规定较为严格。例如，对医疗服务的要求相对严格，如果医生不是澳大利亚境内注册的执业医师，对其工作地点和开具医保证明的权力都有所保留。对于邮政服务，澳大利亚国内邮政公司仍然具有投递轻信件（轻于250克）的垄断权，即使对于较重邮件的投递，对外国公司的定价也有特别规定。对于电信服务，不仅规定了外国投资者总持股比例，还规定了个人或法人的持股比例，防止公司被外国投资者控制。对于两类产品的批发零售的特别规定：第一类，香烟、酒精饮料产品以及枪支弹药的批发零售服务，澳大利亚保留采取相关措施的权利；第二类，医疗和化工产品的批发零售服务，产品的注册地必须为澳大利亚。对于金融服务的吸收本地存款业务（不包括外国注册实体及其员工的资金业务，该业务因国家不同而不同），均规定了外国存款机构的首笔最低存款金额，并且不可以为存款业务做广告。如果地处海外的外国银行需要在澳大利亚募集资金，只能通过发行债券的方式，并且不得低于 50 万澳元。对于健康服务和航空运输，要求董事会主席为澳大利亚公民，公司三分之二或以上的股东为澳大利亚公民，该规定比其他行业中只要求股东为澳大利亚居民的规定更为严格。

其中，关于传媒业，对不同级别的报纸以及商业电视广播的总体和个体外资持股比例有强制规定，并且对商业电视中的澳大利亚要素比重的最低要求也做了规定。这些规定主要针对传媒业竞争力比较强的新加坡、美国和新西兰，对智利、泰国和东盟这些竞争力相对弱的缔约方则没有规定。此外，澳大利亚对美国和新加坡开放了有关教育服务、博彩业、联邦租赁基础和内河运输这几个敏感行业，但未作详细规定，只是表述为"澳大利亚保留采取相关措施的权利"，然而在新西兰、东盟、泰国和智利的自由贸易协定中都未对这些行业进行规定。

第三，对不敏感的行业未作限制。例如，酒店餐饮、环境保护、税收服务、技术服务、广告服务、管理咨询服务、保洁服务、会议服务、电话应答服务、翻译服务、仓库服务、摄影服务、室内设计、旅游、文化及体育服务等服务业，均未有任何限制。①

（三）新西兰自由贸易协定中的负面清单

1. 新西兰自由贸易协定的概况

新西兰对外签订的自由贸易协定主要有两个区域性协定：（1）新西兰—澳大利亚—东盟的自由贸易协定（包括新西兰、澳大利亚、文莱、缅甸、马

---

① 林钰主编《区域自由贸易协定中"负面清单"的国际比较研究》，北京大学出版社，2016 年，第 316 页。

来西亚、柬埔寨、印度尼西亚、老挝、马来西亚、菲律宾、新加坡、越南和泰国);(2)跨太平洋战略经济伙伴自由贸易协定(包括新西兰、文莱、智利和新加坡)。与国家或地区间签订的自由贸易协定共有6个,其中包括与马来西亚、新加坡、泰国、中国、中国台北、中国香港所签署的协定。在这些自由贸易协定中,与泰国和中国台北签订的自由贸易协定并未对具体行业的服务贸易准入进行明确的规定,因此在负面清单中未对该领域进行规定。

2. 新西兰自由贸易协定中的负面清单的特征

由于新西兰签订的两个区域性自由贸易协定中涉及的一些国家也与新西兰签订了国家间的自由贸易协定,因此出现了同样的国家出现在两类自由贸易协定中,而这些自由贸易协定中的负面清单却呈现出不同的样态。在新西兰—澳大利亚—东盟的自由贸易协定中,作为成员国的新加坡、马来西亚和泰国也与新西兰分别签订了自由贸易协定,而这两类自由贸易协定中涉及的负面清单却如出一辙,几乎没有任何不同。但是作为跨太平洋战略经济伙伴自由贸易协定的成员国新加坡,其与新西兰签订的新西兰—新加坡自由贸易协定,这两类自由贸易协定中的负面清单却有着很大差异性。

新西兰的负面清单在行业分布上,主要集中在CPC8812(畜牧管理相关服务)[①],CPC8129(非人寿保险),CPC8140(保险中介服务,如保险经纪或保险代理),CPC7211和CPC7212 [国际运输(包括货运与客运),除附件3界定的沿海贸易] 这4个方面。

金融行业的准入相对严格,对保险行业的进入限制涉及两个方面。在非人寿保险方面,主要是考虑到针对机动车所有者、雇佣者和被雇佣者、自有雇佣者强制保险的专营问题。在中介方面,除上述强制保险外,还增加了小麦生产者法案所规定的由行业协会决定的强制性保险内容。此外,保险作为金融行业的一部分,受到金融业通用条款的限制。在经营中必须遵守1993年金融报告制度和1993年公司法案,提交年度资产负债表、损益表和现金流量

---

① CPC是一种涵盖货物和服务的完成产品分类,意在充当一种国际标准,用以汇集和以表格形式列出各种要求,给出产品细目的数据,其中包括工业生产、国民账户、服务业、国内外商品贸易、国际服务贸易、国际收支、消费及物价统计。

表。法案同时要求提交财务报告和跨国公司与新西兰相关业务。同时,需要向公司登记处提交年度财务审计报告的包括:公募公司,公司有25%以上的股份被以下主体持有或控制:新西兰以外公司的分支机构以及分支机构的分支机构,新西兰以外的公司和非新西兰常住居民。

新西兰的支柱行业畜牧业和国际运输业有一定的强制性措施。在畜牧管理方面主要是强调了新西兰乳业委员会在畜牧检疫许可证发放方面的权威。国际运输服务方面,除沿海贸易外的货运与客运,只要船队悬挂新西兰国旗,对其公司注册则无限制。

三、典型国家的负面清单管理模式

我国现阶段仍属于发展中国家,不仅需要大量外国资本和技术的引入,也需要保护和扶植我国的新兴产业和幼稚产业,既要实现外资在我国的准入前与准入后国民待遇,又要防止外国资本对我国的经济、社会、国家安全的冲击,尤其当我国刚开始适用负面清单模式时。因此,我国应借鉴其他与我国处于相似发展阶段、有着相似文化背景的国家适用负面清单的经验,为我国制定和实施负面清单提供保障。

(一)菲律宾

1. 菲律宾外国投资法概述

菲律宾的外国投资法律体系主要由《1987年菲律宾共和国宪法》《1991年外国投资法》《1987年综合投资法》和《1995年经济特区法》等法律构成。《1987年菲律宾共和国宪法》直接对外国投资进行了规定,并设定了非常严格而又具体的限制。比如,第十二章第二条规定,"国家可以直接或者与菲律宾公民或菲律宾公民持有股份60%以上的公司或者组织通过签订合作、合资或产品分享协议的方式进行勘探、开发和利用自然资源";第十二章第十四条规定,"除法律另有规定外,菲律宾所有职业仅限菲律宾公民就业"。菲律宾在宪法层面通过对外国投资者的股权限制和外国人在菲律宾就业的限制,对外国投资者的准入进行了明确的规定。同时,《1987年菲律宾共和国宪法》还对包括大众传媒、广告业、教育机构、公用事业等在内的诸多领域的外国投资作出了限制。可见，菲律宾在一些领域保留仅菲律宾公民或者菲律宾公民持有一定股份的实体才能投资。除了宪法对外国投资的规定外，菲律宾主要的外国投资法为《1991年外国投资法》，同时也是菲律宾外国投资的基本法律，共18条，其中涉及负面清单的条款就有8条之多。①

2. 负面清单的定义

菲律宾《1991年外国投资法》第二条第二款中首次出现了"负面清单"一词。同时，根据第三条第七项的规定，负面清单是指一份经济活动领域的列表，外国投资从事这些经济活动的企业，其股份不得超过40%。然而，在其第八条中则采用了另一种表述——"菲律宾国民投资领域的清单"，即这些领域保留给菲律宾国民，且只能由菲律宾国民进行投资，外国投资不能进入这些领域进行投资，因此这一清单实际就是外国投资的负面清单。但是这里的"菲律宾国民投资领域的清单"（负面清单）并非适用于所有企业，比如金融机构，根据《1991年外国投资法》第四条的规定，"菲律宾国民投资领域的清单"（负面清单）不适用于由中央银行监管的、由《普通银行法》和其他法律调整的银行和其他金融机构。

此外，根据《1991年外国投资法》第八条和第十五条的规定，外国投资负面清单有过渡性负面清单和常规性负面清单两种类型。过渡性负面清单是根据《1991年外国投资法》过渡期内，由菲律宾国家经济发展署发布的临时性的负面清单，而过渡期结束后，常规性负面清单才生效。②

3. 负面清单的内容

1991年10月28日，菲律宾国家经济发展署发布了《过渡性负面清单》。在《1991年外国投资法》规定的过渡期结束后，1994年10月24日，菲律宾总统以行政命令第182号发布了《第1版常规外国投资负面清单》，其后常规

---

① 申海平《菲律宾外国投资负面清单发展之启示》，《法学》2014年第9期，第36页。
② 申海平《菲律宾外国投资负面清单发展之启示》，《法学》2014年第9期，第37页。

性负面清单每隔两年发布一次。因此,过渡性负面清单在先,常规性负面清单在后,常规性负面清单替代了过渡性负面清单,两者的内容也大相径庭。

(1) 过渡性负面清单

根据《1991年外国投资法》第十五条的规定,其《实施规章》颁布后,设计了一个为期36个月的过渡期,并对过渡期内过渡性负面清单的组成和具体内容作了详尽的规定。根据该条规定,过渡性负面清单由清单A、清单B、清单C三个部分和附件组成。

(2) 常规性负面清单

《1991年外国投资法》第八条规定,过渡期结束后,常规性负面清单[①]应替代原有的过渡性负面清单。根据该条规定,常规性负面清单的组成部分与过渡性负面清单一样,由清单A、清单B、清单C三个部分组成。常规性负面清单中的清单A和清单B两部分与过渡性负面清单中清单A和清单B两个部分除在语言表述上略有差异外,内容上几乎相同。但常规性负面清单中的清单C与过渡性负面清单中的清单C相比,两者都具有较强的时效性,因此随着发展阶段的不同,两者则有了完全的改变。过渡性负面清单的清单C以过渡期的社会需要和经济发展阶段为主,与过渡性负面清单不同的是,常规性负面清单的清单C则以当时的社会背景为依据,仅包括当时已有企业能满足经济和消费者需求从而不需要外国投资的领域。

4. 负面清单的评价

菲律宾在《1991年外国投资法》规定的负面清单,其目的是提高菲律宾吸引外资的透明度,同时减少外资市场准入时遭到不公平对待的情况以及政府的腐败行为,但是与其他一些发展中国家的负面清单相似,在实践中并未得到预期的效果。

(1) 负面清单对菲律宾外资管理体系的改善

从菲律宾的经验来看,负面清单并不与开放速度直接相关,它更强调一种透明度和可预见性。负面清单的管理意味着:对外资投资的一般审批程序

---

① 此处的常规性负面清单为第1版常规性负面清单。

取消；特许经营的审批条件和程序要求对内外资一致；涉及国家安全或公共卫生健康或道德的领域，即国家安全审查，仍然保留；所有不属于负面清单领域或符合负面清单限制比例的外资投资项目，只需备案和登记；负面清单可以调整和修订，但应趋向放宽。①

(2) 负面清单对吸引外资的作用有限

菲律宾希望通过负面清单给予外国投资者确定性，并以此吸引更多的投资。但是通过世界银行每年发布的《国际投资报告》可以发现，菲律宾并未因负面清单的实施而吸引到更多的外国投资，截至 2014 年，根据美国政府的统计，在过去的 40 年中，以年度为计量单位，菲律宾吸引外国直接投资超过 20 亿美元的年份很少。②

(3) 外国投资者对负面清单给予负面的评价

无论是负面清单的内容还是负面清单的实施，都遭到外国投资者的诟病。一方面，负面清单内规定了过多的行业，导致负面清单内容过长，虽然名义上是负面清单，但实质上设置了过多的行业限制，没有达到制定负面清单的目的，反而限制了外资的进入，无法达到有效吸引外资的目的。③

（二）印度

印度自 1947 年独立以来，其外资政策总体上以 1991 年的经济改革为界可以分为两个阶段。在 1991 年以前的阶段，印度对外资持强烈的排斥态度。1991 年，印度出现了严重的经济危机，其外汇储备仅够满足两周的进口支付需要。在这种情况下，印度不得不接受了世界银行的贷款，同时也接受了世界银行关于改革经济的条件，其中就包括对外资进行开放。④ 2013 年开始，

---

① 王中美《负面清单转型经验的国际比较及对中国的借鉴意义》，《国际经贸探索》2014 年第 9 期，第 76 页。

② See U. S. Department of State, 2013 Investment Climate statement—The Philippines.

③ 申海平《菲律宾外国投资负面清单发展之启示》，《法学》2014 年第 9 期，第 38—39 页。

④ 王宏军《印度外资准入制度评析》，《云南民族大学学报》（哲学社会科学版）2009 年第 1 期，第 84 页。

印度通过立法对外资政策进行修改,加大了吸引外资的力度。

1. 印度的外资立法

印度没有统一的外资法律或外资政策。印度的外资法有两个渊源:(1)相关外资法律,其中最重要的是《1999年外汇管理法》,其规定主要是程序性的,而且以资金及筹集资金的活动为主要规制对象,规定了投资可以采取的企业形式,接受外汇资金的方式,普通股、优先股及可转换债券的发行及投资活动的报告义务。除此,还有规制各个行业的法律《1951年工业(发展与管理)法》,管理公司组织形式的法律《1956年公司法》,规制垄断行为的法律《2002年竞争法》等。① (2) 外资政策是由政府制定的,其主要内容是具体的行业政策及审批程序。印度的外资政策作为其工业政策的一部分,直接受到两个重要的工业政策方面的文件的影响,即《1956年工业政策决议》和《1991年工业政策陈述》,这两个文件奠定了印度整个工业政策的框架。外资政策则具体体现为以下三个方面:第一,印度工商部外国投资促进局一年一度编制的《外商直接投资政策统一汇编》,其中主要是对直接投资的限制条件、可以投资的行业以及对投资的汇出、报告等制度作出规定。第二,通过《新闻通报》形式制定外资政策,印度储备银行发布公告,将其作为《1999年外汇管理法》修正案。第三,通过政府制定工业政策。

2. 印度的负面清单

(1) 负面清单的历史沿革

谨慎欢迎的初始阶段(1948—1969年)。这一阶段的印度需求最大的是工业领域行业,在这个时期,印度鼓励在化肥、机械,尤其是石油领域引入外商投资。但也严格规定引入外资必须符合国家利益,且企业的所有权和控制权由印度国民保留。

严格管控的正面清单阶段(1969—1991年)。1969年,印度垄断与限制贸易行为委员会正式成立,并在成立之后对外商投资的规模、服务形式、产

---

① 岳鹰《印度的外商投资准入政策及其对我国的启示》,《哈尔滨师范大学社会科学学报》2017年第2期,第44页。

品类别、定价等作出了严格的规定。1973年,印度颁布了《外资证券法》,其中规定外商的持股比例不能超过70%,但技术密集型产业、出口密集型产业、核心产业的持股比例可以放宽到74%。同一时期,印度设立了技术转让许可制度及授权交易的许可制度,并对其设置了出口义务。1977年,印度的janta党掌权后,要求可口可乐公司向政府透露其配方并减少其股权,迫使可口可乐公司退出印度市场后,印度便废除了《外资证券法》。

逐步开放的正面清单阶段(1991—2000年)。印度从20世纪80年代中期开始引进外资,但从到20世纪90年代起,才通过了新的经济产业政策和措施,开始大规模地对外开放。1991年7月,印度政府公布的《产业政策公告》列举了35个优先产业,投资这些产业的外资公司将可以按照自动程序进入市场,持股比例可高达51%。对于技术合作的产业领域,在满足一定条件的情况下,外资也可以通过自动程序进入市场而免去审批手续。这份正面清单在1996年被修改,将自动程序的适用产业从35个扩大到111个,按外资持股比例上限分为4个大类,A类为50%、B类为51%、C类为74%、D类为100%。但在1991年,印度对境内的外资企业加设了盈利要求和资本负债平衡要件,因被学者和企业家认为不合理,又在1992年时缩减为适用于22个产业。

负面清单阶段(2000年至今)。在这个阶段,印度完全废除了外商投资在印度国内的盈利要求,除了负面清单列出的行业外,其他所有行业进入都按自动许可程序,且放宽了一些行业和部门的外资持股比例限制,如2005年,对电信服务领域的外资持股限制从以往的49%放宽到74%。[①]

(2)负面清单的内容

印度的外资管理体系是以外资政策为主,由于没有一部统一的外资立法,所以对外资的规定时常发生变化,尤其在涉及外资准入方面。印度每年由工商部外国投资促进局发布的《外商直接投资政策统一汇编》则是对外资准入

[①] 王宏军《印度外资制度的国际法构成》,《云南大学学报》(法学版)2009年第1期,第35页。

的具体规定。根据该文件的规定,将外资分为禁止类和允许类,其中允许类包括完全开放的行业和部分开放的行业。从形式上看,《外商直接投资政策统一汇编》并不是传统意义上的负面清单,更像是混合清单,但是如果外国投资者投资某一不在禁止类和允许类的行业,其将获得自动许可,自动进入该行业而无须进行审批,完全符合"法无禁止即为可为"的负面清单精神,因此,可以说该清单在一定意义上属于负面清单的范畴。该负面清单中规定的禁止类的行业为:零售业(单一品牌零售①除外)、原子能产业、博彩业及赌博业。②

(3) 负面清单的实施

根据印度负面清单的规定,负面清单在具体实施中,将外资准入制度分为自动批准和政府审批两个渠道。适用自动批准渠道的外资不需要政府的审批,可以直接进行投资;适用政府审批渠道的投资则需要政府的事先审批。自动批准渠道的主管机关是印度储备银行(Reserve Bank of India),成立于1935 年 4 月 1 日的印度储备银行是印度的中央银行。印度储备银行之所以拥有对外国投资的管理权,是基于对外汇进行管制的需要。印度储备银行中的外汇部具体负责对外资进行管理,自动批准渠道下的所有外国投资都要向其进行申报。"自动"批准并非不需要任何程序,外资也必须向有关部门办理相应的手续,因为政府至少需要对投资项目是否属于"自动批准"之列进行审核。具体而言,属于自动批准渠道的外国投资,需要向印度储备银行申报,申请人只要填报指定的表格,即可自动获得项目的批准。虽然自动渠道不需要政府审批,但投资者的印度合作方有两个通知义务:一个是收到外汇后 30 日内通知印度储备银行;另一个是在转让股份后 30 日内向印度储备银行登记。

外国投资促进署(Foreign Investment Promotion Board)是政府审批渠

---

① 2018 年印度联邦政府近日宣布,放宽单一品牌零售行业的投资准入限制,印度单一品牌零售交易允许通过自动许可达到外商直接投资的 100%。

② 王宏军《印度外资准入制度研究——以我国企业对印度的投资为例》,《法商研究》2008 年第 5 期,第 141 页。

道下的具体审批机关，主要职责是促进外国投资者对印度的直接投资，其具体职责之一就是对非自动渠道的外国投资进行审批。凡是属于政府审批渠道下的外国投资项目，申请人需向外国投资促进署提交申请材料，外国投资促进署将在30天内作出批准与否的决定。外国投资促进署的审批是逐案审批，没有统一和明确的规则，审批时主要考虑的因素是项目的优势及项目是否符合相应的行业政策。与自动批准渠道不同的是，政府审批渠道下的外国投资经过批准后，不再需要向印度储备银行履行自动批准渠道下的两个报告义务。[1]

（4）负面清单的评价

印度的负面清单制度与自动批准和政府审批两个外资准入审批渠道共同实现了对外资准入的管理，负面清单为印度带来了相对宽松的外资准入政策。2015—2016年，印度吸引外资创新高，较前一财政年度增加近20%，但是腐败、不透明等问题仍然阻碍了负面清单的正常适用。正如一位加拿大学者所言，如果就"现在怎么样"与"曾经怎么样"对比，印度的外资政策与法律是有不少的进步，但如果拿"现在怎么样"与"应该怎么样"比较，印度的外资政策与法律还有很多需要改善之处。[2]

（三）印度尼西亚

1. 印度尼西亚负面清单制度的沿革

印度尼西亚关于外国投资的法律体系主要包括6个层次：①1945年印度尼西亚宪法；②印度尼西亚最高立法机构人民协商会议通过的决定；③国会通过的法律；④政府法规；⑤总统指令；⑥部门规章和实施条例。印尼与投资有关的法律主要包括：1967年修改的《印度尼西亚共和国1967年关于外国投资的法律的第1号令》（以下简称为《关于外国投资的法律的第1号令》）与1968年修改的《印度尼西亚共和国1968年关于国内投资的法律的第6号

---

[1] 王宏军《印度外资准入制度评析》，《云南民族大学学报》（哲学社会科学版）2009年第1期，第85页。

[2] 王宏军《印度外资准入制度评析》，《云南民族大学学报》（哲学社会科学版）2009年第1期，第90页。

令》(以下简称为《关于国内投资的法律的第 6 号令》),2007 年印度尼西亚国会将以上两部法律合并,制定了《关于投资法律的 25 号令》,并完善了外资管理法律体系,制定了诸如《政府投资条例》等法律。① 从历史的沿革来看,印度尼西亚的外资管理制度经历了 3 个不同的发展阶段:

(1) 正面清单的适用

印度尼西亚对外商投资的管理始于《关于外国投资的法律的第 1 号令》,然而,印度尼西亚政府实际上从 1985 年才开始向外国投资者开放国内市场,明确了以促进出口为导向,对外商投资采取谨慎的开放措施。《关于外国投资的法律的第 1 号令》第六条对禁止外国投资者进入的领域进行了规定,但该规定并未明确禁止的范围,只是笼统地规定了外国投资者禁止进入不开放的领域,而对鼓励外国投资者进入的领域进行了明确的规定,采取了"正面清单"的方式。然而,对于具体的准入范围一般分散在总统法令、政府条例和部门规章中,《关于外国投资的法律的第 1 号令》只是在大方向上对禁止类和鼓励类进行了规定。同时,具有审批权的政府主管部门在对投资项目进行审查时也没有对外公布的统一标准,虽然实施了正面清单,但由于实施中具体标准的缺失,导致正面清单并未发挥其应有的作用。

(2) 负面清单的适用

1995 年印度尼西亚颁布了总统令《禁止投资领域清单》,该总统令是在《关于国内投资的法律的第 6 号令》和《关于外国投资的法律的第 1 号令》第六条的基础上发展而成的。《禁止投资领域清单》实质上采取的就是负面清单的方式。该负面清单对不同形式的投资分别进行了规定,其中包括国内投资者和外国投资者都禁止投资的领域、禁止外国投资者投资的领域、国内投资者和外国投资者都相对禁止投资的领域等。从该总统令开始,历经了 1995 年第 31 号总统令、1998 年第 69 号总统令和 2000 年第 96 号总统令,负面清单的投资管理模式被保留了下来,虽然负面清单明确了可投资领域,但是内外

---

① 杨建生、梁智俊《浅析印尼对外商投资的法律规制》,《中国与东盟》2009 年第 8 期,第 29 页。

资不一致的情况也在负面清单中得以体现,对外国投资者的歧视待遇是本阶段的弊病。

(3) 全面平等的负面清单

印度尼西亚在总结之前的投资管理法制的经验上,结合《关于外国投资的法律的第 1 号令》与《关于国内投资的法律的第 6 号令》的规定,制定并颁布了《关于投资法律的 25 号令》,明确国内投资者和外国投资者在投资方面享有同等的法律地位。在资本平权和对外开放的基础上,首次对负面清单的修改标准和条件进行了明确的规定。2007 年印度尼西亚颁布了第 76 号总统条例——《关于禁止投资领域和有条件开放领域清单的标准与条件》(以下简称《标准与条件》),根据该总统条例的规定,无论是国内投资者还是外国投资者在适用负面清单时都是统一的标准,采取国民待遇;同时,负面清单将限制的投资领域分为两类,一类是禁止投资者进入的领域,另一类是对投资者有条件开放的领域。此外,《标准与条件》还对负面清单的制定目的、制定原则、两类投资领域的限制标准、限制方式等作出了明确的要求,完善了《关于投资法律的 25 号令》笼统性的规范,不仅有利于投资者有效地适用负面清单,同时对规则制定者修订清单作出了具有法律约束力的指导和规制,可操作性强,并为日后的审查确立了标准。2010 年和 2014 年的两次修订也均严格按照《标准与条件》的规定进行。①

2. 负面清单的内容

印度尼西亚在 2000 年、2007 年和 2010 年分别对负面清单进行了大规模的修改,这三次修改均代表了印度尼西亚在外资管理方面的不同政策倾向,通过对这些负面清单的对比可以了解其外资开放程序的变化及其负面清单的制定方式。

2000 年版负面清单更像是混合清单,因为其既包括了禁止进入的领域也包括有条件对外开放的领域,其中包括四类:禁止类,对外资禁止类,对内外资合作企业有条件开放类和其他特定条件开放类。

---

① 顾晨《印度尼西亚"负面清单"改革之经验》,《法学》2014 年第 9 期,第 44 页。

2007年印度尼西亚政府针对2000年版负面清单反映出的问题，对其进行了大规模修改，这也是负面清单第一次进行修改，并正式启用2007年版负面清单。2007年版负面清单将2000年版负面清单的四大类规定简化为两大类规定，即禁止类和限制类；同时不再对内资和外资进行区分，对外资采取国民待遇。

2010年印度尼西亚政府在2007年版负面清单的基础上对负面清单又进行了一次修改，2010年版负面清单保留了2007年版负面清单的基本框架，仅规定了禁止类和限制类，但在内容上和形式上都进行了修改。在内容上，继续减少负面清单中的行业，禁止类从过去的7个领域减少为6个领域20个行业，限制类从43个行业减少为17个行业。

2014年印度尼西亚政府再次对负面清单进行了修改，继续保留2010年版负面清单的框架和结构，主要的修改是继续减少负面清单中规定的行业。对于禁止类，在之前的基础上减少了4个行业，将电影发行业、公交车站和汽车检测业改为限制类，港口管理业（包括海运、内陆和航空港口）完全对外资开放。

3. 负面清单的评价

1985年印度尼西亚开始开放国内的市场，允许外国投资进入，10年后即1995年开始使用负面清单，2007年通过负面清单的形式实现内外资一致的国民待遇，可以说正是在负面清单不断修订的过程中实现了外商直接投资在印度尼西亚的快速发展。印度尼西亚率先以法律的形式确定了负面清单的适用，为负面清单在其国内的实施提供了保障；通过独立的行政主体制定和执行负面清单，为负面清单的时效性提供了保障；负面清单的形式和内容不断"进化"，有效地服务于外国投资者的需要，确保负面清单发挥其真正的作用。但是，虽然印度尼西亚在适用负面清单方面有着比较长的历史，积累了一定的经验，但是在负面清单的实施过程中，仍然存在一些弊端，为外国投资者所诟病，在一定程度上阻碍了外国投资的进入。

导致在负面清单的实施过程中无法发挥应有的作用，一方面是中央与地方的规定不一致，虽然有法律规定，但是中央与地方政府无法有效地对接，致使负面清单的实施很难得以执行；另一方面就是一些握有权力的行业主管部门不愿放权，甚至滋生了腐败问题。

第二节　自由贸易试验区负面清单管理模式的制度创新

自由贸易试验区对我国外资法律体系的完善最大的贡献莫过于对外资采取负面清单的管理模式，将进入负面清单以外行业的外资适用准入前国民待遇，而在负面清单以内的行业才适用审批制。可以说，上海自由贸易试验区对"准入前国民待遇＋负面清单"的外资管理模式的先试先行是我国外资法律体系的一次突破，既实现了外资管理制度的创新，又体现了自由贸易试验区先试先行的优势。虽然准入前国民待遇和负面清单的外资管理模式已逐渐成为国际投资规则发展的新趋势，世界上至少有 77 个国家采用了此种模式，①但是在我国适用负面清单还是首次。我国无论在负面清单的制定方面还是负面清单的适用方面都处于初级阶段，因此，我国在全国范围内尤其在自由贸易试验区范围内制定和适用负面清单仍需进行深入研究。

一、自由贸易试验区负面清单法律的源流

国务院最早于 2013 年 7 月 3 日通过，并于 2013 年 9 月 18 日印发了《中国（上海）自由贸易试验区总体方案》（以下简称《方案》）。该《方案》提出"探索建立负面清单管理模式"，并进一步要求"借鉴国际通行规则，对外商投资试行准入前国民待遇，研究制订试验区外商投资与国民待遇等不符的负面清单，改革外商投资管理模式。对负面清单之外的领域，按照内外资一致的原则，将外商投资项目由核准制改为备案制（国务院规定对国内投资项目保留核准的除外）"，同时要求"由上海市负责办理；将外商投资企业合同章

---

① 人民网《商务部：已有 77 个国家采用准入前国民待遇和负面清单模式》，2013 年 7 月 12 日，http://finance.people.com.cn/n/2013/0712/c1004-22173506.html，2017 年 6 月 3 日。

程审批改为由上海市负责备案管理,备案后按国家有关规定办理相关手续;工商登记与商事登记制度改革相衔接,逐步优化登记流程"。在《方案》中已经确定了在上海自由贸易试验区对外商投资试行负面清单管理模式,可以说是负面清单在自由贸易试验区乃至是全国实施的第一步。

2013年8月30日,全国人民代表大会常务委员会通过《全国人民代表大会常务委员会关于授权国务院在中国(上海)自由贸易试验区暂时调整有关法律规定的行政审批的决定》。该《决定》明确提出,"对国家规定实施准入特别管理措施之外的外商投资",同时规定"暂时调整《中华人民共和国外资企业法》《中华人民共和国中外合资经营企业法》和《中华人民共和国中外合作经营企业法》规定的有关行政审批",为负面清单管理模式的试行奠定了法律基础。此《决定》中并未使用"负面清单"的表述而是使用了"准入特别管理措施",这是由于在决定出台前,8月27日,全国人民代表大会常务委员会第四次分组审议《关于授权国务院在中国(上海)自由贸易试验区等国务院决定的试验区内暂时停止实施有关法律规定的决定(草案)》,针对该草案中使用的"负面清单"一词,有委员提出:"负面清单的含义不清楚,建议用法律语言予以明确。"① 因此,在正式的《决定》中,原草案中的"负面清单"被表述为"国家规定实施准入特别管理措施"。不难看出,所谓的"国家规定实施准入特别管理措施"实质上就是负面清单。

2013年9月22日,上海市人民政府通过《中国(上海)自由贸易试验区管理办法》,该《办法》第十一条"负面清单管理模式",规定:"自贸试验区实行外商投资准入前国民待遇,实施外商投资准入特别管理措施(负面清单)管理模式。对外商投资准入特别管理措施(负面清单)之外的领域,按照内外资一致的原则,将外商投资项目由核准制改为备案制,但国务院规定对国内投资项目保留核准的除外;将外商投资企业合同章程审批改为备案管理。自贸试验区外商投资准入特别管理措施(负面清单),由市政府公布。外商投

---

① 《全国人民代表大会法律委员会对〈关于授权国务院在中国(上海)自由贸易试验区等国务院决定的试验区内暂时停止实施有关法律规定的决定(草案)〉审议结果的报告》,《中华人民共和国全国人民代表大会常务委员会公报》2013年第5期,第3页。

资项目和外商投资企业备案办法,由市政府制定。"本条款实际上间接承认了"除非法律禁止的,否则就是法律允许的"法理逻辑。① 在该《管理办法》的基础上,上海市政府还制定并公布了《中国(上海)自由贸易试验区外商投资准入特别管理措施(负面清单)(2013年)》(沪府发〔2013〕75号)、《中国(上海)自由贸易试验区外商投资项目备案管理办法》(沪府发〔2013〕71号)和《中国(上海)自由贸易试验区外商投资企业备案管理办法》(沪府发〔2013〕73号)。

2013年10月1日,上海市人民政府以公告形式公布了《中国(上海)自由贸易试验区外商投资准入特别管理措施(负面清单)(2013年)》。从结构上来看,上海自由贸易试验区负面清单包括两个部分:第一部分为说明,第二部分为负面清单列表。从内容上看,上海自由贸易试验区负面清单是按照《国民经济行业分类及代码》(2011年版)分类编制的,包括18个行业门类。S(公共管理、社会保障和社会组织)和T(国际组织)这两个行业门类不适用负面清单,H(住宿和餐饮业)与O(居民服务、修理和其他服务业)两个门类也不在列表中,说明对于住宿和餐饮业,居民服务、修理和其他服务业,国家没有规定实施外商投资准入特别管理措施。负面清单共涉及18个门类,89个大类,419个中类,1069个小类,共190条管理措施。1069个产业小类约17.8%有特别的管理措施,其中使用"禁止"字样的有38条、"限制"字样的为74条。

2013年12月21日,国务院《关于在中国(上海)自由贸易试验区内暂时调整有关行政法规和国务院文件规定的行政审批或者准入特别管理措施的决定》发布。在该《决定》的附件《国务院决定在中国(上海)自由贸易试验区内暂时调整有关行政法规和国务院文件规定的行政审批或者准入特别管理措施目录》中,对由有关行政法规和国务院文件规定的24项行政审批作出了"在负面清单之外的领域,暂时停止实施该项行政审批,改为备案管理"

---

① 龚柏华《中国(上海)自由贸易试验区外资准入"负面清单"模式法律分析》,《世界贸易组织动态与研究》2013年第6期,第30页。

的调整。①

2014年6月30日，上海市人民政府以公告形式发布试验区负面清单2014版。与2013版相比，上海自由贸易试验区负面清单2014版的实体性规则变化主要体现在两个方面：一是说明的第二段对负面清单之外的领域和之内的领域的外商投资管理措施都予以了具体说明；二是将负面清单列表中的190条管理措施缩减到139条。

2015年4月8日，国务院办公厅下发了《国务院办公厅关于印发〈自由贸易试验区外商投资准入特别管理措施（负面清单）〉的通知》，正好处于中国（广东）自由贸易试验区、中国（天津）自由贸易试验区、中国（福建）自由贸易试验区正式挂牌之际。该负面清单在当时的四大自由贸易试验区统一适用，这标志着负面清单管理模式的进一步发展。同时，该负面清单与2014年版上海自由贸易试验区负面清单相比，管理措施缩减到122条。

2017年6月5日，国务院办公厅下发了《国务院办公厅关于印发〈自由贸易试验区外商投资准入特别管理措施（负面清单）（2017年版）〉的通知》，此次负面清单将在11个自由贸易试验区中施行，是目前为止最新也是最多自由贸易试验区实施的负面清单。新版负面清单与上一版相比，减少了10个条目、27项措施。新版负面清单减少的条目包括轨道交通设备制造、医药制造、道路运输、保险业务、会计审计、其他商务服务等6条，同时通过整合减少了4条。划分为15个门类、40个条目、95项特别管理措施。

二、自由贸易试验区负面清单的比较研究

（一）2013年版上海自由贸易试验区负面清单

2013年10月1日，上海市政府发布了《中国（上海）自由贸易试验区外商投资准入特别管理措施（负面清单）（2013年）》（沪府发〔2013〕75号）

---

① 申海平《上海自贸区负面清单的法律地位及其调整》，《东方法学》2014年第5期，第133—134页。

（以下简称 2013 年版负面清单）。2013 年版负面清单以外商投资法律法规、《外商投资产业指导目录（2011 年修订）》（以下简称指导目录）、《中国（上海）自由贸易试验区总体方案》等为依据，列明上海自贸试验区内与国民待遇不相符的外商投资项目和外商投资企业的准入措施。

1. 2013 年版负面清单的特点

2013 年版负面清单采用了"保留行业＋特别管理措施"的结构。据统计，该清单共有 190 条特别措施，禁止类 38 条，限制类 74 条，其余 78 条涉及外商股权比重限制、合资限制及其他。由于 2013 年版负面清单中存在多个行业适用单项或多项特别管理措施的情况，也存在单个行业适用多项特别管理措施的情况。2013 年版负面清单中的特别管理措施保留小类行业 509 个，占国民经济 18 个门类与 1068 个小类行业的比重为 47.7%，这一比例相对较高。其中，第一产业、第二产业和第三产业的负面清单特别管理措施中小类行业比重分别为 99%、29.6% 和 60.6%。显然，第一产业（农业和采掘业）和第三产业（服务业）负面清单特别管理措施保留小类行业比重较高，对外商准入比较谨慎。从服务业看，金融业和教育行业中负面清单保留小类行业的比重均为 100%。住宿、餐饮业和居民服务业整个行业都没有被列入负面清单，是全面开放的。

根据 2013 年版负面清单特别管理措施保留行业所占比重排序，可以看出我国对外商投资的限制状况，具体排序为金融业（100%），教育（100%），农业（99%），文化、体育和娱乐业（83.3%），租赁和商务服务业（82.1%），信息传输、软件和信息服务（76.5%），交通运输、仓储和邮政业（62.5%）。这样的统计结果反映出 2013 年版负面清单对服务业的限制相对严格，尤其是金融业和教育。[1] 详情见下表[2]：

---

[1] 孙元欣、吉莉、周任远《上海自由贸易试验区负面清单（2013 版）及其改进》，《外国经济与管理》2014 年第 3 期，第 76—77 页。

[2] 资料来源：《中国（上海）自由贸易试验区外商投资准入特别管理措施（负面清单）（2013 年）》和《国民经济行业分类及代码》（2011 年版）。

产业类别	特别管理措施保留小类行业（个）	小类行业总量（个）	占比重（%）
18个产业门类	509	1068	47.7
第一产业（农业）	96	97	99.0
第二产业	167	565	29.6
第三产业	246	406	60.6
F 批发和零售业	67	113	59.3
G 交通运输、仓储和邮政业	25	40	62.5
H 住宿和餐饮业	0	12	0
I 信息传输、软件和信息服务	13	17	76.5
J 金融业	29	29	100
K 房地产业	2	5	40
L 租赁和商务服务业	32	39	82.1
M 科学研究和技术服务业	13	31	41.9
N 水利、环境和公共设施管理	6	21	28.6
O 居民服务、修理和其他服务	0	23	0
P 教育	17	17	100
Q 卫生和社会工作	12	23	52.2
R 文化、教育和娱乐业	30	36	83.3

2. 2013 年版负面清单与《指导目录（2011 年修订）》的差异

由于 2013 年版负面清单的法律依据之一便是《指导目录（2011 年修订）》，同时 2013 年版负面清单是我国首部负面清单，而《指导目录（2011 年修订）》是当时除上海自由贸易试验区外全国统一适用的混合清单，但是两者还是存在诸多不同，体现了上海自由贸易试验区先试先行的优势。

（1）取消了《指导目录（2011 年修订）》中没有明确列举的行业，用负面清单完整告知，增加了外商准入行业的覆盖面。2013 年版负面清单与当时有效的《指导目录（2011 年修订）》相比，限制类和禁止类基本一致，还增加了 30 多条新的特别管理措施。

（2）行政管理从原先的"核准制"到"备案制＋核准制"，改革外商准入的行政管理模式，对负面清单之外的行业，按照内外资一致的原则，将外商投资项目由核准制改为备案制。

（3）政府对企业的管理从"事前审核管理"向"事中、事后监管"转变，将逐步形成一整套新的行政管理方法。

（二）2014 年版上海自由贸易试验区负面清单

2014 年 6 月 30 日，上海市人民政府以公告形式发布试验区负面清单 2014 版。2014 年版负面清单修订的主旨在于进一步提高国内市场的开放度，增加外商投资政策的透明度。与 2013 年版的负面清单相比，2014 年版负面清单最大的特点就在于大幅"瘦身"，其中管理措施由原来的 190 条调整为 139 条，调整率达 26.8%。①

1. 修订 2013 年版负面清单的指导原则

（1）进一步提高开放度。根据十八届三中全会精神，围绕商贸物流、会计审计、医疗、一般制造业等开放领域在自由贸易试验区先行先试，在国家相关部委的支持下，形成了自由贸易试验区进一步扩大开放的《中国（上海）自由贸易试验区进一步扩大开放的措施》。该措施涉及服务业领域 14 条、制造业领域 14 条、采矿业领域 2 条、建筑业领域 1 条。在服务业扩大开放方

---

① 王志彦《新版自贸区"负面清单"：今晨出炉》，《解放日报》2014 年 7 月 1 日第 5 版。

面,在2013年23条服务业扩大开放措施的基础上,又新增14条开放措施,突出了航运贸易等自贸试验区主导产业;在制造业和采矿业扩大开放方面,突出了研发;在建筑业扩大开放方面,体现了基础设施建设对外资的开放。这将有利于自贸试验区抓住国际产业重新布局的机遇,发挥好促进我国产业发展转型升级和培育国际经济合作竞争新优势的"试验田"作用。

(2) 进一步增加透明度。对无具体限制条件的管理措施,尽可能明确限制条件或者取消该项限制措施。

(3) 进一步与国际通行规则相衔接。自由贸易试验区负面清单是我国自主开放的一次重大探索。经过国际比较研究和深入分析,继续采用《国民经济行业分类》作为分类标准,并将农业、采矿业、金融服务、电信服务、航空服务、基础设施等涉及资源、民生和国家安全的领域以及中药、茶叶、黄酒、手工艺品等我国传统产业领域的管理措施予以保留。同时,按照准入前国民待遇的原则,对于内外资均有限制或禁止要求的管理措施,不再列入负面清单。①

2. 2014年版负面清单的特点

(1) 投资口径的拓展

"说明"部分指出,适用"外商投资企业设立和变更",其中"变更"两个字是新增添的,增添"变更"两个字,表明其适用于外资企业的设立、获取和扩大等方面,衔接了国际投资规则。美国《双边投资协议2012年范本》对投资采用"宽口径",涵盖准入前国民待遇(设立、获取、扩大)和准入后国民待遇(管理、经营、运营、出售或其他投资处置方式),并包括直接投资和间接投资的8种投资形式,如投资企业、股权、债权、期货、期权、交钥匙、知识产权、许可、租赁、质押等。

(2) 特别管理措施列表结构的改变

2014年版负面清单采用"特别管理措施+保留行业(主要为中类行

---

① 上海市商务委《中国(上海)自由贸易试验区2014版负面清单解读》,《中国外资》2014年第9期,第39页。

业)"的形式,而 2013 年版负面清单采用"保留行业＋特别管理措施"的形式。两者区别在于重点强调哪一个,即哪一项放在前面。保留行业是指某行业中存在对外资的特别管理措施,但不是指不开放整个行业。由于大多数特别管理措施的实际针对面很窄,属于模式级别,大部分小于国民经济小类行业。将特别管理措施位置放在保留行业前面,一方面可以避免造成整个保留行业均被禁止或限制的错觉,另一方面可以确保含义表达更为精准。2014 年版负面清单将涉及不同代码的同一行业不同环节的相关措施作了归并和统一表述。

(3) 特别管理措施的数量变化和提高开放度

2014 年版负面清单特别管理措施由原来的 190 条调整为 139 条,调整率达 26.8%。在减少的 51 条中,因扩大开放而实质性取消 14 条,因内外资均有限制而取消 14 条,因分类调整而减少 23 条。在实质性取消的 14 条管理措施中,服务业领域有 7 条。例如,取消对进出口商品认证公司的限制,取消对认证机构外方投资者的资质要求,取消投资国际海运货物装卸、国际海运集装箱站和堆场业务的股比限制,取消投资航空运输销售代理业务的股比限制等。

从开放的角度看,与 2013 年版负面清单相比,2014 年版负面清单取消了 14 条特别管理措施,放宽了 19 条,进一步开放比率达 17.4%。放宽的 19 条管理措施中,涉及制造业领域 9 条、基础设施领域 1 条、房地产领域 1 条、商贸服务领域 4 条、航运服务领域 2 条、专业服务领域 1 条、社会服务领域 1 条。例如,原"限制投资原油、化肥、农药、农膜、成品油(含保税油)的批发、配送"放宽为"限制投资农药、农膜、保税油的批发、配送",原"限制投资船舶代理(中方控股)"放宽为"除从事公共国际船舶代理业务的,外资比例不超过 51%外,限制投资船舶代理(中方控股)"等。

(4) 特别管理措施的清晰表述

2013 年版负面清单外资准入无具体限制条件的 55 条特别管理措施大幅缩减为 2014 年版负面清单的 25 条。例如,明确了投资直销的条件,即投资者须具有 3 年以上在中国境外从事直销活动的经验,且公司实缴注册资本不低于人民币 8000 万元；明确了投资基础电信业务的条件，即外资比例不得超过 49% 等。"模式限制""股比限制"和"模式股比双限制"三种类型的限制类措施，分别为 27 条、40 条和 43 条，分别占比为 24.5%、36.4% 和 39.1%。其中，"股比限制"与"模式股比限制"之和为 83 条，又可划分为"中方控股"和"合资合作"两大类，分别有 48 条和 35 条。①

（三）2015 年版负面清单

2015 年国务院发布了《自由贸易试验区外商投资准入特别管理措施（负面清单）》（以下简称 2015 年版负面清单），该负面清单列明了不符合国民待遇等原则的外商投资准入特别管理措施，适用于上海、广东、天津、福建 4 个自由贸易试验区。2015 年版负面清单是依据《国民经济行业分类与代码》（GB/T4754—2011）制定的。按照《国民经济行业分类与代码》（GB/T4754—2011）的划分标准，2015 年版负面清单具体包括 15 个门类、50 个条目、122 项特别管理措施。其中特别管理措施由两部分组成：具体行业措施和所有行业的水平措施。未包括在这两部分措施之内的与国家安全、公共秩序、公共文化、金融审慎、政府采购、补贴、特殊手续和税收相关的特别管理措施，按照现行规定执行。在 2015 年版负面清单中有以下变化：

1. 负面清单的适用范围扩大

与上海自由贸易试验区 2013 年版和 2014 年版的负面清单相比，2015 年版负面清单是由国务院发布的，在适用范围上不再仅适用于上海自由贸易试验区，2015 年新增的广东、福建、天津 3 个自由贸易试验区也同样适用该负面清单。由于适用范围的扩大，2015 年版负面清单在内容上应该同时符合 4 个自由贸易试验区的产业特征和经济发展的要求，因此，2015 年版负面清单在内容上更具涵盖性和兼容性。

2. 负面清单的开放程度有所提高

2014 年版负面清单修订时秉承的总体思路是"进一步提高开放度、增加

---

① 孙元欣《上海自贸试验区负面清单（2014 版）的评估与思考》，《上海经济研究》2014 年第 10 期，第 83—84 页。

透明度、与国际通行规则相衔接。强化负面清单作为准入阶段对外商投资采取与国民待遇不符的管理措施的作用,体现外商投资管理的国际化水平",同样,这一思路在2015年版负面清单制定时仍然得以贯彻。2015年版负面清单列出122项特别管理措施,其中有限制性措施85条,禁止性措施37条。据统计,2015年版负面清单中的特别管理措施比2014年版减少17条,比2013年版减少了68条。

2015年版负面清单开放程度的提高通过两种方式得以体现:(1)一些特别管理措施的取消;(2)对于一些限制性条件的放宽。如在种植业投资领域,2014年版的负面清单规定"投资农作物种子须合资、合作,且注册资本不得低于50万美元,其中粮、棉、油作物种子企业中方投资比例应大于50%,且注册资本不得低于200万美元"。这一限制性条件在2015年版的负面清单中已经被取消。限制性条件的放宽在2015年版负面清单中随处可见,如2014年版负面清单在航空运输业领域规定"投资航空运输业须中方控股,法定代表人须为中国籍公民,经营年限不得超过三十年,其中投资公共航空运输业务的,单个外方(含关联方)投资比例不得超过25%"。该条规定在2015年版的负面清单中是通过连续的两条加以规定,"公共航空运输企业须由中方控股,单一外国投资者(包括其关联企业)投资比例不超过25%";"公共航空运输企业董事长和法定代表人须由中国籍公民担任"。通过比较可以看出,2015年版负面清单在这一条件上取消了经营年限的要求,准入条件的放宽意味着开放程度的提高。

3. 负面清单的分类更加细致

2015年版负面清单在行业分类上更为细致,如金融业在2014年版负面清单中归属的部门为"金融业",适用的领域为"货币金融服务、资本市场服务、保险业、其他金融业"。2015年版负面清单将金融业具体细分为"银行业股东机构类型要求""银行业资质要求""银行业股比要求""外资银行""期货公司""证券公司""证券投资基金管理公司""证券和期货交易""保险机构设立""保险业务"。通过细分行业领域来明确外商禁止或允许投资的条件,肯定要比粗略地限制一个大类要宽松。

4. 负面清单的透明度得以提升

2013 年版和 2014 年版的负面清单中都存在一定数量的无具体限制条件的特别管理措施，其中 2013 年版负面清单中无具体限制条件的特别管理措施高达 55 条，2014 年版负面清单经过大幅缩减后仍为 25 条，为了进一步提升外资准入条件的透明度，2015 年版负面清单针对无具体限制条件的特别管理措施通过两种方式加以改进：（1）进一步减少特别管理措施中无具体限制条件的数量；（2）明确了一部分无具体限制条件的特别管理措施的适用条件。如 2015 年版的负面清单明确规定城市轨道交通项目设备国产化比例须达到 70％以上，而在 2014 年版的负面清单中只是笼统地规定，"投资轨道交通运输设备须合资、合作：高速铁路、铁路客运专线、城际铁路、干线铁路及城市轨道交通运输设备"。对外商特别管理措施条件的明晰化不仅提高了我国外商投资政策的透明度，也能使外商对拟投资项目提前做好资本金额的准备。

5. 特别管理措施的增减张弛有度

2015 年版负面清单与 2013 年版和 2014 年版的负面清单相比，另一个显著的特点在于减少、放宽原有限制措施的同时也新增了一些限制措施。例如，在批发零售业领域新版负面清单增加了"对彩票发行、销售实行特许经营，禁止在中华人民共和国境内发行、销售境外彩票"的规定。在交通运输、仓储和邮政业领域，2015 年版负面清单在铁路运输领域新增"铁路干线路网的建设、经营须由中方控股"的规定。由于 2015 年版负面清单新增了特别管理措施，在 2015 年版负面清单发布后，理论界和实务领域都不乏质疑开放度进一步提高的声音。但是，外商投资市场开放程度并不能单纯依据负面清单中涵盖措施的数量加以评估，负面清单中所附加的种种限制性条件才是开放程度的实质性障碍。因此，2015 年版的负面清单虽然增加了一些特别管理措施，但是在总体上对外商投资准入的限制仍然遵循了逐步减少、取消的趋势，我国对外商投资渐次开放的指导思想仍然未发生变化。①

(四) 2017年版负面清单

2017年6月5日，国务院办公厅下发了《国务院办公厅关于印发〈自由贸易试验区外商投资准入特别管理措施（负面清单）(2017年版)〉的通知》，此次负面清单将在11个自由贸易试验区中施行，是目前为止最新也是最多自由贸易试验区实施的负面清单。新版负面清单与上一版相比，减少了10个条目、27项措施。新版负面清单减少的条目包括轨道交通设备制造、医药制造、道路运输、保险业务、会计审计、其他商务服务等6条，同时通过整合减少了4条，划分为15个门类、40个条目、95项特别管理措施。与2015年版负面清单相比，2017年版负面清单呈现出以下的特点：

1. 进一步缩减了限制性措施

2017年版负面清单包括40个条目、95项措施，与2015年版相比，减少了10个条目、27项措施，开放度大大提升。例如：(1) 制造业方面，在航空制造、船舶制造、汽车制造、轨道交通设备制造、通信设备制造、医药生产等领域，不同程度上取消了对外资的限制，尤其是放开了3吨及以上民用直升机以及6吨9座以下通用飞机设计与制造须中方控股的要求以及取消了外商投资生产纯电动乘用车生产企业产品的限制；(2) 在金融业方面，对银行、保险业的放宽主要体现在外资银行、外资保险公司在华业务层面，例如：取消了外国银行分行承销政府债券的限制，取消了外资银行获准经营人民币业务最低开业时间的要求，取消了对外资保险公司与其关联企业从事再保险的分出或者分入业务的限制；(3) 在会计等服务业方面，删除了外资设立特殊普通合伙会计师事务所首席合伙人须中国国籍的要求，并向外资开放了评级服务，但仍保留了禁止外资进入社会调查领域以及外资从事市场调查须合资合作的限制等。详情请见下表。

2. 放宽了外资并购的准入限制

---

① 刘冰《自由贸易试验区负面清单比较研究——以2015版负面清单为视角》，《哈尔滨学院学报》2016年第7期，第30—31页。

除关联并购以外，凡是不涉及准入特别管理措施的外资并购，全部由审批改为备案管理。

3. 扩大了投资领域开放度

2017年版负面清单主要在采矿业、制造业、交通运输业、信息和商务服务业、金融业、科学研究和文化等领域扩大开放。

4. 增加了外资准入透明度

2017年版负面清单按照现行国民经济行业分类的标准表述对27个领域的具体条目加以规范，例如将"原子能"调整为"核力发电"。同时，对照现行法律法规以及国际通行规则，对25个领域进行技术改进，更准确地反映现有全部准入特别管理措施。如在银行服务、保险业等领域列明了全部现行有效的，包括投资者资质、业绩要求、股比要求、业务范围等内容的限制性措施，透明度显著增加。上述改进将方便投资者认定其投资范围是否属于负面清单，大幅提升投资便利化程度。

2017年版负面清单减少的特别管理措施

大类	领域	比2015年版减少的特别管理措施
采矿业	金属矿及非金属矿采选	1. 贵金属（金、银、铂族）勘查、开采，属于限制类
		2. 锂矿开采、选矿，属于限制类
制造业	航空制造	3. 3吨级及以上民用直升机设计与制造须由中方控股
		4. 6吨9座以下通用飞机设计、制造与维修限于合资、合作
	船舶制造	5. 船用低、中速柴油机及曲轴制造，须由中方控股
		6. 海洋工程装备（含模块）制造与修理，须由中方控股
	汽车制造	7. 新建纯电动乘用车生产企业生产的产品须使用自有品牌，拥有自主知识产权和已授权的相关发明专利

（续表）

大类	领域	比2015年版减少的特别管理措施
制造业	轨道交通设备制造	8. 轨道交通运输设备制造限于合资、合作（与高速铁路、铁路客运专线、城际铁路配套的乘客服务设施和设备的研发、设计与制造，与高速铁路、铁路客运专线、城际铁路相关的轨道和桥梁设备研发、设计与制造，电气化铁路设备和器材制造，铁路客车排污设备制造等除外）
		9. 城市轨道交通项目设备国产化比例须达到70%及以上
	通信设备制造	10. 民用卫星设计与制造、民用卫星有效载荷制造须由中方控股
	矿产冶炼和压延加工	11. 钼、锡（锡化合物除外）、锑（含氧化锑和硫化锑）等稀有金属冶炼属于限制类
	医药制造	12. 禁止投资列入《野生药材资源保护管理条例》和《中国稀有濒危保护植物名录》的中药材加工
交通运输业	道路运输	13. 公路旅客运输公司属于限制类
	水上运输	14. 外轮理货属于限制类，限于合资、合作
信息技术服务业	互联网和相关服务	15. 禁止投资互联网上网服务营业场所
金融业	银行服务	16. 外国银行分行不可从事《中华人民共和国商业银行法》允许经营的"代理发行、代理兑付、承销政府债券"业务
		17. 外资银行获准经营人民币业务须满足最低开业时间要求
		18. 境外投资者投资金融资产管理公司须符合一定数额的总资产要求
	保险业务	19. 非经中国保险监管部门批准，外资保险公司不得与其关联企业从事再保险的分出或者分入业务

（续表）

大类	领域	比2015年版减少的特别管理措施
租赁和商务服务业	会计审计	20. 担任特殊普通合伙会计师事务所的首席合伙人（或履行最高管理职责的其他职务），须具有中国国籍
	统计调查	21. 实行涉外调查机构资格认定制度和涉外社会调查项目审批制度
		22. 评级服务属于限制类
	其他商务服务	23. 因私出入境中介机构法定代表人须为具有境内常住户口、具有完全民事行为能力的中国公民
教育	教育	24. 不得举办实施军事、警察、政治和党校等特殊领域的教育机构
文化、体育和娱乐业	新闻出版、广播影视、金融信息	25. 禁止从事美术品和数字文献数据库及其出版物等文化产品进口业务（上述服务中，中国入世承诺中已开放的内容除外）
	文化娱乐	26. 演出经纪机构属于限制类，须由中方控股（由"为本省市提供服务的除外"调整为"为设有自贸试验区的省份提供服务的除外"）
		27. 大型主题公园的建设、经营属于限制类

三、自由贸易试验区负面清单模式下的事中事后监管

建立事中事后监管体系是自由贸易试验区建设的重点任务之一，也是作为实施准入前国民待遇加负面清单管理制度后如何做到"宽进严管"的重要配套措施。[①]《中国（上海）自由贸易试验区总体方案》就已将事中事后监管

---

① 庄锡强《关于建立自由贸易试验区事中事后监管体系的研究》，《发展研究》2016年第2期，第27页。

列为上海自由贸易试验区五大主要任务之一，具体而言即加快转变政府职能，改革创新政府管理方式，按照国际化、法治化的要求，积极探索建立与国际高标准投资和贸易规则体系相适应的行政管理体系，推进政府管理由注重事先审批转为注重事中事后监管。在2017年由国务院发布的《全面深化中国（上海）自由贸易试验区改革开放方案》更是要求深化创新事中事后监管体制机制。按照探索建立新的政府经济管理体制要求，深化分类综合执法改革，围绕审批、监管、执法适度分离，完善市场监管、城市管理领域的综合执法改革。推进交通运输综合行政执法改革，加强执法协调。将异常名录信息归集范围扩大到市场监管以外的行政部门，健全跨部门"双告知、双反馈、双跟踪"许可办理机制和"双随机、双评估、双公示"监管协同机制。落实市场主体首负责任制，在安全生产、产品质量、环境保护等领域建立市场主体社会责任报告制度和责任追溯制度。鼓励社会力量参与市场监督，建立健全会计、审计、法律、检验检测认证等第三方专业机构参与市场监管的制度安排。

（一）事中事后监管的含义

"事中事后"是与"事前"相对应的，国际投资法将国民待遇分为准入前国民待遇与准入后国民待遇，这里的准入前是指"pre-establishment"，而准入后是指"post-establishment"。从文义看，准入后国民待遇是指外资进入东道国之后才能享受国民待遇，准入前国民待遇则是指在外资进入之前就享有与国内企业同样的待遇。如果以其英文的释义来看，"establishment"即为事前与事中事后的分界点。以美国2012年版BIT范本第三条国民待遇条款作为参考，美国的投资条约实践将投资分为设立（establishment）、取得（acquisition）、扩大（expansion）、管理（management）、经营（conduct）、运行（operation）、销售（sale）以及其他投资处置（disposition）几个阶段。显然，设立属于事前的范围，而取得、扩大、管理、经营、运行、销售以及其他投资处置属于事中事后的范畴。同时，从《全国人大常委会关于授权国务院在中国（上海）自由贸易试验区暂时调整有关法律规定的行政审批的决定》的规定来看，为了配合实施准入前国民待遇，上海自由贸易试验区内暂停实施的都是与准入前审批有关的外商投资企业法相应条款,包括外商投资企业的设立审批,分立、合并审批等。此外,《自由贸易试验区外商投资准入特别管理措施(负面清单)(2017年版)》中规定外商投资企业的设立和变更均使用该负面清单。因此,"事中事后"可以理解为商业机构管理、运行、销售和清算等实际商事运作阶段。①

"事中事后监管"则是指政府对企业在管理、经营、运行、销售和清算等实际商事运作阶段的活动的监管。事中事后监管主要是指政府依据法律规定和行政法规的要求,在政府相关职能部门相互协调的基础之上,对市场及其市场经营主体正在进行的或已经结束的行为或活动进行整体性、全过程、多方位的监督和管理。其目的在于规范各种市场行为,维护市场基本秩序,创造良好的市场环境。简而言之,事中事后监管就是政府对市场运行本身进行的监管。②

(二)自由贸易试验区事中事后监管的创新——以上海、广东自由贸易试验区为例

1. 建立健全社会信用体系

上海自由贸易试验区建立公共信用信息服务平台,出台《公共信息管理使用办法》和《信用信息查询服务规程》,着力形成全面的信用信息记录和披露机制以及信用信息使用和信用联动奖惩机制,实现信息归集查询、信用联动监管、信用监测预警、信用市场培育等功能。推动行政机关、司法机关、公用事业单位和社会组织等部门产生或掌握的信用信息资源向社会开放,提供公共信用信息查询等服务;编制完成市场监管局信用信息资源目录,归集5个部门23类286项信用信息和408余万条汇总数据;委托上海市信用平台对区内9835家企业、15000个企业高管进行信用核查,上海自由贸易试验区张江片区70%以上的企业通过信用张江公共服务平台完成信用自评或第三方他

---

① 高凛《自贸试验区负面清单模式下事中事后监管》,《国际商务研究》2017年第1期,第31页。

② 陈奇星《强化事中事后监管:上海自贸试验区的探索与思考》,《中国行政管理》2015年第6期,第25页。

评。加强公共信用信息安全管理,重点对信息目录、信息归集、信息查询、信息使用、异议处理、信息管理和安全管理等进行规范。① 广东自由贸易试验区广州南沙新区片区开展社会信用体系试点,建立以信用风险分类为依托的市场监管制度,对全区 36000 多家企业分为 A、B、C、D 四个类别进行监管,其中 A 类企业为信用良好企业,有 34000 多家;B 类企业为信用基本良好企业,1000 多家;C 类企业为信用预警企业,数十家;D 类企业,直接予以关闭。通过实施分类监管,既优化了企业服务又减轻了政府负担,实现了行政管理的高效精准。广东自由贸易试验区深圳前海蛇口片区通过招标方式引入第三方力量,建立社会信用中心平台和评估机构进行独立运营。

2. 逐步健全信息共享和综合执法制度

上海自由贸易试验区依托信息共享与服务平台,出台《监管信息共享管理试行办法》,构建"一口受理、综合办理"服务模式,实现各管理部门监管信息的归集应用和共享,促进跨部门联合监管。建立各部门联动执法、协调合作机制,包括相对集中地行使执法权、建设网上执法办案系统、建设联勤联动指挥平台。② 建立市场监管综合执法体系,成立综合执法大队,将环保、劳动、安全生产、知识产权、国土建设、交通、统计等不同领域的 20 项市场监督执法功能集中起来。广东自由贸易试验区建立集中统一的综合行政执法体系,相对集中执法事权,建立部门间合作协调和联动执法工作机制,建设网上执法办案系统,探索设立法定机构,将专业性、技术性或社会参与性较强的公共管理和服务职能交由法定机构承担。广东自由贸易试验区珠海横琴新区片区综合执法局作为广东省综合执法改革试点,是全国综合执法改革最彻底的代表,整合了 31 项职能,设有 3 个内设科室、4 个执法大队,对接 30 个市级部门,行政编制 43 人,综合执法局同时兼管横琴新区城市管理指挥中

---

① 商务部外国投资管理司《商务部关于印发自由贸易试验区"最佳实践案例"的函》,2005 年 11 月 30 日,http://www.mofcom.gov.cn/article/b/f/201512/20151201210390.shtml,2017 年 3 月 6 日。

② IUD 中国政务舆情监测中心《上海自贸区实现四大制度创新》,《领导决策信息》2014 年第 10 期,第 20—21 页。

心，依靠大数据平台根据老百姓的需求实现管理和执法力量的倾斜，实现远程取证直接开出罚单，减少人身接触式执法，注重行政执法和司法审判的衔接，当事人若拒绝缴费，综合执法局将申请法院执行。

3. 建立完善企业年度报告公示和经营异常名录制度

2014年3月3日，上海自由贸易试验区公布实施《企业年度报告公示办法（试行）》和《企业经营异常名录管理办法（试行）》。企业年检制改为年度报告公示制度后，企业通过信用信息公示系统向工商部门报送年度报告，特定企业还须提交会计师事务所出具的年度审计报告，一批未按期限年报公示的企业，被纳入经营异常名录。2014年8月19日，国家工商行政管理总局以第68号令在全国公布实施《企业经营异常名录管理暂行办法》。此后自由贸易试验区的商事制度改革加快推进，上海自由贸易试验区探索企业注册地集中管理改革试点，在扩区后的片区开展住所集中登记改革；广东自由贸易试验区横琴新区片区推进"先照后证"改革，实行工商营业执照、组织机构代码证、税务登记证"三证合一"和"一照一码"（统一社会信用代码），推行商事主体电子证照卡等措施，赋予企业更多自主经营权。2015年10月1日，"三证合一、一照一码"登记制度在全国全面实施，2016年10月1日，更改为彻底的"五证合一、一照一码"登记模式在全国范围推行。

4. 探索建立社会力量参与市场监督制度

上海自由贸易试验区出台《促进社会力量参与市场监督的若干意见》，通过扶持引导、购买服务、制定标准等措施，引导和支持行业协会、专业机构在行业准入、认证鉴定、评审评估、标准制定、竞争秩序维护等方面发挥作用。2014年9月29日，设立由社会知名人士任理事长、企业和商协会代表为成员的社会参与委员会，自主参与市场监督。会计师事务所等专业服务机构承担企业年报审计工作，第三方检验机构为进出口商品检验出具鉴定报告，商事纠结调解中心已开展业务。① 深化建筑师负责制、建筑领域认可人事制度

---

① 陈奇星《强化事中事后监管：上海自贸试验区的探索与思考》，《中国行政管理》2015年第6期，第25—28页。

试点,发挥会计、法律、公证、仲裁等专业机构的监督作用。广东自由贸易试验区各片区可以探索设立法定机构或者委托社会组织承接专业性、技术性或者社会参与性较强的公共管理和服务职能,支持建立第三方检测结果采信制度,并在《中国(广东)自由贸易试验区条例》中予以明确。

5. 初步建立相关专业监管制度

上海自由贸易试验区建立安全审查制度,重点是建立在外资企业准入阶段协助国家有关部门进行安全审查的工作机制,出台了安全审查办法,建立反垄断审查制度,出台《中国(上海)自由贸易试验区反垄断协议、滥用市场支配地位和行政垄断执法工作办法》《中国(上海)自由贸易试验区经营者集中反垄断审查工作办法》《中国(上海)自由贸易试验区反垄断工作联席会议制度方案》等办法措施。因安全审查涉及国家事权,广东、上海自由贸易试验区均配合国家部门落实国家安全审查、反垄断审查。2015年4月8日,国务院在总结自由贸易试验区经验的基础上,印发了统一适用于4个自由贸易试验区的《自由贸易试验区外商投资国家安全审查试行办法》,将审查范围从主要审查外资并购扩大到绿地投资,将审查内容拓展到互联网、文化、协议控制(VIE)等敏感领域和商业模式,完善了审查工作的机制和程序,明确了自由贸易试验区地方管理机构的职责。

6. 稳步实施以清单管理为标志的审管分离、管服结合制度

以负面清单为核心的外商投资管理制度改革和以简政放权为核心的行政审批制度改革是审管分离、放管结合的重要内容,在此基础上形成了负面清单、权力清单和责任清单,这三张清单是主张用政府权力的"减法",换取市场活力的"加法",达到政府治理绩效的"乘法"。① 国务院对11个自由贸易试验区实行一张清单管理,清单划分15个门类、40个条目、95项特别管理措施,比首份负面清单减少95项,开放度和透明度大幅提高。上海自由贸易试验区推出两张清单2.0版,按照清权、减权、制权的要求制订推出"减权

---

① 高旭、曾小锋《"三张清单"制度:理论逻辑、现实困境与突破路径》,《宁夏社会科学》2016年第3期,第34—30页。

清单",对政府的边界和责任作了划分,确保市场主体公平竞争、权益保护日趋完善、行政事项公开透明;率先创新"证照分离"改革116项许可证事项的监管方式,进一步扩大市场准入和行业开放,充分激发市场活力。广东自由贸易试验区实行权力清单、责任清单与负面清单相结合的管理方式,建立行政权责清单制度,第一批调整由广州南沙新区片区实施的省级管理权限18项,向广州南沙新区开通"绿色通道"的省级管理事项23项,由横琴新区管理委员会实施的省级管理权限事项21项。①

(三) 自由贸易试验区事中事后监管有待提高

1. 监管理念需要转变

我国政府在管理方面一度管得过多过细,政府极其重视事前审批,对于企业的主体资格、企业的生产经营、生产的产品本身等都要进行审批,市场准入的门槛较高,对于外商投资企业的审批则更加严格,束缚了内外资企业的手脚,导致市场缺乏活力。长期以来,一些行政机关习惯于"开门迎客""坐门等客"及"关门审批"的做法,导致以批代管、只批不管的现象严重,缺乏主动监管的意识,事前审批成为一种有着较大寻租空间的稀缺资源,极容易滋生腐败。我国长期以来只重视对于外资进入的事前审批,而忽视或放松对其进行事中事后监管,而在外资审批事项被取消之后,一些行政机构可能会出现不会管、如何管和管哪些的问题。由于习惯了"审批式管理",政府机构监管人员的观念与能力在短时间内难以适应事中事后监管的新理念、新要求,在责任意识、知识结构、专业能力和管理水平等方面存在不相匹配的问题。②

2. 各部门间监管信息共享制度的阙如

各监管部门之间完善的监管信息共享制度、健全的市场主体诚信体系是加强政府事中事后监管的重要基石。我国的自由贸易试验区均已出台有关公

---

① 张米良、肖利雪《自贸试验区事中事后监管的实践经验与启示——以上海、广东自贸试验区为例》,《贵州商学院学报》2017年第3期,第60—61页。

② 高凛《自贸试验区负面清单模式下事中事后监管》,《国际商务研究》2017年第1期,第35页。

共信用信息的管理法规，如福建自由贸易试验区厦门片区所在的厦门市已出台《厦门市公共信用信息管理办法（试行）》，对公共信用信息的征集、披露和使用、信息修复与异议处理、信用安全和规范以及监督管理进行了详细的规定。福建省也出台了《中国（福建）自由贸易试验区监管信息共享管理试行办法》，对福建自由贸易试验区内监管信息共享的原则、信息的提供、使用、变更和核实以及动态预警制度等都作出了较为详细的规定。但是在实践中，各监管部门之间监管信息共享制度的问题机制体现在以下3个方面：

（1）公共信用信息平台建设还存在一些问题。比如，部门间对于哪些信息应当进入平台、哪些信息不应当进入平台、应依据何种标准对信息进行管理等，均存在较大分歧，这势必给公共信用信息平台的信息采集、归整带来困难。同时，各部门之间不同信息库在对接等方面也还存在不完善的地方，这也会给平台的建设造成障碍。

（2）公共信用信息平台的使用程度还不尽如人意。一方面，由于目前所收集的公共信用信息的覆盖面有限，该平台的作用发挥得还不充分。另一方面，现阶段仍然存在对失信行为的惩戒力度不够、市场主体失信成本低廉等问题，所以，实践中信用信息在介入事中事后监管方面还十分有限。

（3）社会中介机构自身发育不良，导致参与诚信体系建设不够，以至诚信市场体系尚未建立。诚信市场体系的形成需要对信用信息进行分析从而形成相应的评价，并以评价结果为标准进行相应的奖惩。而目前我国几个自由贸易试验区甚至全国在这方面都十分薄弱，唯一的分析、评价主体就是政府，相应的市场信用咨询、信用评级等业态发展尚不成熟。①

3. 社会诚信体系的缺位

社会诚信体系建设是政府事中事后监管的基础性工程，也是个系统性工程，涉及面很广，涉及部门也很多。上海自由贸易试验区已经开始探索"三清单"覆盖"三阶段"的全过程信用管理模式，但整体而言11个自由贸易试

---

① 谢进《我国自贸试验区事中事后监管制度研究》，《党政干部论坛》2016年第3期，第28页。

验区的诚信体系不健全的问题还比较突出。主要表现：首先，尚未建成一个统一的公共信用信息服务平台，各个片区、各个部门都有局部的信息平台，但仍需要进行整合。其次，诚信的评估体系仍不完善。由于相关社会中介组织仍不成熟，市场信用评级、信用咨询、资信调查等业态仍不发达，对诚信记录的信息进行分析处理能力不够。最后，失信行为的预警能力不足。由于信用信息的不对称不完善，各部门仍未完善联合的惩戒机制，社会失信行为的成本太低，惩戒刚性不足。①

4. 监管主体过于单一

在我国自由贸易试验区，政府是市场监管的主体。从数量分析，自由贸易试验区内企业的数量要远远多于政府的监管机构及其人员的数量，而且，政府对企业事中事后的监管涉及各个领域及多个事项。就上海自由贸易试验区而言，据初步统计，监管事项包括贸易、投资、金融、规划国土、建设、绿化市容、环境保护、劳动人事、知识产权、文化、卫生、统计、海关、检验检疫、工商、质检、公安以及税务，共计18项。那么，自由贸易试验区内的70000多家企业的所有监管事项则多如牛毛了。② 要想完成如此庞大的监管任务，难度堪比登天。从动态趋势分析，由于政府部门编制的限制，政府机构与人员的增长速度远远慢于自由贸易试验区内企业的增长速度，这样一来，监管者与被监管者在数量上的差距越来越大。由于监管主体的单一，会出现监管乏力、缺位、低效率和落实难等问题，从而导致政府的管理成本增加。因此，政府单一监管模式已经不适应自由贸易试验区的发展了，需要有更多的、新的主体加入到自由贸易试验区事中事后监管过程中来。③

5. 第三方力量介入不够

---

① 庄锡强《关于建立自由贸易试验区事中事后监管体系的研究》，《发展研究》2016年第2期，第29页。

② 蒋硕亮《上海自贸试验区事中事后监管制度创新：构建"四位一体"大监管格局》，《外国经济与管理》2015年第8期，第36页。

③ 高凛《自贸试验区负面清单模式下事中事后监管》，《国际商务研究》2017年第1期，第35页。

在事中事后监管中,各自由贸易试验区所在政府均已意识到,政府应该一改以往"大政府"的状态,尤其是在一些涉及专业技术的领域,应当交由第三方具有专业资质的机构去完成。但是,在实践中,由于相应的社会组织自身建设不足,同时政府购买社会服务的相关机制也不健全,以至于在事中事后监管过程中仍然是政府"唱主角",第三方力量的介入不够。[1]

四、自由贸易试验区负面清单的再创新

目前我国自由贸易试验区总数已达11个,自由贸易试验区新设外商投资企业占全国的五分之一多,实际使用外资也超过了全国的10%,取得了一些重要进展,这些都与外资的负面清单管理模式休戚相关,可以说负面清单的实施是自由贸易试验区一次重要的制度创新。但从目前的实践来看,改革的力度仍无法适应自由贸易试验区深入发展的需要,在运行过程中还有不少体制束缚,仍需进一步解放思想,切实按照高水平高质量的要求,推进贸易和投资的自由化便利化,进一步压缩"负面清单",对负面清单进行合理的调整,同时赋予自由贸易试验区对负面清单的调整权,使清单更加具有可操作性,使管理措施更加开放和透明,在自由贸易试验区营造更加公平透明、法治化、可预期的营商环境。[2] 实现自由贸易试验区负面清单的再创新,推进自由贸易试验区的发展上一个新台阶。

(一)合理调整自由贸易试验区负面清单的内容

1. 对负面清单的内容进行合理调整

从设立负面清单伊始,负面清单的长度就一直是关注的焦点,上文也通过对负面清单的比较看出负面清单确实是在越改越短,负面清单的"短"意味着对外资开放领域的"多",也意味着外资进入自由贸易试验区更加便利。

---

[1] 谢进《我国自贸试验区事中事后监管制度研究》,《党政干部论坛》2016年第3期,第29页。

[2] 于长洹《自贸区"负面清单"实现大幅瘦身》,《东莞日报》2018年1月15日,第B02版。

负面清单表面上看是越短越好,但有效、合理的负面清单才是对东道国和外国投资者都有利的,并非是最短的清单才是最好的。我国应该根据我国经济发展的现状、产业政策的需要和自由贸易试验区发展的承受能力来修改负面清单。在修改负面清单时,要注意做好事前规划,切不可盲目增加或删减,应当在拟进一步开放的外资准入领域中,有目的、有针对性地对我国希望、鼓励与允许外资进入的领域进行放开,避免盲目追求"瘦身"幅度,以免造成事后因制度的不稳定性而付出惨重的代价。在负面清单的制定过程中,既不可能一次性囊括所有有损我国国家利益的投资行为,也不能完全预测到经济领域即将发生的重大技术革新。因此,应该采取分步走、逐步放开的渐进式策略,在缩减负面清单内容过程中要注重质与量的结合。

2. 服务业开放程度加深

服务业作为当今重要的行业之一,开放程度事关重大,直接影响未来的经济发展趋势,因此提高服务业开放度是负面清单完善的必然趋势。自由贸易试验区的发展过程就是一个负面清单内容不断减少的过程,尤其在金融服务、增值电信、演出经纪等服务业领域的开放度均有所加强。但是由于每个国家的发展现状不同,负面清单的制定方式各异,东道国会根据自己的发展现状对负面清单内容进行减少,并没有固定的模板。因此在加大服务业开放的过程中,可能会遇到各种法律之间冲突的问题。要根据自身开放度,对负面清单进行更深层次的研究,既要注重服务业的逐步开放,更要重视一些敏感服务业的特性,把握好"放"与"不放"的度,让服务业的开放为我国经济的发展锦上添花,而不是画地为牢。

3. 注重负面清单"安全阀"的作用

既然是负面清单,就一定是禁止类和限制类的规定,一方面要做好负面清单内容的"减法",一方面更要注重负面清单的"加法",对涉及我国国家安全、社会公共秩序等核心利益的投资领域,必须预留例外条款作为负面清单的"安全阀"。首先,由于负面清单不是我国和其他国家或地区签订的条约,负面清单的制定权完全由我国掌握,因此只要不违反我国缔结或参加条约中的承诺,我国完全有权对该清单中所涉内容进行废、改、立。其次,我国要善于抓住重点行业和新兴行业,在与国际标准接轨的同时,要根据国情适时变动清单,有效保护相关行业,可将敏感或重点行业用列表予以明确。就未来新兴产业而言,在负面清单修改过程中,需要对未来进行全面充分的考量,对其进行保留。为了保证我国权利更好地行使,要注意说明保留的权限,这样在未来投资活动中才不至于处于被动地位。这样既可以保证负面清单在逐步缩短的同时,也做到对我国的核心产业、重点产业、幼稚产业及其新兴产业的保护,完善外资的负面清单管理制度。

(二) 赋予自由贸易试验区对负面清单的调整权

1. 自由贸易试验区可以对负面清单进行有限调整

不同地区对本地区适用的负面清单具有有限的调整权并不破坏我国外资法律与政策的统一性。外资准入制度是我国外资管理的基本制度,属于《立法法》法律保留的事项,只有法律才可以进行规定与调整。因此,有学者认为,负面清单是在一国统一的外贸政策的指导下而制定的,因而地方政府制定负面清单的主体地位是值得推敲的。然而,2015年国务院发布的《自由贸易试验区外商投资准入特别管理措施(负面清单)》赋予了省级地方政府负面清单具体实施规则的制定权,[①] 充分体现了国务院考虑到各个地区发展实际的不同,将部分权力下放至自由贸易试验区所在的省级地方政府。而在2017发布的《自由贸易试验区外商投资准入特别管理措施(负面清单)(2017年版)》中则取消了这样的规定,即自由贸易试验区所在地省级人民政府是否有权"发布实施指南,做好相关引导工作",法律并未给予授权。显然根据2015年版负面清单地方政府是有权制定负面清单具体实施规则的,这对各自由贸易试验区的具体适用是大有裨益的,如果还能在此基础上赋予其部分调整权,则更能体现负面清单的针对性和实用性。但是2017年版负面清单不仅没有继续将地方政府的权利放开而是关闭了大门,导致自由贸易试验区丧失了其先试先行的优势。因此,应当在赋予地方政府负面清单具体实施规则的制定权

---

① 《自由贸易试验区外商投资准入特别管理措施(负面清单)》第四条规定:"《自贸试验区负面清单》之外的领域,在自贸试验区内按照内外资一致原则实施管理,并由所在地省级人民政府发布实施指南,做好相关引导工作。"

的基础上,还应当同时赋予其部分调整权,然后由负面清单主管部门审定后报国务院决定。我国在外资准入管理中实施统一的负面清单管理模式,赋予地方政府的调整权是在这一前提下的对微观内容的调整,并不违反《立法法》的立法精神。实施负面清单模式,对外资实施开放程度更高,是法律法规更加透明的新的管理方式,维护了国家统一的外贸管理政策。各个地方根据自身经济发展状况对适用于地区的负面清单进行部分调整,并不会因为个别行业开放地区不同而影响全国的外资准入制度,并不会破坏国家的法制统一。

2. 自由贸易试验区对负面清单的调整应结合本地区的实际需要

自由贸易试验区所在地立法机构对该地区自由贸易试验区适用的负面清单进行调整符合当前我国经济地区发展不平衡的实际。我国经济发展的一个显著特点就是南方北方、东部西部经济发展并不平衡。尤其当自由贸易试验区扩充至11个,从刚开始的沿海地区向内陆城市发展,无论是经济发展模式还是特色经济行业都有所不同。全国自由贸易试验区统一适用的负面清单采取的是"一对多"的方式,即不管哪个地区的自由贸易试验区都要适用。然而,虽然适用的负面清单是一致的,但面对的问题和地区发展的需要却是千差万别的。如果由国家层面制定统一的负面清单,不赋予地方政府有限的调整权,那么就只能在发达、欠发达、落后地区之间做一个价值取向的选择。这必然陷入一个两难的境地:为了迎合国际投资和经济全球化的压力,如果在发达地区经济发展的基础上制定一个高标准、透明度高、开放领域广阔的较短清单,然而这样的选择是将广大的欠发达、落后地方暴露在负面清单之外;或者为了保护落后地区的经济安全,制定负面清单时慎之又慎,那么无疑,负面清单管理模式即使在我国得到法律的全面确立,仍旧会陷入形同虚设的境地。[①] 要所有自由贸易试验区都适用同一个负面清单,将会面临无法克服的问题,因此,应当在统一的负面清单基础上,允许各自由贸易试验区根据自身的特点进行有限的调整,这种方式也适合自由贸易试验区先试先行的

---

① 唐晶晶《我国投资领域"负面清单"法律制度完善研究》,《甘肃政法学院学报》2017年第2期,第155页。

优势，发挥负面清单的作用，提升自由贸易试验区的投资便利化程度。

（三）推行负面清单变动程序的公开化

1. 提高负面清单法律法规修改过程的透明度

透明度原则作为国际公认的行政管理规则，也是自由贸易试验区建立国际信誉的重要保证，因此有必要将其凸显为自由贸易试验区行政治理的基本法律原则。比较各国自由贸易试验区对于透明度原则的践行，可以发现其体现于法规政策"制定前通知、制定中参与、制定后评估"3个阶段，因此现行的负面清单以及涉负面清单的法律法规在满足制定中和制定后两个阶段透明的情况下，还需要加强相关规范制定前的预先通知制度，以保障利益相关方的知情权利。自由贸易试验区作为一个试验田，区内相关政策与法规的变动将十分频繁，为了防止这些规范频繁变动所带来的投资者损失，有必要设置"落日条款"① 与"不可逆向条款"②，以保证自由贸易试验区内的外商投资企业的既得权益和提升投资者的安全感。

2. 贯彻参与协商合作治理制度

参与协商是指按照所有人可以公开参与的原则，依法赋予公众参与政府规制活动的法定权利，其主要表现在以谈判磋商的方式制定规则，例如在规则制定过程中举办听证会。而合作治理主要指关注于统一规制体系下有关标准的制定问题，体现为政府与私人合作制定标准，从而突破传统的只有纯粹的政府标准的现象。至于增强自由贸易试验区负面清单相关政策、法律法规的公众参与度问题，除了推出多渠道的沟通、投诉、救济机制外，对于何谓"公众"需要有一个清晰的界定。建议将"公众"主要界定为企业尤其是区内企业，在相关政策的公众参与过程中也要集中于对企业以及相关行业协会的调研，防止过大扩张"公众"范畴而影响相关制度的实施效率。同时，以自由贸易试验区内企业为主体的政策参与制定机制也需要一些具体的、切实可行的参与渠道。比如，规定在制定相关政策的一系列政府行为中，必须邀请

---

① "落日条款"旨在明确某项规定的实施与定时评估期间。
② "不可逆向条款"主要规定除非紧急情势，法规、政策的修改须向更有利于投资者的方向发展。

自由贸易试验区内的企业和行业协会参与，同时有利害关系的企业可以直接请求参加相关政策的制定、讨论以及事后的效果评估。

3. 建立负面清单透明度的检验指标

（1）信息的透明度

①信息直接公开，如直接在负面清单中明示投资限制的规定。②信息易于获得，如在负面清单中告知投资限制的规定在哪里可以获得。

（2）信息透明度的质量

①信息是否清晰、明确、准确。②根据信息能够作出明确的判断。

（3）透明度与"法无明文禁止即可为"的关系判断

①两者之间是否存在必然联系。②作为地方政府能否协调两者之间的关系。

（4）过程的透明度

①公众参与。除了涉及国家秘密等需要保留信息的部分外，应当允许公众参与负面清单制定过程。②解释与回应。负面清单公布后，对于公众，尤其是利害关系方的质疑与评论应予以解释与回应，并公之于众。①

4. 发挥社会组织对负面清单透明度的推动作用

自由贸易试验区作为新时期改革开放的试点，其改革的重心之一在于市场监管体制的创新。在自由贸易试验区内强调放松管制与有效监管的平衡，未来应建立"政府—社会组织—市场"三位一体的联动有效监管机制。上海自由贸易试验区成立一年后，对于社会组织在市场监管方面的定位已跃然出现在立法层面。未来在全国完善涉负面清单法律法规透明度的道路上，必须充分考虑社会组织的第三方监督作用。②

（四）自由贸易试验区事中事后监管的完善

事中事后监管是我国行政管理方式的创新，决定着自由贸易试验区的改

---

① 华东政法大学课题组《我国自贸试验区负面清单透明度现状、存在问题及对策研究》，《科学发展》2015 年 6 月第 79 期，第 47 页。

② 华东政法大学课题组《我国自贸试验区负面清单透明度现状、存在问题及对策研究》，《科学发展》2015 年 6 月第 79 期，第 51—52 页。

革成效和我国社会治理能力的提升，尤其在外资负面清单管理模式下对外资的事中事后监管，这也是自由贸易试验区最大的改革难点。尽管自由贸易试验区先行改革试验取得了积极成效并在全国复制推广，带来了良好的经济、社会效应，但自由贸易试验区强化事中事后监管仍处于探索阶段，一些措施还不够成熟，只有通过进一步优化相关制度，才能构建完善的事中事后监管体系。

1. 注重监管和服务的有机结合，创新监管方式和手段

（1）应加大自由贸易试验区监管部门在事中事后监管环节的监管责任边界和公共服务综合配套研究。坚持监管与服务的统一，正确处理履行监管职责与服务发展的关系，政府主要是通过法规、规划、政策、标准等制定和实施，加强市场活动监管。同时，要为企业发展提供良好的服务，创造良好的市场环境，市场监管不应"缺位、错位和越位"。

（2）创新监管方式和手段。具体可从以下两个方面着手：第一，完善和推广网格化监管模式，健全网格化监管执法的运行工作制度，推进精细化监管、网格化执法，实行专业分工、协同配合、相互衔接，确保监管范围全覆盖、监管责任无盲区。第二，引入诚信管理，实施分类监管。自由贸易试验区监管部门应构建以企业诚信为基础的监管机制，注重建立监管诚信档案，利用信用记录实施联合惩戒。并依据监管对象的信用情况、日常经营活动情况、违法情况、风险能力等，将监管对象分为不同类别，建立相应的激励机制、预警机制、惩戒机制和淘汰机制。

（3）推行监管的国际一体化，加强国际和地区间的监管互认与合作。在自由贸易试验区业务性和技术性色彩较浓厚的监管领域，运用国际通行标准，推行监管的国际一体化，并做好相关领域采用国际监管标准的风险评估工作。同时，加强监管的国际和地区间合作，适时启动和完善"监管互认机制"。①

2. 完善监管信息共享平台的建设，健全诚信体系

---

① 陈奇星《强化事中事后监管：上海自贸试验区的探索与思考》，《中国行政管理》2015年第6期，第27页。

(1) 构建"安全港"制度，进一步完善守信激励、失信惩戒机制。所谓的"安全港"制度是指符合一定诚信条件的企业可以享有减轻或免除处罚的权利。比如，在罚金总额不超过 10000 美元时，美国商务部进口管理局秘书长有权根据被责成缴纳罚款的当事方提交的其近 5 年来相关行为的良好记录，批准减轻或取消当事方的罚款。我国也可考虑借鉴这样的制度，加大对守信的激励。

(2) 大力培育征信市场体系。国外的经验表明，完善的诚信体系离不开一批专业的市场化的资信机构。建议鼓励发展一批征信公司，将部分领域的信息征集打包转让给市场化的征信公司，同时，由这些征信公司承担主要的信用信息分析、评级等工作，政府则退居二线，加强对征信公司的监管和引导。

(3) 对诚信口径和标准进行定量化、规则化。目前，我国自由贸易试验区的一些立法对该问题已经有所关注，比如《厦门市公共信用信息管理办法（试行）》第十条规定"市公共信用信息工作主管部门牵头会同各单位组织编制并公布市公共信用信息目录"，信息提供主体应"按照相关规范进行编目分类和说明"。这一规定在一定程度上可以解决各部门对于失信的认定标准不一、对于进入平台的内容认定不一等问题，但是值得注意的是，这样的规定仍显笼统。因此，在编制信息目录对信息进行分类、说明时应尽可能定量化、规则化。①

3. 提高事中事后监管的专业性

自由贸易试验区承担着深化改革、扩大开放、探索创新的重大使命，区内涌现了很多新业态新模式，与国际通行规则相适应的金融、贸易等领域的监管专业化、复杂化程度高，往往涉及多个部门，取消事前审批，事中事后监管需要更加高效、精准、专业；国家安全、反垄断、反不正当竞争等方面更是"牵一发而动全身"，风险高、隐蔽性强、监管难度大，带来的国际国内影响大，给事中事后监管提出了更高的标准和要求。目前专业监管主要依赖

---

① 谢进《我国自贸试验区事中事后监管制度研究》，《党政干部论坛》2016 年第 3 期，第 29 页。

部门出台的规章制度,严肃性、权威性都不够,政府应加快与国际法律法规和通行规则的接轨,组织专业人才分析研究出台各专业领域的专门法律,消除各个专业领域法律空白和"盲区",通过专业法律依法实施专业监管,营造国际化法治化营商环境。①

4. 制定事中事后监管方面的统一立法

具备地方立法权的自由贸易试验区所在省市可充分发挥地方立法权,依据《行政许可法》等上位法,制定地方或自由贸易试验区事中事后监管条例,对自由贸易试验区的事中事后监管推进协调机构,事中事后监管的主体、范围、程序、各部门之间的协调沟通以及监管责任等作出规定,各部门可以依据该条例结合本部门的具体情况制定相应的实施办法。在先行先试取得一定成效后,国家可在适宜的时机对事中事后监管进行统一立法,比如,可由国务院制定《事中事后监管条例》,对事中事后监管进行顶层设计。

5. 建立事中事后监管的前导机制

事中事后监管的前导机制是指为了实现事后监督的有效性,在科学的监督理念指导下拓展自身监督优势,在充分发挥内因作用的同时,通过搭建联系平台,建立多渠道的沟通协调机制,以此推动事后监督效能的不断提高。事实上,英国金融服务局就非常注重与金融机构高管人员进行开诚布公的交流沟通以共同实现监管目标,新加坡金融管理局甚至着手引导加强被监管者自身的公司治理,通过立法强化公司董事会和高级管理层在监管和控制金融风险过程中所发挥的核心作用。实践证明,加强事中事后监管的前导机制建设,有利于提升监管效能。建议通过召开定期会议的方式,构建监管者与被监管者之间的沟通互动机制,针对监管目标、监管过程中出现的问题、监管标准等进行充分沟通,从而有利于被监管者对监管事项的更深层次的理解,也有利于监管者改变不合理的监管标准,帮助被监管者化解风险、解决

---

① 张米良、肖利雪《自贸试验区事中事后监管的实践经验与启示——以上海、广东自贸试验区为例》,《贵州商学院学报》2017年第3期,第63页。

问题。①

第三节　自由贸易试验区视野下的《外商投资法》

正如上文所述，自由贸易试验区的投资便利化措施首当其冲的便是"准入前国民待遇＋负面清单"的管理模式，在上海自由贸易试验区先试先行该外资管理模式时首先受到影响的就是外商投资企业法，在《国务院关于印发中国（上海）自由贸易试验区总体方案的通知》中明确指出"探索建立负面清单管理模式。借鉴国际通行规则，对外商投资试行准入前国民待遇，研究制订试验区外商投资与国民待遇等不符的负面清单，改革外商投资管理模式。对负面清单之外的领域，按照内外资一致的原则，将外商投资项目由核准制改为备案制（国务院规定对国内投资项目保留核准的除外）"，"针对试点内容，需要停止实施有关行政法规和国务院文件的部分规定的，按规定程序办理。其中，经全国人民代表大会常务委员会授权，暂时调整《中华人民共和国外资企业法》《中华人民共和国中外合资经营企业法》和《中华人民共和国中外合作经营企业法》规定的有关行政审批，自 2013 年 10 月 1 日起在三年内试行。各部门要支持试验区在服务业扩大开放、实施准入前国民待遇和负面清单管理模式等方面深化改革试点，及时解决试点过程中的制度保障问题"。同时，我国也针对该外资管理模式在全国推广修改了外商投资企业法，可以说外商投资企业法在自由贸易试验区提高投资便利化程度方面贡献了巨大的力量。

在经过自由贸易试验区良好的先试先行后，带动了我国有效利用外资的发展，推动了我国外资修法的进程。十三届全国人民代表大会第二次会议于

---

① 谢进《我国自贸试验区事中事后监管制度研究》，《党政干部论坛》2016 年第 3 期，第 29 页。

2019年3月15日表决通过了《中华人民共和国外商投资法》，本法的制定是贯彻落实以习近平同志为核心的党中央进一步扩大对外开放、推动形成全面开放新格局战略部署的重要举措，充分彰显了新时代中国将改革开放进行到底的决心，为推动经济高质量发展注入强大法治力量。从1979年我国首部外资领域法律——《中外合资经营企业法》颁布至今已有40年，在这40年中，我国已累计设立外商投资企业约96万家，累计实际使用外资超过2.1万亿美元，成为全球第二大资本输入国。在总结40年来我国外商投资法律制度的实践经验基础上，结合新形势新要求，制定了外商投资企业法，本法确立了我国新型外商投资法律制度的基本框架，确定了我国对外开放、促进外商投资的基本国策和大政方针，是我国外商投资领域新的基础性法律，是对我国外商投资法律制度的完善和创新。通过制定和实施《外商投资法》，坚定实行高水平投资自由化、便利化政策，保护外商投资合法权益，营造法治化、国际化、便利化营商环境，以高水平对外开放推动经济高质量发展，充分彰显了新时代我国进一步扩大对外开放、积极促进外商投资的决心和信心。[①]《外商投资法》的实施不仅是我国外资管理的"2.0版"，更是对自由贸易试验区的考验，同时也是为自由贸易试验区下一步进行投资便利化改革奠定了更优的基础。

一、自由贸易试验区的《外商投资法》

上海自由贸易试验区在结束3年暂时调整外商投资企业法的试点后，可以说全国11个自由贸易试验区施行的外商投资企业法与非自由贸易试验区的并无任何差异。此次《外商投资法》的通过，更是在之前的基础上为我国外资管理带来新的机遇。《外商投资法》以积极扩大对外开放和促进外商投资为主基调，坚持外商投资基础性法律的定位，坚持中国特色和国际规则相衔接，

[①] 《关于〈中华人民共和国外商投资法（草案）〉的说明》，2019年3月15日，http://www.npc.gov.cn/npc/xinwen/2019-03/15/content_2083626.htm，2019年3月30日。

坚持内外资一致，是我国第一部外商投资领域统一的基础性法律。根据世界银行发布的《2019 年营商环境报告》，中国的营商环境从 78 位上升到了 46 位，跃升 32 位。《外商投资法》的颁布恰逢其时，法治是最好的营商环境，开放是发展的必由之路，本法重点是确立外商投资准入、促进、保护、管理等方面的基本制度框架和规则，必将成为新时代我国外商投资法律制度的"四梁八柱"。《外商投资法》虽然只有短短 42 条，但其浓缩了我国改革开放的宝贵经验、自由贸易试验区的良好实践、国际投资领域的通行规则，将我国的外商投资企业法从企业组织法转型为投资行为法，更加强调对外商投资的促进和保护，全面落实内外资一视同仁的国民待遇原则；既加大了对外商投资的保护力度，尤其是知识产权的保护，实现内外一致的国民待遇，从多维度促进外商投资，又明确对外商投资的管理，全面实施准入前国民待遇加负面清单的管理模式、建立健全外商投资信息报告制度、完善对外商投资的反垄断和国家安全审查制度。《外商投资法》是我国完善涉外法律法规体系，促进外商投资，扩大对外开放，营造法治化、国际化、便利化营商环境的重要举措，有利于推动形成对外开放新格局。①

《外商投资法》不再像过去的外商投资企业法那样，以规定外商投资企业的企业组织为主，而是将外商投资企业的组织形式、组织机构交与《公司法》《合伙企业法》等法律，不再是企业组织法，而是以外资管理为主。因此，对于绿地投资而言，按照《外商投资法》的规定则不再适用特别规定，无论在自由贸易试验区还是非自由贸易试验区，将外商投资所涉及的企业组织形式方面的内容交由上述法律制度去统一调整和规范，意味着主管部门不再对外商投资企业进行有别于内资企业管理，而是以内外资企业相同对待为原则，淡化行政审批色彩，符合国际通行的立法模式。这既是在总结我国吸引外商投资实践经验基础之上的体现，也是适应新时代改革开放的需要。但是根据

---

① 《关于〈中华人民共和国外商投资法（草案）〉的说明》，2019 年 3 月 15 日，http://www.npc.gov.cn/npc/xinwen/2019-03/15/content_2083626.htm，2019 年 3 月 30 日。

《外商投资法》第四十二条的规定①，在《外商投资法》正式实施前建立的外商投资企业在该法施行后 5 年的过渡期内可以继续保留原企业组织形式等，即仍将适用现行的外商投资企业法。过渡期有助于保持制度的稳定性和连续性，保护投资者的合理预期。因此，对于大量已经在自由贸易试验区内设立的外商投资企业在过渡期内仍将适用现行外商投资企业法，此种双轨制将是过渡期内我国外资管理的重要特色，也将是自由贸易试验区发挥其创新性的重要舞台。

外商投资企业的概念与特征

外商投资企业是指外国投资者在东道国境内经批准投资举办的企业，属于国际投资范畴，是利用国际私人投资的一种重要形式。利用外国资金的方式有贷款、援助、私人直接投资等等，其中利用外国私人直接投资举办企业，是各国普遍采用的一种最有效的引进外资的方式。② 引进外资不仅可以引进外国的大量资金，弥补国内资金的不足，加速国内经济的发展，而且不会增加国家的债务负担，同时还可引进外国的先进技术、先进设备及其科学的管理经验，带动国内相关的产业发展，此外还可以给东道国带来更多的就业机会，在一定程度上提高了人民的生活水平。

中国外商投资企业的实质是外国投资者依照中国法律，在中国境内采用直接投资方式参与或独立设立的中外合资经营企业、中外合作经营企业和外商独资企业的总称。③ 这三类企业通常也简称为"三资企业"。在实践中，基于最基础的"三资企业"而呈现出了多种外商投资企业的形式，以下就是比较常见的几种企业类型。

---

① 《外商投资法》第四十二条："本法自 2020 年 1 月 1 日起施行。《中华人民共和国中外合资经营企业法》《中华人民共和国外资企业法》《中华人民共和国中外合作经营企业法》同时废止。

本法施行前依照《中华人民共和国中外合资经营企业法》《中华人民共和国外资企业法》《中华人民共和国中外合作经营企业法》设立的外商投资企业，在本法施行后五年内可以继续保留原企业组织形式等。具体实施办法由国务院规定。"

② 姚梅镇主编《外商投资企业法教程》，法律出版社，1990 年，第 1 页。

③ 曹建明、陈治东主编《国际经济法专论》第 4 卷，法律出版社，2000 年，第 58 页。

1. 中外合资经营企业（Chinese-Foreign Equity Joint Venture）

中外合资经营企业是依照《中外合资经营企业法》及《中外合资经营企业法实施条例》的规定而设立的，是由外国的公司、企业或其他经济组织或个人，按照平等互利的原则，经我国政府批准，在中华人民共和国境内，由同一个或几个中国的公司、企业及其他经济组织共同举办、共同经营和共负盈亏的企业。经中国政府批准经注册登记的合营企业是中国的法人，受中国法律的管辖和保护。它属于股权式合营企业（equity joint venture），即合营者相互协商为经营共同事业所组成的法律实体，具有法律上的独立人格，也就是对合营各方的所有投资以货币形式估价，然后以此折合成股份，并计算其在整个注册资本中所占的比例，再按此股权比例分担企业的收益和风险、盈利和亏损。

2. 中外合作经营企业（Chinese-Foreign Contractual Joint Venture）

中外合作经营企业是外国企业和其他经济组织或者个人同中国的企业或者其他经济组织，按照平等互利的原则，根据《中外合作经营企业法》及《中外合作经营企业法实施细则》及其他有关法规，用书面合同约定合作条件，并经国家批准，在中国境内共同设立的经济组织。与中外合资经营企业不同，它属于契约式合营企业，即合营各方根据契约经营共同事业的企业，但各方出资，不采取股份形式，也不按股份分享权利和义务，而是根据合营契约的约定享受权利、义务。

3. 外商独资企业（Foreign-invested Enterprise）

外商独资企业是指依照中国有关法律在中国境内设立的全部资本由外国投资者投资的企业。这类企业是按照东道国的法律注册登记而成立的，属于投资东道国的法人或经济实体。

4. 外商投资股份有限公司（Company Limited by Shares with Foreign Investment）

外商投资股份有限公司是指外国的公司、企业和其他经济组织或个人，按照平等互利的原则，可与中国的公司、企业或其他经济组织在中国境内，共同举办的企业法人。① 外商投资股份有限公司的全部资本由等额股份构成，股东以其所认购的股份对公司承担责任，公司以全部财产对公司债务承担责任，中外股东共同持有公司股份。外国股东购买并持有的股份占公司注册资本25%以上。② 但是，在实践中此类企业由于其设立门槛相对较高，导致全国范围内的数量不大。

5. 外商投资合伙企业（Foreign-Invested Partnership Enterprise）

外商投资合伙企业是指两个以上外国企业或者个人在中国境内设立的合伙企业，以及外国企业或者个人与中国的自然人、法人和其他组织在中国境内设立的合伙企业。③ 外商投资合伙企业应当遵守《合伙企业法》以及其他有关法律、行政法规、规章的规定，应当符合外商投资的产业政策。④ 外国投资者可以按照《合伙企业法》的规定，设立《合伙企业法》规定的普通合伙、特殊的普通合伙和有限合伙三类合伙企业，与中国投资者享受同样的待遇。

二、过渡期内自由贸易试验区外商投资企业的法律适用

（一）过渡期内自由贸易试验区外商投资企业法律适用的边界

《外商投资法》第四十二条第二款明确规定，"本法施行前依照《中华人民共和国中外合资经营企业法》《中华人民共和国外资企业法》《中华人民共和国中外合作经营企业法》设立的外商投资企业，在本法施行后五年内可以继续保留原企业组织形式等。具体实施办法由国务院规定。" 对于大量已经在自由贸易试验区设立的外商投资企业，这些企业在五年过渡期内应当按照该法第三十一条规定，"外商投资企业的组织形式、组织机构及其活动准则，适用《中华人民共和国公司法》《中华人民共和国合伙企业法》等法律的规定"，还是继续保留原企业组织形式，按照现行法律法规，如何明确过渡期内自由

---

① 参见《关于设立外商投资股份有限公司若干问题的暂行规定》（2015年）第一条。
② 参见《关于设立外商投资股份有限公司若干问题的暂行规定》（2015年）第二条。
③ 参见《外商投资合伙企业登记管理规定》第二条。
④ 参见《外商投资合伙企业登记管理规定》第三条。

贸易试验区已设立的外商投资企业应适用的法律,确定可适用法律的边界,在 5 年的过渡期中尤为重要。

1. 外资管理方面的法律

《外商投资法》着眼于增强发展的内外联动性,明确规定了多项促进内外资企业规则统一、促进公平竞争方面的内容。根据《外商投资法》的规定,国家对外商投资实行准入前国民待遇加负面清单管理制度,并对此进行了明确的定义:所称准入前国民待遇,是指在投资准入阶段给予外国投资者及其投资不低于本国投资者及其投资的待遇;所称负面清单,是指国家规定在特定领域对外商投资实施的准入特别管理措施;国家对负面清单之外的外商投资,给予国民待遇。负面清单规定禁止投资的领域,外国投资者不得投资;负面清单规定限制投资的领域,外国投资者进行投资应当符合负面清单规定的条件。此外,中华人民共和国缔结或者参加的国际条约、协定对外国投资者准入待遇有更优惠规定的,可以按照相关规定执行。同时,还对外商投资管理作出了一些指引性、衔接性规定。

(1) 明确按照内外资一致的原则对外商投资实施监督管理。外商投资需要办理投资项目核准、备案的,按照国家有关规定执行;外国投资者在依法需要取得许可的行业、领域进行投资的,应当依法办理相关许可手续;外商投资企业的组织形式、组织机构,适用《公司法》《合伙企业法》等法律的规定;外商投资企业开展生产经营活动,应当依照有关法律、行政法规和国家有关规定办理税收、会计、外汇等事宜,并接受有关主管部门依法实施的监督检查;外国投资者并购中国境内企业或者以其他方式参与经营者集中的,应当依照《反垄断法》的规定接受经营者集中审查。

(2) 建立健全外商投资信息报告制度。外国投资者或者外商投资企业应当通过企业登记系统以及企业信用信息公示系统向商务主管部门报送投资信息;外商投资信息报告的内容和范围按照确有必要的原则确定,通过部门信息共享能够获得的投资信息,不得再行要求报送。

(3) 外商投资安全审查制度作了原则规定。国家对影响或者可能影响国家安全的外商投资进行安全审查,依法作出的安全审查决定为最终决定。

虽然在《中外合资经营企业法》第十五条已经明确规定，举办合营企业不涉及国家规定实施准入特别管理措施的，对本法第三条、第十三条、第十四条规定的审批事项，适用备案管理，体现了《外商投资法》的国家对外商投资实行准入前国民待遇加负面清单管理制度，但是既没有《外商投资法》如此明确，也没有形成一整套完整的外资管理体系。而《外商投资法》不仅通过准入前国民待遇加负面清单管理制度进行事前监管，也有外商投资信息报告制度进行事中事后监管，还有对外商投资项目进行核准、备案，形成了一整套符合国际标准的完整的新型外资管理体系。同时，还针对可能采取的优惠待遇予以规定，可以说《外商投资法》在现行外商投资企业法的基础上实现了质的飞跃。

在自由贸易试验区已设立的外商投资企业应按照《外商投资法》的规定接受管理。理由有两个：一是如果对过渡期内的企业和不涉及过渡期的企业采用不同的外资管理办法，会造成标准的不统一，形成对外资企业的歧视，这是与我国的外资立法背道而驰的；二是根据更全面、系统的新法的规定，可以更有效地保护外资企业的利益，并且有章可循，可以实现外国投资者的合理预期。因此，过渡期内的外商投资企业在准入后可以享受国民待遇，国家对内资和外资的监督管理，适用相同的法律制度和规则。

2. 外资促进与保护的法律

为了积极促进外商投资和加强对外商投资合法权益的保护，国家坚持对外开放的基本国策，鼓励外国投资者依法在中国境内投资；国家实行高水平投资自由化、便利化政策，建立和完善外商投资促进机制，营造稳定、透明、可预期和公平竞争的市场环境。同时，国家依法保护外国投资者在中国境内的投资、收益和其他合法权益。《外商投资法》专门对"投资促进"和"投资保护"设置了专章。

（1）投资促进

提高外商投资政策的透明度，制定与外商投资有关的法律、法规、规章，应当采取适当方式征求外商投资企业的意见和建议；与外商投资有关的规范性文件、裁判文书等，应当依法及时公布。保障外商投资企业平等参与市竞争；加强外商投资服务，国家建立健全外商投资服务体系，为外国投资者和外商投资企业提供法律法规、政策措施、投资项目信息等方面的咨询和服务；各级人民政府及其有关部门应当按照便利、高效、透明的原则，进一步提高外商投资服务水平。依法依规鼓励和引导外商投资，国家根据需要，设立特殊经济区域，或者在部分地区实行外商投资试验性政策措施，促进外商投资，扩大对外开放；国家根据国民经济和社会发展需要，鼓励和引导外国投资者在特定行业、领域、地区投资，并可以依照法律、行政法规或者国务院的规定给予优惠；县级以上地方人民政府可以根据法律、行政法规、地方性法规的规定，在法定权限内制定外商投资促进和便利化政策措施。

（2）投资保护

加强对外商投资企业的产权保护。国家对外国投资者的投资不实行征收；在特殊情况下，国家为了公共利益的需要，可以依照法律规定对外国投资者的投资实行征收或者征用，征收、征用应当依照法定程序进行，并及时给予公平、合理的补偿。外国投资者在中国境内的出资、利润、资本收益、资产处置所得、知识产权许可使用费、依法获得的补偿或者赔偿、清算所得等，可以依法以人民币或者外汇自由汇入、汇出。国家保护外国投资者和外商投资企业的知识产权，鼓励基于自愿原则和商业规则开展技术合作。

强化对制定涉及外商投资规范性文件的约束。政府及其有关部门制定涉及外商投资的规范性文件，应当符合法律法规的规定；没有法律、行政法规依据的，不得减损外商投资企业的合法权益或者增加其义务，不得设置市场准入和退出条件，不得干预外商投资企业的正常生产经营活动。

促使地方政府守约践诺。地方各级人民政府及其有关部门应当履行向外国投资者、外商投资企业依法作出的政策承诺以及依法订立的各类合同；因国家利益、社会公共利益需要改变政策承诺、合同约定的，应当依照法定权限和程序进行，并依法对外国投资者、外商投资企业因此受到的损失予以补偿。

建立外商投资企业投诉工作机制。国家建立外商投资企业投诉工作机制，协调完善外商投资企业投诉工作中的重大政策措施，及时处理外商投资企业或者其投资者反映的问题；外商投资企业或者其投资者认为行政机关及其工作人员的行政行为侵犯其合法权益的，可以通过外商投资企业投诉工作机制申请解决。

在自由贸易试验区已设立的外商投资企业应按照外资促进与保护的法律。《外商投资法》的重要特点就是坚定实行高水平投资自由化、便利化政策，保护外商投资企业的合法权益，营造法治化、国际化、便利化的营商环境。无论是投资促进还是投资保护都从法律的角度为外商投资企业提供了有效的法律支撑，对于外国投资者而言只有百利而无一害。如果不适用此类法律，势必造成对外国投资者的差别待遇，外国投资者无法享受到更优越的待遇，对自由贸易试验区的投资便利化建设、营商环境的改善均无益处。

3. 企业内部管理的法律

虽然现行外商投资企业法对企业组织的规定已经与时代有些脱节，很大程度不适合现阶段我国吸引利用外资的需要，尤其是与《公司法》的冲突性规定和其特别规定。如果说外资管理方面的法律与外资促进和保护方面的法律具有一定公法性质的话，那么企业内部管理则应属于私法的领域，应赋予外国投资者更多的自主权和选择权。《公司法》的诸多制度与理念确实比外商投资企业法更具时代性、更符合主流价值观，但是现行外商投资企业法也有其适合投资者需求的优势。以中外合作企业而言，其企业形式本身就是为了适应我国吸引外资需要而创设的一种企业类型，可以比中外合资企业更具人合性，更注重投资者的特别要求，所以可以提前回收出资，可以将企业的管理授权第三方行使，迎合了外国投资者的个性化需求。而无论是《公司法》还是《合伙企业法》都无法灵活机动地适应外国投资者的不同需要，因此，虽然治理制度甚至是治理结构都无法与《公司法》相提并论，但是就投资的载体而言，外商投资企业法具备外资法得天独厚的优势。因此，对于已经在自由贸易试验区设立的外商投资企业，在过渡期内应当可以自由选择可适用的法律，如果希望完全按照公司的治理结构进行管理，可以以《公司法》的规定转型为真正的有限责任公司或股份有限公司。如果仍然希望按照熟悉的外商投资企业法进行企业的管理，则在过渡期内应可以继续遵守外商投资企业法的规定，而不应将外商投资企业完全转型为《公司法》的产物，这也与过渡期的立法目的不一致。

（二）过渡期内自由贸易试验区外商投资企业的法律适用

1. 外商投资企业法适用《公司法》之原则

《公司法》第二百一十七条对外商投资企业适用《公司法》问题作出了如下规定："外商投资的有限责任公司和股份有限公司适用本法；有关外商投资的法律另有规定的，适用其规定。"[①] 根据该条的规定，外商投资企业在适用《公司法》上应遵循如下两条原则：

（1）外商投资的有限责任公司和股份有限公司应适用《公司法》

第一，《公司法》是规范全国范围内所有公司的设立、管理、运行及其终止、解散等重要事宜的，它无疑是规范全国所有公司企业的最具权威的法律。《公司法》第二条对调整范围作出了明确规定"本法所称公司是指依照本法在中国境内设立的有限责任公司和股份有限公司"。

外商投资企业是在中国境内投资设立的公司，属于中国的法人，应该遵守中国的法律，理应受《公司法》的管辖。外商投资企业法对此作出了相应的规定，其中以《中外合资经营企业法实施条例》第二条的表述最为明确，即"依照《中外合资经营企业法》批准在中国境内设立的中外合资经营企业（以下简称合营企业）是中国的法人，受中国法律的管辖和保护"。

第二，外商投资企业适用《公司法》是国家主权的要求。法律作为行使国家主权的重要工具，对其境内的所有自然人和法人都具有管辖权，对于在中国境内注册等具有中国法人资格的外商投资企业，依据《公司法》进行管辖，这也是理所当然的。《外资企业法实施细则》第二条"规定外资企业受中国法律的管辖和保护。外资企业在中国境内从事经营活动，必须遵守中国的法律、法规，不得损害中国的社会公共利益"。

[①] 本书以下所讨论的外商投资企业，均是指在中国境内注册的具有中国法人资格的外商投资企业，具体而言就是指具有中国法人资格的中外合资经营企业、中外合作经营企业和外商独资企业。因此，不具有中国法人资格的外商投资企业，不包括在本书所指的外商投资企业的范围内。

第三，外商投资企业是作为我国专门规范具有外商投资因素的企业的法规。尽管《中外合资经营企业法》早在1979年就已经颁布了，远远早于后来的《公司法》，但是基本上采取的是出现什么具体问题解决什么具体问题的立法方式，因此，难免挂一漏万，不够全面不够系统。而《公司法》则具有全面和系统的特点，毫无疑问可以作为外商投资企业法最有益的补充。同时外商投资企业法适用《公司法》的规定，有利于其进一步法制化和规范化，有利于我国投资环境的进一步完善。

第四，从法理学的角度来讲，《公司法》相对于外商投资企业法属于一般法，或称普通法，是以一般的事项为使用标准的，即规范公司的组织和行为的法律。外商投资企业法相对于《公司法》属于特别法，是以特定的事项为使用对象的，即规范外商投资企业的组织和行为的法律。《公司法》应适用于国家主权管辖之下的所有有关公司的设立、活动、解散以及其他对内对外的关系，属于一般的原则；规范中外合资经营企业、中外合作经营企业和外资企业范畴的外商投资企业法，属于特殊领域的规定，在《公司法》规制的范围之内，应当适用《公司法》的一般原则，也应当且必须遵守《公司法》的规定。

(2) 外商投资的法律另有规定的，适用其规定

第一，我国以《外资企业法》《中外合作经营企业法》《中外合资经营企业法》及其各自的实施条例或实施细则为基本内容的外商投资企业法，奠定了我国外商投资企业的法律基础，使我国外商投资企业基本上能做到有法可依。它们对鼓励、吸引以及规范外商来华投资起到了重要的作用。事实证明，这些法规是行之有效的，是基本符合我国外商投资企业的需要的，是应该而且可以继续实施的。

第二，外商投资企业是具有涉外因素的企业，在我国目前情况下具有一定的特殊性，外商投资企业法较有效地解决了这一特殊问题，而《公司法》则不可能把这些具体的问题一一照顾到。

第三，外商投资企业法属于我国公司法规的一个组成部分，属于解决具有涉外因素的一种特别法。《公司法》则是管辖国内所有公司企业的一般法。

根据特别法优于一般法的原则,如果两法的规定发生不一致时,外商投资企业应首先使用外商投资企业法的规定。

第四,"特别法优于一般法。"首先该原则是针对同一制定主体制定的法,在判定这些法的效力层次时的特殊规定。①《公司法》同《外资企业法》《中外合作经营企业法》《中外合资经营企业法》都是由全国人民代表大会常务委员会修订并通过的,是同一制定主体,因此属于同一法的效力层次。

之所以要对同一主体制定的法实行"特别法优于一般法",是因为特别法本身就是一般法无法满足一些特殊情况需要的产物,如果一般法能适应所有的情况,特别法就无产生的必要。②《公司法》虽然是对有限责任公司和股份有限公司进行规范的,但对于外商投资企业这种直接投资形式,《公司法》就显得较为原则、笼统、抽象,只有外商投资企业法才更加适合规范外商投资企业的组织和行为,因此必须适用特殊法——外商投资企业法。

2. 外商投资企业法与《公司法》的不同规定

(1) 涉及公司设立问题的不同规定

①外商投资企业的合同与公司章程的效力差别

对于公司章程,外商投资企业法中可以说只有《外资企业法》与《公司法》的规定最为接近——只规定了公司章程。之所以这么说,是因为《中外合作经营企业法》和《中外合资经营企业法》中严格规定了合作经营企业和合资经营企业中在制定公司章程的基础上还必须分别有合作合同与合资合同,而且它们的效力并不比公司章程低甚至更高。

第一,外商投资企业法中章程与合同协议的不同。

首先,我们应当分清协议与合同的关系。一般认为协议与合同是密不可分的,但两者也有区别,协议的含义较广,它往往缺乏合同必备的条款,没有合同那么具体,因此,在两个法律中都有定义加以区分。在《中外合资经营企业法实施条例》中规定了"本条例所称合营企业协议,是指合营各方对

---

① 张文显主编《法理学》,法律出版社,1997年,第91页。
② 孙笑侠、夏立安主编《法理学导论》,高等教育出版社,2004年,第77页。

设立合营企业的某些要点和原则达成一致意见而订立的文件"。《中外合作经营企业法实施细则》中规定"本实施细则所称合作企业协议,是指合作各方对设立合作企业的原则和主要事项达成一致意见后形成的书面文件"。据此,可以看出协议是各方通过谈判,为设立企业而签订的初步协议,它不包括企业有关的基本问题。因此,协议是各方进一步磋商签订合同的基础。并且"合营企业协议与合营企业合同有抵触时,以合营企业合同为准","合作企业协议、章程的内容与合作企业合同不一致的,以合作企业合同为准"。① 同时,"经合营各方同意,也可以不订立合营企业协议而只订立合营企业合同、章程","合作各方可以不订立合作企业协议"。可见,协议的效力要低于章程和合同,也可以算作是一种可有可无的任意性规定,与下面谈到的合同可谓是天壤之别。

章程更偏重规定企业本身的组织及活动规则,主要调整设立的企业内部经营管理活动中发生的关系,其内容侧重于写明企业怎样管理、怎样经营;② 合同则规定当事人的权利和义务,主要调整中外投资者各方的关系,其内容侧重于写明共同投资的目标和各方的责任、权利。

章程与协议、合同另一重要区别在于：协议与合同是合营双方之间制定的内部文件,属于商业秘密,一般不对外公开;而章程则是以企业名义制定的,对公众负责,是对外公开的。③

下面就分别针对合作企业、合资企业、外资企业的有关不同规定进行简要分析：

A. 中外合作经营企业

由于中外合作经营企业属于契约式的合营企业,所以与合资企业相比合同的地位更重要,《中外合作经营企业法》中便规定了"合作企业合同中约定投资或者合作条件、收益或者产品的分配、风险和亏损的分担、经营管理的方式和合作企业终止时财产的归属等事项",给予了合作合同极高的地位。同

---

① 姚梅镇主编《外商投资企业法教程》,法律出版社,1990年6月,第73页。
② 黎学玲《中国涉外经贸法》,人民法院出版社,2004年7月,第375页。
③ 姚梅镇主编《外商投资企业法教程》,法律出版社,1990年6月,第69—70页。

时与合资企业比较，合作企业合同在条款上也有更多的灵活性。

a. 合作合同与章程

合作合同作为合作各方为设立合作企业就相互之间的权利、义务关系达成一致意见后形成的书面文件，与按照合作企业合同的约定，经合作各方一致同意，约定合作企业的组织原则、经营管理方法等事项的书面文件，与章程相比，在内容方面比合作企业章程中的绝对必要记载的事项更为详细和充实。其中很多内容都是章程中所没有规定，但是合同中需要写入的，如合作各方投资或者提供的合作条件的转让。而章程中有合同没有的内容则是有关职工招聘、培训、劳动合同、工资、社会保险、福利、职业安全卫生等劳动管理事项的规定；经营管理机构的设置、职权、办事规则，总经理及其他高级管理人员的职责和聘任、解聘办法这样的内部管理方式与职工福利之类的公司内部规定。由此便更加证明了在中外合作企业中，合作企业合同是企业的核心文件，是合作企业存在的法律基础，是各方权利和义务以及企业进行经营管理活动的依据。① 合作企业合同在中外合作企业中举足轻重，地位要明显高于章程，并且在《中外合作经营企业法实施细则》第十条中明确规定"合作企业协议、章程的内容与合作企业合同不一致的，以合作企业合同为准"，合作合同的地位无法撼动。

b. 中外合作经营企业的自治性

《中外合作经营企业法》第十一条规定"合作企业依照经批准的合作企业合同、章程进行经营管理活动。合作企业的经营管理自主权不受干涉"。从中不难看出虽然《中外合作经营企业法》中规定了"合作企业的经营管理自主权不受干涉"，但是其经营管理自主权所进行的经营管理活动是按照批准了的合同和章程规定，并不像《公司法》中那样明确而直接地注明"公司章程另有规定的除外"。因此尽管"管理自主权不受干涉"，但是是在合同和章程规定的范围内行使管理的，是有条件的自主权，与上面所谈到的股东的意思自治有着本质的区别。

---

① 姚梅镇主编《外商投资企业法教程》，法律出版社，1990年6月，第76页。

B. 中外合资经营企业

a. 中外合资经营企业合同

中外合资经营企业合同是指合营企业合同,即合营各方为设立合营企业就相互权利、义务关系达成一致意见而订立的文件,它是调整合营各方关系和处理合营各方争议的基本依据。合资合同出具有一般共有的特征外,它自身和合作合同还共同具有以下特征:企业性、股权性、多层次性、长期性。①同时,《中外合资经营企业法实施条例》中对合资合同作了详细的规定,其中很多内容都是与章程重复的,但是还有很多内容是章程所没有规定的,如合营企业的出资方式,出资的缴付期限以及出资额欠缴的规定,董事名额的分配以及经理、副总经理、其他高级管理人员的权限和聘用办法,违反合同的责任,解决合营各方之间争议的方式和程序等。合营企业合同的附件,与合营企业合同具有同等效力。

b. 中外合资经营企业章程

中外合资经营企业章程是指按照合营企业合同规定的原则,经合营各方一致同意,规定合营企业的宗旨、组织原则和经营管理方法等事项的文件,在性质和法律效力方面与中外合作经营企业章程如出一辙。只是在某些具体规定内容有些不同,其中《中外合资经营企业法实施条例》中章程有规定的但合同没有规定的内容有"董事会的职权和议事规则,董事的任期,董事长、副董事长的职责","管理机构的设置,办事规则;总经理、副总经理及其他高级管理人员的任免方法","财务、会计、审计制度的原则","章程修改的程序"。综上对比,合同所涉及的范围远远大于章程的规定,在中外合资企业与合作企业中章程已经失去了《公司法》中所应具有的意义。

c. 外商独资企业

《外资企业法》第十一条规定"外资企业依照经批准的章程进行经营管理活动,不受干涉",说明外商独资企业与合资企业、合作企业不同,是不要求有合同的。由于外商独资企业基本是由外国投资者自行经营管理的,所以我

---

① 黎学玲《中国涉外经贸法》,人民法院出版社,2004年7月,第375页。

国立法在保证其企业的经营与运行合法的同时并未对其作过多的要求,只是在公司设立时对外资企业的申请书作出了比较严格的要求,但是在公司成立以后,章程,的性质并没有改变。这样灵活的立法理念给予了外国投资者最大的自治空间,方便了他们的经营与管理,可以最大限度地吸引外国投资。

第二,外商投资企业法中的章程与合同、协议的相同性。

协议、合同、章程都是外商投资企业的基本文件,除协议外,合作经营与合资经营企业都必须具备有效的合同及章程。

合作企业的协议、合同、章程与合营企业的协议、合同、章程,在制定、修改时都需经审批机构批准后方可生效。

公司的章程是依合作合同、合资合同规定的原则,是经合营双方一致同意制定的。①

合作企业的协议、合同、章程与合营企业的协议、合同、章程,都应报国家对外经济贸易主管部门(以下称审查批准机关)审查批准。

外商投资企业的合同、章程是调整内部组织关系和经营行为的准则,在日常的经营活动中必须遵守。

第三,外商投资企业的合营合同应与公司章程合并。

《公司法》与外商投资企业法在公司章程方面最主要的区别就是外商投资企业法(主要指合资企业与合营企业)采用的是合同与章程的双轨制,而《公司法》只规定了公司章程,没有要求合同。外商投资企业的合营合同作为一种历史的遗留物,它的存在已经没有任何实际意义,反而加大了企业的负担,加大了外国投资者进行正常投资活动的难度。因此这种制度应该从外商投资企业法中淘汰出局,按照《公司法》的规定,只规定公司章程,并按照《公司法》的规定,给予章程更多的自由度,赋予中外投资者更大的自治权,产生最大的经济效益和社会效益。

A. 章程与合同不需要并立

现在占主流地位的一个理论就是合同理论,公司是一个合同,公司是股

---

① 姚梅镇主编《外商投资企业法教程》,法律出版社,1990年6月,第69页。

东、债权人、职工等利害相关人的合同的链接体,合同的枢纽,这是国际上最占主流的公司理论之一。但是我国从1993年的《公司法》到现在的新《公司法》都没有要求公司具备任何当事人之间的合同的规定,但是却有违约责任的规定(如《公司法》第二十八条和第八十四条的规定),这个很有意思——没有合同,哪来的违约呢?当然,也可以理解成章程就相当于合同,因为在有限责任公司里面,章程中的规定必须要所有股东签字才有效。在这个意义上,我们可以说,有限责任公司的章程就相当于全体股东签订的一个合同。由此可见,在一定意义上无论公司是否是一个合同,公司章程都是具有合同的性质的,所以在《公司法》中合同与章程很大程度上是在做同一件事——规范公司的行为。所以合同与章程是不需要同时存在的,只要二者取一即可达到全部的目的。

B. 我国外商投资企业的合营合同与章程并立的历史原因

既然合同与章程不用同时存在,但是为什么外商投资企业法中还要求合同与章程并立呢?这个主要是由于订立外商投资企业法时我国的经济还不够发达,对外开放的程度也不高,对外商投资企业这种新兴事物还不能完全接受,不敢轻易相信外国投资者的投资和信用,国家也要控制外国投资者的投资,对于国外投资比较谨慎,所以采用了合同与章程并立的立法模式。由于我国对合同与章程采取的是审批制,在当时大大加强了中国对外国投资者的投资信心,也方便了国家对外商投资企业的管理,对于经济的发展起到了不可估量的作用。而如果采取《公司法》的单一章程制度势必造成市场的混乱,由于《公司法》对章程采取的是登记备案制度,没有人监督审查公司的章程,而公司章程的重要性已经不言而喻。如果不法的外国投资者利用这样的漏洞,会对我国的吸引外资造成极其恶劣的影响,所以这种严格的合同与章程并立的规定虽然与《公司法》不符,但是却起到举足轻重的作用。

C. 合同与章程并立有百害而无一利

由于公司章程的一个显著的法律特征就是公开性,公司章程的所有内容都是可以为公众所知晓的,对第三人了解公司,国家行政部门对公司实施监督与管理都起到了相当大的作用,章程的公示性是在公司、公众、政府三者之间建立的一条信息通道，通过公示交易得到保障，公司的运行受到法律规范的制约，同时政府对于经济生活的管理得以透明与合理。① 但是外商投资企业法中最核心的合同却是保密的文件，无法让外界了解公司的真正情况，成了正常交易的障碍，即便外商投资企业把《公司法》规定的内容都写入章程，通畅与外界交流的渠道，然而合同存在的意义也已经荡然无存，成了一种必备的而毫无实际意义的手续。同时，中外合营企业与合作企业的章程所规定的内容远远不及合同的内容范围广泛，这已经与《公司法》中的公司章程的理念不符，也已经与《公司法》的规定相脱节。

②股东资格及股东人数的限制

我国《公司法》未对自然人成为有限责任公司的股东作任何禁止性规定，并且在一人有限责任公司中明确规定自然人可以成为股东（《公司法》第五十九条），因此自然人可以成为有限责任公司的股东。同时，由于有限责任公司是以资本联合为基础，又具有人合的性质，股东之间要求有一定的信任关系，因此股东数量也有所限制，我国规定有限责任公司必须由 50 个以下的股东出资设立（《公司法》第二十四条），以便于公司在进行重大的经营决策时，能够协调一致。

外商投资企业法则作出了与《公司法》不同的规定。《中外合作经营企业法》与《中外合资经营企业法》都对合营、合资主体的范围作了比较明确的规定：合营、合资企业的外方合营、合资主体，可以是企业、经济组织或者个人；中方主体，可以是我国的企业和其他经济组织。从字面上即可看出，在中方合营主体中，不包括自然人（可参见《中外合作经营企业法》与《中外合资经营企业法》第一条的规定）。对于外方主体采取更宽松的规定主要是为了可以最大限度地吸引更多的外国投资，而对中方投资主体自然人的限制则主要因为在改革开放初期我国社会主义市场经济正处于起步阶段，基本上没有与外国投资者实力相同的中方自然人投资者，同时为了保护外国投资者的投资安全，防止中方没有实力的自然人投资者骗取外商的投资。但是，正

---

① 赵旭东主编《公司法学》，高等教育出版社，2003 年，第 154 页。

如某位学者所言："这也许是由于当初立法者没有预见到若干年后在社会主义市场经济的大环境下，中国公民个人也会拥有生产资料的形势。"① 作为岁月的烙印，这种具有时代特点的规定已经无法适应现代经济发展的要求，越来越多的中方投资者不仅有实力而且要求同外国投资者合作，但由于制度上的欠缺，导致了中方投资者利用法律的漏洞通过各种手段规避这项规定，反而加大了外商投资企业的风险。② 因此，作为立法者应当审时度势，适应经济实践的需要，对这项已不具实际意义的规定作出相应的修改。

另一点的不同是，外商投资企业法没有对股东的数量作出任何规定。主要的原因在于一般外商投资企业的投资主体多为企业、经济组织或外国个人投资者，因此股东很少，不必要对此作过多的规定。

(2) 与公司资本相关的不同规定

①外商投资企业法对注册资本与投资总额的比例的特殊规定

外商投资企业法对"投资总额"这一概念作出了定义，根据《中外合资经营企业法实施条例》第十七条的规定，合营企业的投资总额（含企业借款），是指按照合营企业合同、章程规定的生产规模需要投入的基本建设资金和生产流动资金的总和。投资总额从资金来源角度分析，是由合资企业的注册资本（自有资本或股本）与借款（以合营企业名义获得的贷款）所构成的。因此，我国合营企业的注册资本与借款之比，相当于国际上通行的《公司法》中的股与债之比。这个比例在《公司法》中以及社会经济生活中是一个十分敏感和重要的问题。因为债在公司经营活动中的杠杆作用十分明显。③ 如果不能善加利用这个杠杆作用，将会对经济造成不可挽回的影响：

第一，从企业内部看，借款如与股本比例悬殊，可能会导致合营企业风险由合营一方单方面承担。在合营一方负责担保以取得贷款时，该担保方就

---

① 卢炯星主编《中国外商投资企业法问题研究》，法律出版社，2001年，第248页。

② 中方自然人投资者设立一个有限责任公司，该公司实质上是用来与外方投资者建立外商投资企业的，这样不仅可以逃避个人责任，还可以规避"中方自然人不能成为外商投资企业的投资主体"的规定。

③ 沈四宝主编《中国涉外经贸法》，首都经济贸易大学出版社，2002年，第104页。

承担了企业的主要风险。

第二，从企业与债权人的关系看，借款与股本相差过大，势必影响债权人的利益。因为债务人的实际义务限度，就是其债权人的实际权利限度。特别是当企业从事高风险经营活动时，情况更是如此。当企业以较大的投资总额进行高风险经营活动，而以微薄的注册资本对外承担责任，对于稳定债权债务关系，维护正常的经济秩序是不利的。①

为了避免这种情况的发生，我国国家工商行政管理局于1987年制定了《关于中外合资经营企业注册资本与投资总额比例的暂行规定》。实践证明，这一规定符合我国的实际情况，与国际惯例接轨，起到了保护中外投资者的利益以及债权人的利益的作用。

②对于减少注册资本的规定，外商投资企业法与《公司法》日趋相同

减少注册资本是指公司基于某种情况或需要，依照法定条件和程序，减少公司的注册资本。根据资本不变原则，公司的注册资本不得随意减少。② 我国起初对外商投资企业减少注册资本是予以禁止的，修改前的《中外合资经营企业法实施条例》规定"合营企业在合营期内不得减少其注册资本"（见该法规第二十二条），修改前的《外资企业法实施细则》也有相类似的规定。之所以要如此规定，主要是由于注册资本是外商投资企业向外承担债务和对内确定投资各方享有权利、承担义务的基础，从宏观上考虑，这也是我国掌握外商投资总规模的必要条件。与之不同的是，我国的《公司法》始终允许公司可以减少注册资本，并作出了比较严格的规定。但是随着我国改革开放的进一步深化，外商投资企业法也随之作了修改。③

外商投资企业法从过去的明文禁止，到现在的有限度的许可，与《公司法》的规定日益趋同。虽然他们在减少注册资本的问题上都是有限度的许可，而且规定都非常严格，但是在具体的规定上仍存在些许差异：A. 外商投资企

---

① 姚梅镇主编《外商投资企业法教程》，法律出版社，1990年6月，第106页。
② 赵旭东主编《公司法学》，高等教育出版社，2003年，第23页。
③ 沈四宝、王军、焦津洪编著《国际商法》，对外经济贸易大学出版社，2002年，第108页。

业减少注册资本的前提条件是因投资总额和生产经营规模等变化，确需减少的，才可以减少注册资本；《公司法》对有限责任公司减少注册资本的原因没有作任何规定。B. 外商投资企业减少注册资本必须由企业的权力机构批准通过，中外合资经营企业与中外合作经营企业需要由董事会通过；按照我国《公司法》的相关规定，由董事会提出减少注册资本的具体方案，股东会按特别决议程序通过决议，即必须经代表三分之二以上表决权的股东通过方为有效。C. 外商投资企业减少注册资本须经审查批准机关批准，才可进行减资；由于我国的有限责任公司实行的是登记制，因此不需要审查批准机关批准。D. 依据《公司法》的规定，公司应当自作出减少注册资本决议之日起10日内通知债权人，并于30日内在报纸上公告。债权人自接到通知书之日起30日内，未接到通知书的自公告之日起45日内，有权要求公司清偿债务或者提供相应的担保；外商投资企业法没有类似的规定。E. 无论是外商投资企业还是有限责任公司都必须向登记管理机构办理变更登记手续。同时减资后的注册资本不得低于法定的最低限额，外商投资企业还要注意减资后的外资的比例不得低于25%，并且减资后的注册资本与投资总额的比例同样不能低于法律的规定。

总之，《公司法》较之外商投资企业法对减少注册资本的规定更加灵活，从实际出发更注重保护债权人的利益，符合目前我国经济发展的需要。

③外商投资企业法对于股东出资额转让的规定十分严格

外商投资企业法对投资者（股东）出资额的转让相对于《公司法》的规定要严格一些，强调投资者的一致同意原则、优先购买权原则和政府机关批准原则。

第一，中外合资企业和中外合作企业的股权转让必须得到全体股东的同意。

《中外合资经营企业法》及其实施条例与《中外合作经营企业法》及其实施细则明确规定，合营方向第三者转让其全部或者部分股权的，须经合营他方一致同意。这一规定不仅针对外商投资企业中中方投资者的股权转让，同时也针对外国投资者对其股权的转让。而与此不同的是，《公司法》规定有限责任公司的股东向股东以外的人转让股权,应当经其他股东过半数同意(《公司法》第七十二条)。显然,这一比内资企业更严格的做法,旨在维持其更加浓厚的人合因素以及促使外商投资企业能长期稳定地经营。另外《公司法》就股权转让的实际操作还作了详细的规定(《公司法》第七十二条),外商投资企业除了中外合作经营企业要求合作他方书面同意外(《中外合作经营企业实施细则》第二十三条),并未有任何实际操作的规定。

第二,中外合资企业和中外合作企业的合营一方转让股权,合营他方有优先购买权。

《中外合资经营企业法实施条例》规定,合营一方转让其全部或者部分股权时,合营他方有优先购买权,合营一方向第三者转让股权的条件,不得比向合营他方转让的条件优惠(《中外合资经营企业法实施条例》第二十条)。这是基于有限责任公司的人合因素,保护合营相对股东的权利而作的制度设计。《公司法》也有"其他股东有优先购买权"这样相似的规定,并且还对两个以上股东主张行使优先购买权,通过协商确定各自的购买比例;协商不成的,按照转让时各自的出资比例行使优先购买权。同样是较之外商投资企业法更加详细的操作性规定,因此,外商投资企业在该种情况下,也应适用《公司法》的相关规定。

第三,中外合资企业和中外合作企业的股权转让必须报原审批机构批准,向登记管理机构办理变更登记手续。

由于我国对外商投资企业的设立采用的是比较严格的审批制,因此当企业发生某些重大的变化时,必须报原审批机构批准,向登记管理机构办理变更登记手续,股东的出资额转让也不例外。这意味着原审批机构的批准不只是停留在程序上,还要对股份转让的实质内容是否合法进行审查。因为外商投资企业的独特性质,如果中方或外方的投资发生结构上的变化,将会导致企业性质的变化,规范企业的法律也随之不同,所以要对股权的转让进行审查批准。《公司法》则完全不同,没有类似的规定。

第四,中外合资企业和中外合作企业的股权转让应注意的其他问题。

A. 外国投资者的出资未到位的股权质押及其质押股权转让受到的限制。

按照《外商投资企业股权变更的若干规定》，在外商出资到位之前，外商投资者不得将其未交付出资部分的股权进行质押；质押后未经出质投资者和企业其他投资者的同意，质权人不得转让出质股权；未经质权人的同意，出质投资者也不得将已经出质的股权进行转让。同时，外商投资者在对其股权进行质押时也要经过原政府审批部门的核准，未经核准其股权不得进行质押。

B. 外资股权部分转让后，不得导致外资股比例低于25%。

依据《外商投资企业投资者股权变更的若干规定》第五条的规定，除非外方投资者向中国投资者转让其全部股权，企业投资者股权变更不得导致外方投资者的投资比例低于企业注册资本的25%。此项规定意味着，外商投资企业的外商投资者不能通过转让股权而使自己持有的股权低于25%，要么全部转让，要么转让后的股权比例仍高于25%。这主要是为了保证外商投资企业的外资份额，而不至于通过外资股权的转让，导致外商投资企业实际上没有外方的投资，出现"假外资"的情况。之所以规定为25%，是因为外商投资企业的注册资本中，要求外国合营者的投资比例一般不低于25%，同样在股权转让后，应与外商投资企业注册资本中的中外投资比例保持一致。

C. 外商投资股份有限公司发起人股权转让受到的限制。

根据《关于设立外商投资股份有限公司若干问题的暂行规定》的规定，外国投资者是外商投资股份有限公司的发起人的情况下，其外资股权在公司成立3年内不得转让，并且要经过原政府审批部门的核准。

第五，《公司法》的特别规定——公司章程对股权转让另有规定的，从其规定。

《公司法》第七十二条明确规定"公司章程对股权转让另有规定的，从其规定"，说明如果公司章程中规定了股权转让的内容，则应当按照章程的规定而不按《公司法》的规定。这项规定充分地表现了《公司法》的自治性，将股权转让的内容完全赋予了公司的股东，并在转让股权方面制定适合自身特点的规定，有利于公司的治理与健康运作。外商投资企业法没有此项规定。

(3) 有关公司经营管理制度的不同规定

外商投资企业在公司经营管理问题上已经形成了一套既体现国际上较先

进的科学管理方法，又具有中国特色的传统管理经验的管理制度，并且以法规的形式予以肯定。① 正是由于外商投资企业自身特有的经验和需要才导致了其与《公司法》的很多规定有着明显的不同。

①外商投资企业不设股东会及其原因

股东会作为公司的组织机构之一，是公司的最高权力机关，《公司法》第三十七条明确规定了"有限责任公司股东会由全体股东组成，股东会是公司的权力机构，依照本法行使职权"。股东会主要行使《公司法》所规定的诸如决定公司的经营方针和投资计划、审议批准董事会的报告、对公司增加或者减少注册资本作出决议、修改公司章程等职权(《公司法》第三十八条)，是有限责任公司中不可或缺的一个部门。

然而我国的外商投资企业一律不设股东会，只设董事会（中外合作企业还可设联合管理委员会），董事会是外商投资企业的最高权力机构，按照企业合同或章程的规定，讨论决定企业的一切重大问题。例如《中外合资经营企业法实施条例》第三十条规定"董事会是合营企业的最高权力机构，决定合营企业的一切重大问题"。之所以对外商投资企业有如此特殊的规定，是因为从我国外商投资企业的实际出发，虽然外商投资企业也是有限责任公司形式，但是股东人数很有限，一般不超过两三家，就直接规定了董事会为外商投资企业的最高权力机构，因此，也就没有如《公司法》中对股东人数的规定(《公司法》第二十四条)。同时外商投资企业的董事会兼备了《公司法》中股东会和董事会的双重职权，而且权力要明显大于《公司法》中规定的董事会的权力。

②外商投资企业的董事会与《公司法》的规定不同

第一，董事的任免。

董事是由股东会选举进入董事会的。《公司法》第三十八条规定股东会行使"选举和更换非由职工代表担任的董事"的职权，第四十五条规定了"董

---

① 沈四宝、王军、焦津洪编著《国际商法》，对外经济贸易大学出版社，2002 年，第 182 页。

事会中的职工代表由公司职工通过职工代表大会、职工大会或者其他形式民主选举产生"。

按照《中外合资经营企业法实施条例》第三十一条与《中外合作经营企业法实施细则》第二十五条的规定,董事由合营各方参照其出资比例或者提供的合作条件协商确定的。之所以这样规定,不仅是由于外商投资企业法没有规定股东会,所以不能由股东会选出,还因为本着中外各投资方共同管理企业的精神,不完全按照出资比例硬性分配,而是通过协商适当分配董事名额,使各方的董事名额不致因出资比例的大小不同而差距过大。

第二,董事长与副董事长的任免。

《公司法》第四十五条规定"董事会设董事长一人,可以设副董事长。董事长、副董事长的产生办法由公司章程规定"。我国设立董事会的有限责任公司必须设董事长,且董事长为一人,副董事长则根据实际情况可有可无;董事长与副董事长的产生办法没有硬性规定,而是按照公司章程的规定。

与《公司法》的规定不同,中外合资企业的董事长和副董事长由合营各方协商确定或由董事会选举产生(《中外合资经营企业法》第六条),这一规定符合国际惯例,合乎情理,也比较灵活,有利于合资企业的经营管理和稳定发展。[1] 但是,《中外合作经营企业法实施细则》却与《公司法》的规定相同,都规定了"董事会董事长、副董事长或者联合管理委员会主任、副主任的产生办法由合作企业章程规定"(《中外合作经营企业法实施细则》第二十六条)。

另一个不同点是,中外合作企业与中外合资企业都规定了中外投资者的一方担任董事长,由他方担任副董事长。这样可以最大限度地保证董事会中中外投资者利益的平衡,按照平等互利的原则,决定外商投资企业的重大问题,有利于企业的健康发展。

第三,董事会会议的议事方式和表决程序。

《公司法》对董事会会议的议事方式和表决程序作了任意性规定,除《公

---

[1] 黎学玲《中国涉外经贸法》,人民法院出版社,2004年7月,第403页。

司法》有规定的外，由公司章程规定（《公司法》第四十九条），据此，董事会的议事方式和表决程序按照公司章程的规定，除特别规定外，《公司法》不再作硬性规定，完全由股东自治。

《中外合作经营企业法实施细则》与《中外合资经营企业法实施条例》都规定了董事会会议应当有三分之二以上董事出席方能举行。这一规定实际上是要求中外投资者各方董事都应当有一定人数参加董事会会议，确保董事会决议能反映各方的共同意见，否则，董事会会议的决议应为无效。[①]

当董事不能出席时，《中外合资经营企业法实施细则》规定，不能出席的董事可以出具委托书委托他人代表其出席和表决。与此不同的是，《中外合作经营企业法实施细则》规定不能出席的董事应当书面委托他人代表其出席和表决，并且还规定了董事会会议作出决议，须经全体董事过半数通过。董事无正当理由不参加又不委托他人代表其参加董事会会议的，视为出席董事会会议并在表决中弃权。召开董事会会议，应当在会议召开的10天前通知全体董事。董事会也可以用通讯的方式作出决议(《中外合资经营企业法实施条例》第二十八条)。显然《中外合作经营企业法实施细则》对于董事会会议的议事方式和表决程序要求更为严格，虽然有利于保证董事会会议的决议的公平性，但是这种呆板的规定没有《公司法》那样的灵活，可以依据不同公司的特性，制定符合公司个性的议事方式和表决程序。

中外合作企业与中外合资企业章程的修改，企业注册资本的增加或者减少，企业的解散，企业的合并、分立必须由出席董事会会议的董事一致通过方可作出决议。其中，中外合资企业的中止要由出席董事会会议的董事一致通过方可作出决议，而其他事项，可以根据合营企业章程载明的议事规则作出决议(《中外合资经营企业法实施条例》第三十三条)；对于资产抵押、合作企业变更组织形式，中外合资企业的各方约定由董事会会议一致通过方可作出决议的其他事项，中外合作企业也需由出席董事会会议的董事一致通过方可作出决议。

---

① 姚梅镇主编《外商投资企业法教程》，法律出版社，1990年6月，第119页。

另外,《中外合资经营企业法》第六条还规定了"董事会根据平等互利的原则,决定合营企业的重大问题",此项规定应属于原则性规定,虽然平等互利的原则在中外合资企业中很重要,有利于保护中外投资者的利益,不会因出资比例的不同而有重大区别,不存在小股东服从大股东的利益,更不允许任何一方凭借自己的优势把自己的意志强加于他方,但是在实践中很难把握,无法将其量化。

此外,《公司法》第四十八条还规定了"董事会应当对所议事项的决定作成会议记录,出席会议的董事应当在会议记录上签名。董事会决议的表决,实行一人一票"。外商投资企业法没有对此项内容作出任何规定。

③外商投资企业不设监事会

外商投资企业法没有规定外商投资企业应当设立监事会,但《公司法》第五十二条规定"有限责任公司设立监事会,其成员不得少于三人。股东人数较少或者规模较小的有限责任公司,可以设一至二名监事,不设监事会",并在第五十四条规定了监事会及其监事应行使的职权范围,而且还在第五十五条规定了监事的调查权。实践证明,监事会有利于加强公司治理。

④外商投资企业法关于公司经营管理的特殊规定

第一,《中外合作经营企业法》第十二条规定"合作企业成立后改为委托中外合作者以外的他人经营管理的,必须经董事会一致同意,报审查批准机关批准,并向工商行政管理机关办理变更登记手续"。由于合作企业属于契约式合营企业,与外资和中外合营企业相比更具人合的特性,所以可以根据董事会的一致同意,并经批准和变更登记,由中外合作者以外的他人经营管理。

第二,外资企业同中外合作企业与中外合资企业不一样,《外资企业法》与《外资企业法实施细则》没有对外资企业的管理机构作任何规定,完全将主动权交给外国投资者,由外国投资者自由决定。之所以如此规定,是因为外资企业是完全由外国投资者出资建立的,经营管理也完全由外国投资者控制,考虑到不同国家、地区的外国投资者会因地域和文化等差异有着不同的管理方法,如果统一对这些有着不同差异的外资企业作出规定,必将否定他们经营管理上的特点,阻碍企业的正常运转,不利于吸引外国投资。

此外，上述关于公司经营管理制度的内容不包括《外资企业法》与《外资企业法实施细则》。

3.《公司法》对外商投资企业法的补充和发展

（1）外商投资企业法适用"揭开公司面纱"原则（或称为"公司法人人格否定"）的研究

① "揭开公司面纱"及其《公司法》的相关规定

A. "揭开公司面纱"制度

公司独立人格和有限责任是构建现代公司的两大基石，两者的结合使得现代公司的投资者实现了在尽可能减少风险的前提下追逐利润的愿望，刺激了人们对公司形式的普遍认同。曾有西方学者称股东享有有限责任的公司是人类历史上比蒸汽机和电力更有意义的发明。① 但在现实的商业运用中，独立法人人格和股东有限责任出现了许多异化现象，这主要体现处在公司身后的股东（主要是控股股东，包括母公司）以及同样承担有限责任的公司管理层（包括董事会成员和高级管理人员）在其自身利益的驱使下，有可能会利用公司的法人地位进行各种规避法律甚至违法的行为。为了维护中小股东乃至社会公共利益，英美法院以判例的形式创设的一个制度——"揭开公司面纱"原则。

所谓"揭开公司面纱"制度，即法庭认为股东在利用公司作为手段，从事妨碍社会利益、欺诈或者逃避个人责任的活动，法院将不考虑公司的法人资格，直接追究股东或其他行为人的民事责任。简单地说就是规避了公司法人的有限责任，而让公司有控制权的股东及其主要经营者对公司债务承担个人责任。正如美国法官 Sanborn 所说："作为一般规则，除非有足够的相反理由出现，公司应当被看作是具有独立法人人格的法人；当公司法人特性被用于损害公共利益，使违法行为政党化，保护欺诈或者作为替犯罪辩护的工具

---

① 沈四宝等编著《揭开公司面纱法律原则与典型案例选评》，对外经济贸易大学出版社，2005年，第7页。

时，法律将视公司为无权利能力的数人的联合体。"① 该理论源于 19 世纪后半期的美国诉密尔沃基冷藏运输公司（U. S. V. Milwaukee Refrigerator Transport Co.）一案。法院认为，除非有充分的反对理由，原则上公司的人格是被承认的。但法人的观念若被用来破坏公共便利，或者使不法正当化，或者维护欺诈，或者保护犯罪，法律将使公司为数人的组合。这一理论在近来得到了大陆法系的法学界认同，德国法院将其发展成所谓的"直索责任"（Durchgriff），在日本则被称为"透视"理论。日本学者森木滋曾对于公司法人人格否认法理的本质作过这样的精辟解说："公司法人人格否认法理是指对照法人制度的目的，就某一公司而言，贯彻其形式独立性就被认定违反了正义、衡平的理念，并不对该公司的存在给予全面否定，而是在承认其法人存在的同时，只就特定事由否定其法人人格的机能，将公司和股东在法律上视为同一体。"②

B. 《公司法》有关"揭开公司面纱"的相关规定

a. 《公司法》中的规定

按照《公司法》第二十条第三款的规定"公司股东滥用公司法人独立地位和股东有限责任，逃避债务，严重损害公司债权人利益的，应当对公司债务承担连带责任"。该规定充分体现出了"揭开公司面纱"制度（或称为"公司法人人格否定"），这也是"揭开公司面纱"制度首次亮相于我国司法体系，同时也是世界上第一次把"揭开公司面纱"制度写入成文法中，即便是"揭开公司面纱"制度的鼻祖——美国也只是以案例的形式确立下来。这一先进制度的引进将能更有效地规范我国公司的管理和运作，在特定的场合对于保护债权人的利益、遏制滥用有限责任的企图、维系人对于公司的信心有着不

---

① 沈四宝、王军、焦津洪编著《国际商法》，对外经济贸易大学出版社，2002 年，第 67 页。

② 森木滋《所谓法人人格大否认法理的再研究》，《私法》第 26 号，有斐阁，1974 年，转引自朱慈蕴《公司法人格否认法理研究》，法律出版社，1998 年 11 月，第 94 页。

可替代的作用。①

《公司法》中明确了"揭开公司面纱"的构成要件：公司股东滥用公司法人独立地位和股东有限责任，逃避债务，严重损害公司债权人利益的。其中，公司股东滥用公司法人和股东有限责任是指股东故意滥用法人人格和股东的有限责任规避法定义务或约定义务而给他人造成损害的行为。如果公司股东滥用法人人格及有限责任，公司债权人就可以通过"揭开公司面纱"，直接要求公司背后滥用法人人格的股东承担责任。

股东滥用法人人格的行为一般可分为以下几类：第一类，利用法人人格和股东的有限责任规避约定义务（也称契约义务）；第二类，利用法人人格和股东的有限责任规避法定义务；第三类，法人与其成员的混同行为，使公司成为股东的或另一个公司的另一个自我，成为其代理机构和工具，造成股东即公司、公司即股东的局面（这种混同行为也称"公司人格形骸化"）②，滥用公司人格诈害公司债权人。

b. 我国规定"揭开公司面纱"的必要性

我国的司法实践早就对股东个人责任作出过规定，例如最高人民法院早在1994年颁发的《最高人民法院关于企业开办的其他企业被撤销或歇业后民事责任承担问题的批复》中就规定企业开办的其他企业虽然领取了企业法人营业执照，但投入资金不符合法律规定或者不具有企业法人其他条件的，应认定其不具备法人资格，其民事责任由开办企业的企业法人承担。所以在《公司法》中规定了这种新的公司制度是相对符合我国当前经济的发展。

目前，在我国的司法实践当中，有很多利用公司的有限责任逃避债务的现象，子公司孙子公司逃避债务的案件屡见不鲜，尤其是大宗多笔地从银行贷款，然后把优良资产转移给子公司和孙子公司，而母公司则资不抵债，最终资产公司一分钱也收不到，目前绝大部分的案件也只能依照《担保法》的规定进行诉讼，但是能实现的债权则少之又少。如果运用"揭开公司面纱"

---

① 沈四宝等编著《揭开公司面纱法律原则与典型案例选评》，对外经济贸易大学出版社，2005年，第23页。
② 曹康泰《新公司法修订研究报告（下册）》，中国法制出版社，2005年，第202页。

理论，那么可以十分有效地制止这种恶意的贷款行为。简言之，此项制度可以防止不法商人企图利用公司的有限责任逃避债务，提升公司整体的信誉，有利于维护市场经济的正常运转。

c."揭开公司面纱"制度的缺陷

"揭开公司面纱"制度首次进入我国司法体系，大部分法律工作者可能很难接受并掌握这一制度，其中，法官群体对这一制度的认识非常重要，因为个案情况纷繁复杂，所以什么情况下能够启动该制度需要很大的自由裁量权，而该制度又否定了公司的基石——有限责任，所以一旦发生法官不慎适用或滥用"揭开公司面纱"制度，后果将不堪设想。据统计，在美国用该制度作出判决的不足整个请求案件数量的10%，所以该制度更应像是悬在每个股东头上的一把利刃，时时刻刻警示着他们。

②外商投资企业法应适用"揭开公司面纱"原则

A. 适用"揭开公司面纱"制度的必要性

外商投资企业也和内资企业一样，作为市场经济这个有机体的一个细胞，既有遵纪守法照章办事的，也有见利忘义唯利是图的不法分子。尽管我国为外商投资企业提供了良好的投资环境，为正常的投资活动创造了条件，但是其中仍有少数不法商人利用公司的法人独立地位和股东的有限责任牟取不义之财，扰乱正常的市场秩序，诋毁了外商投资企业的信誉。

a. 出资不实

有关的调查结果显示，投资义务实际履行的情况并不乐观，在已批准成立的合资、合作企业中，投资者不按合同规定的金额和期限投资或投资不实的情况普遍存在。[①] 但是，注册资本在很大的程度上是为保护债权人利益和社会交易安全，必须确保公司资本的真实、可靠，维护公司资产与资本的平衡。[②] 因此，一旦外商投资企业中的一方或几方在验资后抽走资金，外方技术出资的以次充好，贸易转投资等这些行为都会对债权人造成信息的不对称性，

---

① 郭晓文主编《中国国际经济贸易仲裁案例分析》，三联书店（香港）有限公司，1997年，第2页。

② 范健主编《商法》，高等教育出版社，2002年，第126页。

损害债权人的利益；更有甚者在一些合资企业中，某些出资者利用合同认定的出资额控股，以及一些投资者在投资并未足额到位的情况下，就已经享有委派总经理实际掌握合资企业的经营管理权，指派财务负责人掌管财务管理权，一些合资企业的股东在获得合资企业的控股权后，利用其派遣经营管理人员的权利，为自己牟利。

b. 利润转移行为

在我国的外商投资企业中这种现象非常普遍，即在公司的财产与董事或股东的个人财产表面上相区分的情况下，公司的盈利与股东的利益一体化，公司的盈利被非法转化为股东的财产。一般表现为由于其原材料在国外购买、产品在国外销售，于是外方投资者往往是高价买进原材料、低价售出产成品，这样就会出现一个奇怪的现象：公司严重亏损，而外方投资者所得收益却极为丰厚，至于中方投资者，往往也能通过其他途径获得实际利益，而债权人的利益却受到损害。当然，实践中这种行为往往会与母公司滥用对子公司的控制权联系在一起①(《中外合作经营企业法实施细则》第四十条，"合作企业不得以明显低于合理的国际市场同类产品的价格出口产品，不得以高于国际市场同类产品的价格进口物资"，通过此规定对这种行为加以限制)。

c. 母公司对子公司控制权的滥用

由于跨国公司母公司拥有全部股权，因而完全受其控制的子公司在母公司内部一体化的体制下，可以帮助母公司实现其战略目标，分担一定的任务，起一定的作用。② 所以很多跨国公司通过各种形式在东道国建立了自己的子公司或孙子公司，但是母公司与合资公司是两个独立的法人人格，倘若母公司滥用其控制权强使子公司从事有违正常营业而损害子公司利益的交易，或滥用公司法人人格逃避法律义务而有损债权人利益时，则应否认子公司的法人人格，责令母公司对债权人负连带赔偿责任。③

d. 利用法人人格的避税行为

---

① 沈四宝主编《新公司法修改热点问题讲座》，中国法制出版社，2005年，第76页。
② 姚梅镇主编《外商投资企业法教程》，法律出版社，1990年6月，第67页。
③ 沈四宝主编《新公司法修改热点问题讲座》，中国法制出版社，2005年，第74页。

由于外商投资企业利用国际避税（母公司在境外设立子公司，使收入从高税区向低税区转移，当收入在低税区纳税后，再将其留滞于该地区）的优势，利用税法中的漏洞和各国税赋的差异，将利润集中于避税港，免缴或迟缴母公司所在国的税收，骗取国家的优惠政策之类的纠纷经常出现。

除去以上这几种形式，实践中还有诸如成立中外合资、合作企业以便享受优惠待遇，搞假合资假合作，而实际上外方根本没有出资的虚设股东现象等，这些不规范以至违法的行为都会对我国正常的经济发展和良好的市场秩序造成极大的影响。因此，针对这些情况，在外商投资企业法中适用"揭开公司面纱"制度是极为必要的，这对于净化投资环境，规范投资市场秩序，维护外商投资企业的信誉，建立健全市场经济起到非常重要的作用。

B. 适用"揭开公司面纱"的慎重性

尽管外商投资企业法应当适用《公司法》中的"揭开公司面纱"原则，而且该原则的适用也势在必行，对我国的法律建设大有裨益，也是符合我国当前的市场经济的需要，但是真正的适用则需要慎之又慎。之所以要如此谨慎，是因为我国目前仍在大力发展经济，吸引外资始终是从中央到地方的一项十分重要的政策，如果法官十分轻易地使用他的裁量权判决适用"揭开公司面纱"制度，那么个人责任将代替有限责任依附于外国投资者身上，这样无疑会对整个吸引外资的环境造成极其不利的影响，守法的外国投资者也会考虑他们在中国投资的可行性。

a. 确保良好的投资环境

所谓投资环境，是指能有效地影响国际资本的运行和效益的一切外部条件和因素。[1] 而一个投资东道国的投资环境是否有利，在很大程度上取决于其与其他国投资环境的比较。[2] 我国的投资环境有着很多发展中国家所无法比拟的优势，无论是丰富的资源还是广阔的市场，无论是税收的低廉还是配套的法律，都在国际投资市场中有着不可撼动的地位。在众多因素中，投资法制

---

[1] 余劲松《国际投资法》，法律出版社，2002年，第8页。
[2] 王贵国《国际投资法》，北京大学出版社，2001年，第14页。

环境占有重要的地位,一个外国投资者对东道国的法律十分关注,因为这关系到他自己的利益,一个良好的投资法制环境可以让投资者安心地进行投资经营活动,而无需对自己的利益保护有任何后顾之忧。

发展中国家外资立法的基本立场是:健全和完善各项涉外投资法律,保护外资的合法权益,增强投资者的安全感和信任感以吸引更多的外资。① 然而,我国《公司法》的"揭开公司面纱原则"否定了公司存在的基石——有限责任。毫无疑问,外国投资者在进行投资时,会对这项制度产生顾虑,投资活动本来是为了实现更大的利益,公司也正是以有限责任保护着股东的利益,然而当有限责任变成连带责任时,投资者自然不敢轻易地投资。投资的风险无形地加大了,而投资环境也因为这项原则而失去了已有的优势,这会对我国蒸蒸日上的招商引资造成不可估量的损失,因此在适用"揭开公司面纱"制度时要慎之又慎,不能轻易放弃外商投资企业的有限责任而追究投资者的个人责任。虽然"揭开公司面纱"制度是先进的制度,但是如果不谨慎地适用,会与我国外资立法的基本立场相悖,对我国的经济发展产生负面的影响。

b. 确保外商投资企业的有限责任是主流

无论是内资还是外资公司,依据《公司法》的规定,"公司是企业法人,有独立的法人财产,享有法人财产权。公司以其全部财产对公司的债务承担责任。有限责任公司的股东以其认缴的出资额为限对公司承担责任,股份有限公司的股东以其认购的股份为限对公司承担责任",《公司法》中已经对有限责任作出了明确的规定。可见外商投资企业的有限责任是主流,而"揭开公司面纱"只能作为一种例外存在,而不能因噎废食。

与其说"揭开公司面纱"原则是法院对滥用有限责任者的惩罚,不如说是对滥用者的威慑。②"揭开公司面纱"原则只是针对少数滥用有限责任者的惩罚,可以说是"沧海一粟",而且对于特定案例中"揭开公司面纱"、忽略

---

① 沈四宝《国际投资法》,中国对外经济贸易出版社,1990年,第122页。
② 沈四宝主编《新公司法修改热点问题讲座》,中国法制出版社,2005年,第74页。

公司独立人格的决定，不应作扩张性解释，即在个案中绕开、忽略或无视公司的独立人格，并不意味着全面和永久性地消灭公司的独立人格。① 因此，看似对投资不友好的制度，尤其是表面上违背投资便利化的原则，但对于绝大多数遵纪守法的投资者来说，外商投资企业的有限责任始终是他们合法投资经营的保护伞，对于"揭开公司面纱"原则的适用不应产生任何担忧。

并且，"揭开公司面纱"原则还可以真正保护他们自身作为债权人的利益，所以在当前我国大力发展经济的形势下，法律作为为市场经济保驾护航的保障，在适用"揭开公司面纱"制度这一问题上，必须十分慎重，让这把刺破公司面纱的利刃震慑住不法商人，令真正的合法投资者能够在完善的法制化市场经济条件下和优良的投资环境中放心地进行投资。

（2）外商投资企业适用打破公司僵局的规定

①公司僵局及其《公司法》的相关规定

A. 公司僵局

公司僵局是指实践中有的公司因股东之间分歧严重，股东会或股东大会、董事会不能形成有效决议，经营管理出现严重困难，继续维持只会使公司和股东利益受到更大损失，而股东会或股东大会又不能形成公司解散清算的有效决议，使公司处于僵局状态。② 有人把它比作电脑死机，因为作为公司的决策机构——股东大会、董事会已经不能作出正确的决议，甚至是根本无法正常运转，这样会严重影响公司的正常运行，损害中小股东的利益。

公司的僵局无论对公司还是对股东的利益都构成严重的损害：因经营决策无法作出，公司的业务活动不能正常进行，因管理的瘫痪和混乱，公司的财产在持续耗损和流失，眼望公司衰败和破落、公司财产耗损和流失，投资者无所作为、无能为力。公司的僵局表明，股东或董事之间的利益冲突或权利争执以及情感的对抗已经发展到登峰造极的程度，各方之间已经丧失了最

---

① 沈四宝等编著《揭开公司面纱法律原则与典型案例选评》，对外经济贸易大学出版社，2005年，第25页。

② 安建主编《中华人民共和国公司法释义（2005年版）》，法律出版社，2005年，第17页。

起码的信任,相互合作的基础已完全破裂。①

B.《公司法》有关公司僵局的相关规定

依据《公司法》第一百八十三条规定,"公司经营管理发生严重困难,继续存续会使股东利益受到重大损失,通过其他途径不能解决的,持有公司全部股东表决权百分之十以上的股东,可以请求人民法院解散公司"。此规定为股东提供了一个新的救济手段,保障了其有实体上的公司解散的请求权,而因此提起的解散公司的诉讼既不是确认之诉,也不是给付之诉,而是变更之诉。②

打破公司僵局在保护中小股东利益,解决公司经营困难等方面发挥着极其重要的作用。国外的立法大多也有对公司僵局作出相应的规定,比如,英国的法官在150年前创设了受压迫的小股东申请法院发布公司强制清盘令的制度,公正合理的清盘令的诉讼方式在英国仍是小股东维权的必要保留制度,并且取得了成文法的形式;美国《标准公司法修正本》第十四章第三十节(2)和《纽约州公司法》第一千一百〇三条对此都作出了相应的规定;韩国《商法》规定,当公司业务继续处于显著的停顿状态而产生无法恢复的损害时或者有产生损害可能性时股东可以请求法院解散公司。同为大陆法系国家,德国和日本对我国的影响则更大,我国在制定此项规定时借鉴了他们的立法,都在股东的资格认定上规定了必须持有相当于资产的十分之一以上的出资股份的股东才可以请求法院解散公司。

②外商投资企业适用打破公司僵局的规定

A. 适用打破公司僵局的规定的必要性

由于公司陷于僵局时,一切决策和管理机制都彻底瘫痪,董事会因对方的拒绝参会而无法有效召集,任何一方的提议都不被对方接受和认可,即使能够举行会议也无法通过任何议案。这种情况在股东人数较少的公司中更容易出现,在合营者只有两方或三方的中外合资或中外合作公司中也尤为多见。中外合资与中外合作公司因为其自身的特点——中外投资者共同所有与经营,

---

① 赵旭东主编《公司法学》,高等教育出版社,2003年,第447页。
② 江平、李国光主编《最新公司法条文释义》,人民法院出版社,2005年,第466页。

无论是由于文化差异还是投资目的不同，都极易造成公司僵局的出现。

第一，中外合资或中外合作公司正因为其所有者与管理者是不同文化背景下的中外投资者或管理者，从最高机构董事会到经理层，再从经理层到员工队伍，由于中外文化差异造成的管理文化冲突比较多。外方投资方由于受本国企业长期的影响，在工作的方法、处理问题的态度上往往比较直接、明了、高效；而中方投资方因为长期处在中国传统文化的熏陶下，含蓄、婉转，两者之间具有一定的差异。董事会和经理执行层不同人员受母体文化影响较大，使得管理关注要点和工作方法的要点不一，沟通方式或多或少存在着差异，使得企业治理信息不对称，从而不利于企业的整体发展。这种差异性势必会造成很多不必要的矛盾，最终将导致中外投资者的意见无法统一，甚至导致董事之间发生激烈的矛盾和冲突，并采取完全对抗的态度，在漫长的交流沟通谈判过程中，公司的利益和股东的利益都在这些消极的等待中一点一点地被无情消磨，而公司大都会以"合营企业未达到其经营目的"为由，最终导致无疾而终。况且在很多有关外商投资企业解散的诉讼和仲裁中，中外文化差异所导致的无法正常地沟通交流都会被当作很重要的抗辩理由，足见文化差异所致的外商投资企业解散是极为普遍的。然而如果当不可调停的文化差异上升至公司的利益严重受损时，股东可以依据《公司法》的规定打破僵局，申请解散公司，可以减少很多不必要的损失，保护股东自身的利益。

第二，中外投资者共同的战略目标是双方合作的基础，是建立外商投资企业的基石，但是战略目标的差异性也成为合资企业发展过程中的障碍。在某一时期内，从外方投资者的战略要求看，为了符合全球战略布局，以市场利益为重；但是中方投资者认为，解决经济发展是解决企业发展的当务之急。因此当公司成立初期制定的战略目标到了一定时期，战略目标就显示出了不一致性。这种战略目标的差异，使得合资企业的董事为了不同的目的，无法达成统一的决议，公司的僵局因此而形成，在电子消费品行业案例较多。

另一种普遍的情况是，外方投资者一般都着眼于短期利益，希望能够快速收回投资，在短期内见到效益，并没有过多地考虑过该公司的长期发展；相反的是中方希望得到外方的资金和技术，慢慢地发展该公司，有长久的计划，期望能够谋求长期的发展与合作。这两种不同的投资目的当然会造成中外投资者有可能在各个方面意见不一致，代表不同利益方的董事为了保护自己的利益据理力争，因为关系到切身利益，他们一般不会作丝毫的退让，只可能针锋相对，决议的通过近乎不可能，公司便形成了僵局状态。

由于中外合资与中外合作公司容易造成公司僵局的出现，致使经营决策无法作出，公司的业务活动不能正常进行，公司的财产在无序的管理下消耗殆尽，董事们则将大量的时间和精力耗费在无谓的争斗上，投资者只能坐视公司的衰败、投资的流失。公司僵局无论对公司还是对股东的利益都构成严重的损害。《公司法》第一百八十三条规定则正好针对此类状况，赋予了股东打破这种僵局的权利，维护了股东的利益，避免了公司财产无谓地流失。

B. 适用打破公司僵局规定的标准

外商投资企业在适用打破公司僵局的规定时应当严格按照《公司法》第一百八十三条的规定，防止投资者滥用此规则以达到不法的目的。所以当公司出现僵局，股东如果希望通过请求人民法院解散公司就必须完全符合以下条件：

a. 公司经营管理发生严重困难，继续存续会使股东利益受到重大损失。

公司经营管理发生严重困难是指因股东之间或者公司管理人员之间的利益冲突和矛盾导致公司的有效运行失灵，董事会因对方的拒绝参加会议而无法有效召集，任何一方的提议都不被对方接受和认可，即使能够举行会议也无法通过任何议案，公司的一切事务处于一种瘫痪状态。[①] 同时，该公司不应属于那些经营状况良好或者正处于上升阶段的公司，公司的继续存在将严重损害股东的利益。

b. 通过其他途径不能解决的。

公司的经营管理出现严重困难时，公司内部的事情，应当先由公司内部解决，如果通过自力救济、行政管理、仲裁等手段能够解决公司经营管理出现的严重困难问题，公司就无须解散，[②] 即穷尽其他途径不能解决公司僵局

[①][②] 安建主编《中华人民共和国公司法释义（2005年版）》，法律出版社，2005年，第257页。

时，才可请求解散公司。

c. 持有公司全部股东表决权 10% 以上的股东，请求人民法院解散公司。

可以向人民法院请求解散公司的应为单独或者合并持有公司全部股东表决权 10% 以上的股东。

C. 公司僵局制度的优越性

外国投资者在中国投资主要是为了实现更大的利益，而东道国保护和规范这种投资的法律环境正是外国投资者最为关心的。尽管我国有着税收上的超国民待遇的优势，但是投资者更关心自己在投资活动中的利益如何被保护。

打破公司僵局作为一种解散公司的请求权，看似与投资这个概念背道而驰，但实际上恰恰是保护投资活动的一种手段。当公司出现僵局时，难道投资者会眼巴巴地看着自己的财产一点一点地被消耗而毫不痛心？答案显然是否定的，打破公司僵局正是帮助投资者把损失减少到最小，保护投资者免受更大的损失。法律在此充当了防范更大的风险发生的防火墙，不仅要给予投资者良好的投资环境，还要给予他们相应的保护，这个规定充分显示了我国法律体系对外国投资者的保护程度，大大加强了外国投资者直接投资的安全性，为我国创建了良好的投资环境。

D. 适用打破公司僵局规定应注意的问题

诚然，打破公司僵局的规定对于那些已经陷入经营管理困境的公司，且继续存续会使股东利益受到重大损失，对于已穷尽其他救济手段的股东来说确实是一个福音，不仅可以把投资者的利益损害降到最低，还增强了投资者对我国投资环境的信心。但是凡事有利就有弊，打破公司僵局制度虽然很实用，然而当投资者之间出现争执时，如果投资方滥用这项权利，例如中方或者外方扬言要向法院申请解散公司以威胁对方就某些具体事项讨价还价，都会造成投资者彼此之间失去信任，更有甚者会使中外双方的投资失败。并且，即便是可以按照《公司法》的规定解散公司，往往也会对僵局的一方有利而牺牲了另一方的利益。因此，法院在受理此类案件时，应当严格按照《公司法》第一百八十三条的规定进行审查，既可以避免投资者以此相互要挟，也可以保护投资者真实的利益，还可通过司法机关的掌控净化我国投资环境。

第三章
中国自由贸易试验区褐地投资便利化的制度完善

外资并购（Merger & Acquisition）又称为褐地投资（Brownfield Investment），是除绿地投资外国际直接投资的另一种表现方式。如果说绿地投资是东道国吸引外资初期的主要形式的话，外资并购则是在东道国市场深度开放，外资发展相对成熟时期的一种吸引外资的方式。我国在外资并购方面无论是立法还是司法抑或是监管起步相对晚，与绿地投资相比较，外资并购的法律尚未发展成熟，截至目前，我国仍未有专门针对并购的法律，只有商务部对外资并购主要是返程并购制定了管理办法。随着我国市场的持续开放，通过并购形式进行的投资也逐步增多，尤其在自由贸易试验区这块开放的高地，因此，针对外资并购中最核心的监管内容——国家安全，2015 年 4 月 8 日，国务院办公厅印发了《自由贸易试验区外商投资国家安全审查试行办法》，特别针对自由贸易试验区的外商投资国家安全审查进行了探索。在现有的 11 个自由贸易试验区的总体方案中都规定了"配合国家有关部门实施外商投资国家安全审查"，在 2017 年 3 月 30 日国务院印发的《全面深化中国（上海）自由贸易试验区改革开放方案》中更是明确要"完善国家安全审查"。因此，对于外资并购尤其针对自由贸易试验区的外资并购而言，核心就是国家安全审查制度，一旦外资通过国家安全审查，并购成功的话，则属于实现了市场准入，其并购的企业也成为外商投资企业，将按照外商投资企业法规定进行经营、管理。可见，国家安全审查是外资通过并购的方式达到市场准入的重要一步，国家安全审查便是实现这一步的关键，也是自由贸易试验区投资便利化在外资并购领域的全面体现。

本部分主要对外资并购国家安全审查制度进行讨论。由于我国已经实施了一些关于外资并购国家安全审查的法律法规及部门规章，外资并购国家安全审查的法律框架也正在成形，自由贸易试验区将依托"先试先行"优势，率先积累一定的优良经验，而后推而广之，为完善我国外商投资国家安全审查制度贡献力量。因此，本部分在讨论自由贸易试验区外商投资国家安全审查制度的同时，还深入分析了美国和澳大利亚两个典型的资本输入国的外商投资国家安全审查制度及其法律框架，为完善我国自由贸易试验区的外商投资国家安全审查制度提供宝贵的立法经验。同时，本部分还将对罗尔斯公司诉美国外国投资委员会的经典案例进行分析，该案例实则为三一重工诉奥巴马案的延伸，从本案的判决中可见美国外商投资国家安全审查中各实施要件的标准及程序正义的重要性，对我国自由贸易试验区的外商投资国家安全审查制度的实施有着极大的指导意义。

第一节　国家安全审查的概述

"经济全球化产生了一种新型的国家安全风险。"[①] 面对外国直接投资带来的国家安全风险，国家安全审查制度已经成为很多国家，尤其是一些经济成熟国家的一种常规防御手段。2005年10月，美国凯雷投资集团斥资3.75亿美元拟收购徐工集团持有的徐工集团工程机械有限公司85%的股份，成为当年最大的一宗外资收购国企制造业股权交易，该案唤醒了人们对外资并购国家安全审查的认识。中国企业在海外并购因国家安全审查造成的一次次失利，

[①] James A. Lewis, "New Objective for CFIUS: Foreign Ownership, Critical Infrastructure, and Communications Interception," *Federal Communications Law Journal*, 2005, Vol. 57, p. 457.

更引起了人们对国家安全审查的重视，但是国家安全审查究竟为何能够如此有效地阻止外国直接投资的入侵，还是应当先从国家安全审查的基本概念讲起。

一、国家安全概述

说到国家安全首先应当说明什么是安全。根据《现代汉语词典》的解释，"安全"即为"没有危险、不受威胁、不出事"。美国学者卡尔·多伊奇认为，安全意味着和平与对和平的维护，但是，由于作为一种价值的安全，同时享有其他许多价值的方式和条件，所以它的含义往往是不明确的。① 也有学者从主观、客观两个方面对安全进行解释，但笔者还是倾向于安全的字面含义，即事物没有危险，未受到威胁的状态。

正如"安全"这一概念的复杂性，国家安全更是一个看似人人皆知实则充满争议的概念，无论是其内涵外延还是价值目的，都是学者们无法统一的焦点问题，但它也是主权国家追求的目标之一。国家安全作为一个完整概念最早由美国学者提出。根据英国学者曼戈尔得（Peter Mangold）在《国家安全与国际关系》一书中的记载，"国家安全"的现代用法最早出现在美国报纸专栏作家李普曼1943年的著作《美国外交政策》中。② 这一概念被提出后，"国家安全"变成了"众矢之的"，学者们纷纷对其进行定义。美国的《国际社会关系百科全书》中指出："现代社会科学家谈到这个概念时，一般是指一个国家保护它的内部社会制度不受外来威胁的能力。"③ 俄罗斯学者沙瓦耶夫认为，国家安全是社会（国家）的一种状态，在这种状态下，社会作为一种复杂的体系，能够保护自己的完整性、稳定性以及有效发挥职能和保持发展

---

① ［美］卡尔·多伊奇《国际关系分析》，周启明等译，世界知识出版社，1992年，第283页。
② 王逸舟主编《全球化时代的国际安全》，上海人民出版社，1999年，第37页。
③ 刘跃进《论国家安全的基本含义及其产生和发展》，《华北电力大学学报》2001年第4期，第65页。

的能力，有能力可靠地保护和捍卫自己的利益，使其免受任何内部和外部破坏作用的损害。关于国家安全的范畴，他认为主要包括：经济安全、技术安全、政治安全、精神道德安全、生态安全和信息安全。① 在《思考国家安全》一书中，布朗认为：" 国家安全实质上是一种能力：保持国家的统一和领土完整，基于合理的条件维持它与世界其他部分的经济联系，防止外来力量打断它的特质、制度和统治，并且控制它的边界。"不难看出，不同的文化背景、社会情况、发展阶段等因素对国家安全的界定会有很大的差异，对其的定义也是不尽相同。

国家安全也会随着时间的推移而发生改变，根据时代背景的不同而产生差异。"二战"结束之后，国家安全被国际社会广为接受，经常出现在国际政治交往当中。1947年，世界上第一部《国家安全法》在美国制定。尤其在经济全球化的背景下，国际形势发生了深刻变化，安全的客体出现多样化的趋势，国家安全的内涵也随之拓展。2001年美国的"9·11"、2003年全球性的严重急性呼吸综合征、2004年印尼等国发生海啸等事件，都从实践的层面对传统的国家安全观提出了挑战。人们开始思考安全及安全研究的基本假说，安全研究的一些关键概念如安全、权力等，都面临着挑战，需要重新界定。② 美国学者约瑟夫·罗姆在《定义国家安全》一书中指出，随着冷战的结束，毒品、环境、能源、经济等非军事因素对国家安全的影响明显上升，维护国家安全的手段已远不限于军事手段。针对此种情况，也应重新探讨影响国家安全的因素。有别于传统的局限于军事、政治领域的国家安全说，他认为，"国家安全的本质内涵是一种能力，即一个国家维持或提高全体人民的生活质量以及维持或扩大政府制定政策的可选择范围的能力"。

在新的国家安全观下，经济因素被视为影响国家安全的重要因素，甚至经济安全已被提到极高的地位。"经济安全"的概念源于1980年日本的《国家综合安全报告》。克林顿政府将经济安全纳入国家安全战略之中。1999年美

---

① [俄] A. X. 沙瓦耶夫《国家安全新论》，魏世举、石陆原译，军事谊文出版社，2002年，第10页。

② 李孟刚《产业安全理论研究（第二版）》，经济科学出版社，2010年，第35页。

国政府发表的《新世纪国家安全战略》，再次将经济安全定位于国家安全战略的三个核心目标之一，国家经济安全被界说为国家的经济发展、经济利益不受外国和国际威胁的一种状态，可从内部机制和外部环境两个方面把握。从内部机制而言，国内要有一个良性的经济运行机制，能够保证国民经济健康有效地运行，杜绝发生经济崩溃的危险；从外部环境看，要能够保证本国的经济运行过程不受来自其他国家和地区的相关组织力量的威胁与控制，并且有抵御国际经济危机和金融风险冲击等方面的能力。简言之，国家经济安全是指国家经济领域中重大的经济利益不受威胁和侵犯的状态。① 相对而言，国家安全是一个更广泛的概念，既包括传统的国防、军事安全，也包括国家经济安全、文化安全等。② 简言之，国家安全是维持主权国家存在和保障其根本利益的各种要素的总和，它是国家生存和发展的基本前提。③

二、外资并购国家安全审查的法学理据

（一）国家经济主权原则

外资并购首先要面对的是东道国的相关法律法规，这是国家主权原则所赋予的东道国的权力，因此，一国对外资并购国家安全审查的法学理据中"国家经济主权原则"是最为基本的。任何国家对外资并购进行审查当属其国家经济主权范围内的权力。

1. 国家经济主权的含义

国家主权原则是国际公法中最基本的原则，是一个国家的根本属性，在国际法上是指国家享有主权，国家独立自主地处理其对内对外事务的最高权力。国家主权的属性主要体现为对内和对外双重属性，对内属性是对整个民族国家范围内的一切事务的最高统治权；对外属性是指主权国家在国际社会

---

① 张士铨、雷家骕《经济安全》，陕西人民教育出版社，2006年，第13页。
② 幕亚平、肖小月《我国外资并购中的国家安全审查制度》，《法学研究》2009年第5期，第55页。
③ 刘卫东等《论国家安全的概念及其特点》，《世界地理研究》2002年第2期，第3页。

中，依照自己的意志，独立自主地行使对内对外事务的最高决定权，不受任何外来势力的干涉。

国家经济主权是指国家主权在经济领域的表现。广义的经济主权，是指国家在国际经济活动中，有选择国家经济制度和参与、协调国际经济秩序等重大经济问题的最高独立决策权。经济主权作为国家主权在经济领域的表现，也具有对内最高属性和对外独立性。对内最高属性体现为：主权国家有权自主选择自己的经济制度，自主决定自己的经济发展战略，自主立法建立本国国内的市场经济运行规则，自主开发和利用本国的经济资源。对外独立性表现为：主权国家无论是否参与国际经济活动，都有自己的生存权和发展权；主权国家可以自主决定是否参与国际经济活动；在承担国际经济规则的义务的同时，享有平等的权利；国家之间的经济交往以平等互利为基础，主权国家有权保护自己不受外来经济势力的掠夺和剥削。①

2. 国家经济主权的内容

经济主权主要是在二战后联合国大会通过的一系列决议及一些多边条约中予以宣示的。其中重要的有1960年12月15日联合国大会通过的第1515号决议，1962年12月14日通过的《关于自然资源永久主权的决议》，1974年5月1日通过的《关于建立新的国际经济秩序宣言》和《关于建立新的国际经济秩序行动纲领》，1974年12月12日通过的《各国经济权利和义务宪章》，1982年通过的《联合国海洋法公约》等等。其中《各国经济权利和义务宪章》是有关国家经济主权的较为集中的概括和表述。②

按照这些联大决议和国际公约的规定，国家经济主权主要包含以下内容：

（1）每个国家不仅可以独立自主地根据本国人民的意愿选择本国的政治、社会和文化制度，而且可以独立自主地选择本国的经济制度，不受任何形式的外来干涉、压制和威胁。

（2）各国享有根据本国国家利益自由，有效地占有、使用及处置本国全

---

① 徐泉《国家经济主权论》，人民出版社，2006年，第11—12页。
② 李群《外资并购国家安全法律制度研究》，博士论文，第21—23页。

部财富和自然资源的权利。为了保护这些资源，各国都有权采取适合本国情况的各种措施，对本国的资源及其开发事宜加以有效地控制管理，包括有权对私人财产包括外国私人资产实行国有化，或征用，或把外国私人资产的所有权转移给本国国民。只是在采用对外国资产国有化、征用或将其所有权转移给本国国民时，应当考虑本国的有关法律、条例以及本国认为有关的一切情况，给予适当的赔偿。

（3）国家有权对有关的国际经济活动实施管理或控制。《各国经济权利和义务宪章》规定，各国对本国的全部经济活动都享有并且可以自由行使完整的、永久的主权。这不仅仅意味着国家有权对本国境内的外国投资和跨国公司的活动进行管理和监督，保证其活动遵守本国的法律，而且对本国的全部经济活动都具有这样的权力。

（4）国家有权参加国际贸易及其他各种形式的经济合作，而不问这些国家在政治、经济和社会制度上的任何差异。不得仅仅根据上述这些差异而对任何国家给予任何形式的歧视。在进行国际贸易以及其他各种形式的经济合作时，各国都可以自由选择对外经济关系的组织形式，自由参加双边和多边的安排。

（5）所有国家在法律上都是国际社会的平等成员，有权充分地和切实有效地参加解决世界性的经济、财政金融以及货币等重要问题的国际决策过程。特别是有权通过相应的国际组织，并遵循这些组织的现行规章或改进中的规章，参加国际决策。①

3. 国家经济主权的实践

主权国家对外国投资者跨国投资行为的管制权属于经济主权的范畴，已为国际社会所接受和认可。1974年联合国大会第3201号决议《建立新的国际经济秩序宣言》第四条第七项，确立了各国对跨国公司经营活动的管辖和监督权力，指出"接受跨国公司从事经营活动的国家，根据其拥有的完整主权，可采取各种有利于本国国民经济的措施来管制和监督这些跨国公司的活动"。

---

① 张军旗《多边贸易关系中的国家主权问题》，人民法院出版社，2006年，第20—22页。

联合国大会第 3202 号决议《建立新的国际经济秩序行动纲领》的第五部分，明确了制定和执行关于跨国公司的国际行动准则的目的，其中包括"管理跨国公司在东道国的活动，以取消其限制性商业活动和顺应发展中国家本国的发展计划和目的"的规定。1974 年《各国经济权利和义务宪章》第二条第二款规定："每个国家有权：（1）按照其法律和规章并依照其国家目标和优先次序对其国家管辖范围内的外国投资加以管理和行使权力。……（2）管理和监督其国家管辖范围内的跨国公司的活动，并采取措施保证这些活动遵守其法律、规章和条例及符合其经济和社会政策……"联合国的上述决议无疑明确地赋予了东道国对外资并购活动进行监管的权力，为引导、管理和限制外资活动提供了充分的依据和无可辩驳的国际法基础。①

国家经济主权原则为外资并购中保护东道国国家安全，规避外资并购风险提供理论依据，主要表现在以下几个方面：

（1）依据国家经济主权原则，我国可以制定促进本国经济发展的各种法律法规，包括促进国家产业竞争力的法律法规，以及维护东道国国内产业控制力的法律法规等。在经济全球化的背景下，经济主权原则的意义在于协调国际经济发展对于国内经济的冲击，保障国家经济平稳发展，为国家根据本国的国情制定经济发展战略和各种保护民族经济发展的政策、法律法规提供依据。

（2）依据国家经济主权原则，东道国可以制定监督管理各个产业中外资并购活动的法律法规。经济主权原则具有双重性质，它既是一种政治权力也是一种经济权力，是两种权力的统一体。基于国家安全的考量，对外资并购行为进行特殊的规制以及提出特殊的要求，东道国可以在外资并购的准入与审批制度上对外资的主体要求作出严格的限制；对于外资并购的风险审查制度中，进行全面的审查，包括反垄断的审查和对于产业竞争力、控制力、产业结构是否带来风险的多方位的审查。

（3）依据国家经济主权原则，东道国制定法律对外资并购中的某一产业

---

① 孙效敏《外资并购国有企业法律问题研究》，北京大学出版社，2007 年，第 142 页。

领域进行特别的保护,具有国际投资条约责任的可免责性。外资并购是一种跨国性的国际经济行为,通常受到国际投资条约的保护,国家作为国际经济活动的主体应当受到条约义务的制约。国际投资条约中最基本的原则就是平等保护的原则和禁止歧视的原则。一般情况下,依照国际投资条约的规定,东道国均应当给予外资投资者国民待遇,不得随意变更对于外资的政策法规,不得随意对外资进行限制和征收。但是,外资并购是一种资本国际流动的行为,通常会对东道国国家安全造成一定的影响,这就需要国家对外资并购行为进行规制。①

(二)国际法中的安全例外

国际条约是国家谈判结果的表达方式,实践中有大量国际条约都承认国家保护安全利益的权利可以作为条约承诺的例外,即国家在加入条约之后,条约的义务并不能妨碍国家为了自身重要的安全利益而采取措施。②

国家保护基本安全利益的权利,作为条约承诺的例外,已在条约实践中得以确立。主要表现在:

1. 国际经济组织的规定

经济合作与发展组织(OECD)在《有关资本自由流动法典》第三条中规定,"不应当阻止某一成员采取相应措施,只要他认为为了保护实质性安全利益,这些措施是有必要的"。

根据投资委员会对于该法案的评述,安全保证条款用来明确例外情形。原则上来说,它允许成员引入,再次引入或者维持该法案未予覆盖的限制措施,同时,将这些限制措施排除在逐步自由化原则之外。然而,经合组织鼓励成员国明确对某些条款提出保留,而不是采取默示的形式。这不仅提高法典文件透明度、成员国对法典文件信息的把握,也迈出经济自由化的第一步。尤其是在这种情况下:当国家安全不是采取限制措施的主要动机,而是国家根据自身经济发展的考虑而施行的措施。

---

① 田文英主编《外资并购与国家安全》,法律出版社,2011年,第44—46页。
② OECD, *Essential Security Interests under International Investment Law Perspective: Freedom of Investment in Changing World*, p. 94.

这部法典允许每个 OECD 成员国政府采取一些"他们自身认为有必要"的措施，这意味着这一条款是明确的自我判断条款。

1986 年，OECD 通过了一个建议，呼吁会员国根据《经合组织关于国际投资和跨国公司宣言——国民待遇文件》采取的与基本安全利益有关的措施，在通报给 OECD 时尽可能浅显易懂。尤其是以下情况：

"b) 在条文中包括已存在的可能改变，或对现有措施进行回顾，或引入新的措施。这些做法限制了在安全利益方面的国民待遇。安全利益的条文，旨在当重要安全利益是主要矛盾时，界划定与安全利益有关的措施的界限。

c) 他们在基本安全利益的基础上，研究了在当基本安全利益问题较为普遍时，修改可以降低或避免一切歧视外国企业活动所带来的直接或间接影响的措施的可能性。

……

e) 限制外资控股企业的运作领域是因为安全利益，特别是在某些领域，这样的企业被整体排除。他们研究可能的可替代规定，允许外商控股企业在安全利益领域内运作，以实现他们对基本安全利益的目标。"

这一建议，试通过国家通报的形式提高透明度，来限制基于安全利益考虑、对外国投资者歧视性待遇的影响。投资委员会还发布了一个澄清宣告，用以说明这些规定不应作为免责条款。

OECD 的《多边投资协定（草案）》在其总例外的专章部分也规定了基本安全利益的除外情形。它对于有关的基本安全利益保护的范围有所限制，如战争时期，武装冲突或其他紧急情况，或者是有关非扩散大规模杀伤性武器的国家政策或国际协议的实施，或者与武器生产有关。它设置了一个条款来防止对经济利益的变相保护或是与被保护利益相关的不合理行为。[①]

2. 国际条约的规定

WTO 要求其所有成员都应恪守 WTO 体制下的各项原则和规范，在贸易领域相互给予关税减让等各种互惠互利的待遇，以不断促进彼此之间和全世

---

① 李群《外资并购国家安全法律制度研究》，博士论文，第 24—26 页。

界范围内贸易自由化。但是，全球各国、各地区与贸易有关的具体形势是极其复杂多变的，为了保护其成员在某些特定情况下的合理权益，WTO 又允许其成员在某些特定情况下，作为例外，可以在一定程度上暂时偏离其本应恪遵的某项原则或规范，即暂不履行其原先承诺承担的某种义务，而以"安全利益"为由暂时偏离 WTO 有关规范和暂不履行其原有义务，则是另一种例外，而且是更加重要的例外。《1947 年关税与贸易总协定》（GATT1947）第二十一条规定：

"本协定的任何规定不得解释为：

（a）要求任何缔约方提供其认为如披露则会违背其基本安全利益的任何信息。

（b）阻止任何缔约方采取其认为对保护其基本国家安全利益所必需的任何行动：

（i）与裂变和聚变物质或衍生这些物质的物质有关的行动。

（ii）与武器、弹药和作战物资的贸易有关的行动及与此类贸易所运输的直接或间接供应军事机关的其他货物或物资有关的行动。

（iii）在战时或国际关系中的其他紧急情况下采取的行动。

（c）阻止任何缔约方为履行其在《联合国宪章》项下的维护国际和平与安全的义务而采取的任何行动。"

《能源宪章条约》也有类似的规定，给予缔约国所必须的安全保护，其第二十四条即为例外规定，该规定为：

"本条约规定除了上述第（1）款以外，在必要时不应阻止任何缔约方采取措施：

（a）为保护其根本的担保物，包括：

（i）涉及供应军事部门能源材料和产品时。

（ii）在战争中，发生武装冲突时或者发生其他国际紧急事件时。"

（三）国际习惯法的实践

作为公认的国际习惯法原则，在一些特殊情况下，可以免除主权国家的某些条约义务。在联合国国际法委员会《国家责任条款（草案）》的规定中，即对此进行了规定,在一些情形下,政府可以不必对其违反国际义务的行为负责,使得一国解除行为不法性的情况为:同意(第二十条)、自卫(第二十一条)、对一国际不法行为采取的反措施(第二十二条)、不可抗力(第二十三条)、危难(第二十四条)和危急情况(第二十五条)。①

国际法委员会的 Crawford 教授提到:当一个国家援引"危急情况"时,应当有充分的认识,即刻意地选择了一个不履行国际义务的程序。这种"危急情况"已经在一些国家的实践中被采用,这样可以最大限度地保护国家及其人民的安全,同时又不违反国际义务。但是,这样的国际习惯法的适用并非没有边际,正如国际法委员会在其评论中所表明的,一方面是实质性的利益,另一方面是国家必要性的义务,当这二者发生不可调和的冲突时,就会发生有关必要性的争端。这些因素表明必要性很难作为不履行义务的借口,援引必要性应受到严格限制以防止被滥用。在"Gabcikovo—nagymaros Project 案"中,国际法院在关于"危急情况"抗辩之国际习惯法规则的适用条件问题上就已经进行过讨论,并认为"有关国家并非是判断这些条件是否满足的唯一裁判"。

(四) 保护公共利益

公共利益在现代社会生活中有着极其重要的意义,无论在法律层面还是在社会层面都具有特殊的价值,内容丰富多彩。两大法系对其理解也不尽一致。英美法系所指的公共利益一般称为公共政策,是指被立法机构或法院视为与整个国家、社会根本相关的原则和标准,要求将一般的公共利益与社会福祉纳入考虑范围,从而可使法院有理由否定当事人某些交易或行为的法律效力。② 而大陆法系国家则称为公共利益,即所追求的均是公众共同的需求,而英美法系的"公共政策"与大陆法相关的概念是"公共秩序"或者"公序良俗"。至于公共政策与公共利益的差异则存在着很多讨论。在法律层面,"公共利益理论"基本的价值取向是法律应当代表和保护"最大多数人民的最

---

① 参见《国际法委员会第五十三届会议的工作报告·第六委员会的报告》。
② 薛波主编《元照英美法词典》,法律出版社,2003年,第1117页。

大利益"。既然公共利益显示了社会共享性,具有相对普遍的影响力,那么确保公共利益的增进和分配就应当是公共管理的根本目的。[1]

国家安全审查制度显然是关系到公共利益的,在国家之中,无论是政府还是一般的公众都会非常注重维护公共利益。在外资并购国家安全审查制度中,企业并购主要考虑的是其私人利益,但国家进行安全审查则不是从某个企业或个人的利益角度去考虑,而要关照到全社会的公共利益,要在并购方的私人利益与公共利益之间进行权衡,以寻求跨国并购交易所导致的公共利益增益和减损之间的平衡,并努力追求理想中的公共福利。当私人利益和公共利益发生冲突时,公共利益往往具有优先适用性。这是因为个人利益不能违背大多数人的公共利益,社会以法律手段约束权力的拥有者,使他从对"权力之爱"转变成为"大多数人的幸福"以及为公众服务。[2] 从一定意义上讲,公共利益是外资并购国家安全审查制度的重要依据。

三、外资并购国家安全审查的经济学理论

(一)经济自由主义与国家安全

亚当·斯密作为西方经济学鼻祖,提出了著名的"市场无形的手"的观点,在《国民财富的性质和原因的研究》一书中,强调最能发挥市场潜力的经济政策是遵循自由放任原则,给私人经济活动以完全的自由,实现自由竞争和自由贸易;在对外贸易上,他亦强调完全的自由才能促使这个国家的劳动和资本得到最充分和最合理的运用。同时,在该书中其也通过对产业安全和国家经济安全翔实的分析和充分论证,认为为了保证国家经济安全,应当从国防工业、制造业和产业均衡方面来防止他国对本国在经济方面的威胁。[3]

在国防工业方面,亚当·斯密认为"国防比国富重要得多",强调在国防

---

[1] 张庆东《公共利益:现代公共管理的本质问题》,《云南行政学院学报》2001年第4期,第35页。
[2] 张举胜《美国外资并购国家安全审查制度研究》,博士论文,第49页。
[3] 李群《外资并购国家安全法律制度研究》,博士论文,第16—17页。

工业方面以国家经济安全作为经济自由化的抗辩。他认为，如果某一制造业确是国防所必需的，那么靠邻国供给这种制造品未必是聪明的办法。如果对这一种制造业不进行奖励就不能在国内维持，那么对其他一切产业部门课税来维持这一制造业也未必就是不合理的。对于英国制造业的帆布及火药的输出奖励金，也许可以通过这个原理来加以辩护。① 亚当·斯密指出，国防工业是维护国家安全的重要手段，也是维护国家经济安全不可缺少的一部分，显示出其从国家经济安全的高度思考产业发展的战略性眼光。②

在制造业方面，随着经济自由化程度的提高，必然导致资本的跨国流动、成本的最低化和利益的最大化，也就可能影响民族产业的发展。亚当·斯密在反对以关税对英国制造业进行长期保护的同时也注意到了国外廉价产品对民族产业可能带来的冲击及由此带来的政治经济后果，指出如国内制造业不具备国际竞争力而受到国外产品强大冲击时，就会影响到一国的产业安全、经济安全甚至是社会安全。③

产业的不均衡，几乎在所有的国家都存在，但是过分地不均衡，就可能给国家经济安全带来严重威胁。亚当·斯密对产业均衡也有其独到的看法。针对英国的殖民地贸易独占问题，他指出："迫使大部分的英国资本，违反自然趋势，流入这种贸易，这似乎就破坏了英国一切产业部门间的自然均衡。英国的产业不和多数小的市场相适应，而却主要和一个大的市场相适应。英国的商业不在小商业系统进行，而却主要被吸引到一个大的商业系统中去。这样，它的整个工商系统，也变得较为不安全了。"④ 因此，一国产业发展的均衡性对整个国家的经济安全至关重要。

---

① ［英］亚当·斯密《国民财富的性质和原因的研究（下卷）》，郭大力、王亚南译，商务印书馆，1974年，第93页。
② 许铭《中国产业安全问题分析》，山西经济出版社，2006年，第3页。
③ 王培志《经济全球化背景下中国产业安全预警机制研究》，中国财政经济出版社，2006年，第4页。
④ 王培志《经济全球化背景下中国产业安全预警机制研究》，中国财政经济出版社，2006年，第175页。

（二）幼稚产业保护论与国家安全

19世纪德国经济学家弗里德里克·李斯特提出了著名的幼稚产业保护论，李斯特认为，一个国家不能在工业尚未充分发达前，就采取自由贸易的方针。如果盲目执行自由贸易的方针，就会使国家的工业衰弱、消亡，最终导致这一国家国际政治、经济地位的衰落。① 李斯特大肆赞扬英国的工业政策，认为正是由于英国政府保护和支持毛织业发展，"使英国能够把汉撒同盟驱逐出俄罗斯、瑞典、挪威和丹麦市场，使它在地中海东部各国以及东印度群岛、西印度群岛的贸易中获得了最丰富的果实"。② 因此，李斯特认为必须对本国工业进行保护和支持，待本国的产业具有一定的国际竞争力时再开放市场，才能真正提高一个国家的经济实力和确保国家的经济安全，才能使一个国家最终富强起来。③

由李斯特开创的幼稚产业理论，在国际贸易中被广为采用，幼稚产业理论也随之发展。但是，究竟何为"幼稚产业"？1994年GATT1994附件9（注释与补充规定）第十八条将其描述为"特定产业"，即定义范围包括建立一项新的工业，也包括在现有工业中建设一项新的分支生产部门以及对现有工业进行重大改建，和对只能少量供应国内需要的现有工业进行重大扩建，并应包括因战争或自然灾害而遭到破坏或重大损坏的工业的重建。④ GATT是从横向的角度界定了"幼稚产业"的范畴，而在纵向的角度，我国有学者认为"幼稚产业"是"在一国之中尚处于发展初期阶段、缺乏竞争能力的工业"。上述定义可以引申出幼稚产业保护的重要意义，由于一国的幼稚产业往往处于初级阶段，竞争力相对薄弱，在面对处于绝对优势的国际资本竞争往往是力不从心，被扼杀在了摇篮之中。有鉴于此，投资东道国往往给予国内

---

① 曹秋菊《开放经济下的中国产业安全》，经济科学出版社，2007年，第12页。
② ［德］弗里德里克·李斯特《政治经济学的国民体系》，陈万煦译，商务印书馆，1996年，第39页。
③ 李孟刚《产业安全理论研究》（第二版），经济科学出版社，2010年，第51页。
④ GATT1994附件9第十八条，该条为对正文部分第十八条"政府对经济发展的援助"中"特定产业"的注释。一般认为，"特定产业"即是指"幼稚产业"。钟明主编《重返关贸总协定对我国产业的影响及对策》，北京大学出版社，1993年，第310—311页。

幼稚产业倾向性的保护与行政干预。这一点连一贯以经济自由主义标榜的美国也不例外，为使美国幼稚产业免遭欧洲成熟工业的竞争，美国第一届财政部部长亚历山大·汉密尔顿在其 1791 年呈交给众议院的《关于制造业的报告》中提出设置关税壁垒的必要性，并强调采取产业保护政策是美国——这个新共和国建立和发展制造业的重要前提条件。[1]

（三）比较优势理论与国家安全

大卫·李嘉图作为比较优势理论的奠基者，其认为："在商业完全自由的制度下，各国都必须把它的资本和劳动用在最有利于本国的用途上，各国应该生产自己具有比较优势的产品并出口，进口自己生产占劣势的产品，两国均能获益。"[2] 这一理论本来是适用于国际贸易领域，但由于客观经济环境的变化和发展，以产品输出为表征的国际贸易关系日益与以资本输出为表征的国际投资关系相互结合并互相影响，所以为该理论在国际投资领域的适用奠定了物质基础。[3] 在此理论基础上，之后的经济学家发展形成了资本自由化的理论，如日本经济学家赤松要的雁行发展优势理论、美国经济学家贝拉·巴拉萨的阶梯比较优势论、美国经济学家雷蒙德·弗农的产品生命周期理论及日本学者小岛清的比较优势理论等。

然而，传统比较优势理论是建立在完全竞争这一假设前提之上的，是在此前提下的静态分析，尤其是自由贸易可以带来更大利益的结论，但是实践并不是理想状态下的"真空"，同时随着经济全球化的不断深入，这一理论的成果已无法满足实践的需要。因此，新的理论便应运而生，比如，英国经济学家阿兰·鲁格曼的"竞争优势模型"，在不考虑其他因素变化的情况下，由于投资自由化使得国家特有优势对内对外均趋于平等，最终导致由于公司特

---

[1] 施明浩《外国投资国家安全审查立法研究》，博士论文，第 23 页。
[2] 王亚南主编《资产阶级古典政治经济学选辑》，商务印书馆，1979 年，第 531—532 页。
[3] 徐泉《国际投资自由化进程中的排斥与吸引博弈关系法辨——以韩国为例》，《河北法学》2007 年 3 月，第 47 页。

有资本的原有不平等使得本国资本与外国资本之间的势力更趋不平衡。① 不难看出，一国政府对产业进行投资指导，既可以避免逐利性强的外国资本的无序流入，又可以引导保护国内幼小产业的发展，同时对国内的一些重要产业进行控制，显然这是对该国利大于弊的。

（四）经济民族主义与国家安全

经济民族主义与经济自由主义从历史上来讲是相对比的，其的理论基础能够在 17 世纪和 18 世纪有关重商主义的著作中发现。罗伯特·吉尔平进一步把经济民族主义分为两种：一是较温和的经济民族主义，其目的是保护本国经济免受外国政治经济力量的影响，通常出现在不发达国家或经济已走下坡路的发达国家，这些国家的政府执行保护主义政策，以保护其新建或衰落的工业；二是较强硬的经济民族主义，其是经济战争的产物，崇尚实力扩张。② 可见，经济民族主义的本质是本民族国家的经济主权不受侵犯和经济利益的最大化，它实际上是一种国家利己主义。表面上看，经济民族主义严重阻碍经济全球化的发展，但是，当代资本主义发展的最明显特征就是产业链的全球化，在整个产业链中最中心的位置由控制跨国资本、先进的制造技术、管理经验以及购销渠道的发达国家所占据，而发展中国家只能在产业链的低端部分为中心国家提供廉价的劳动力支持。因此这种产业分工的布局尽管并没有从实体上影响发展中国家的生存，却严重影响到发展中国家民族经济发展的潜力。③ 因此，经济民族主义的存在从一定意义上看又具有其相对的合理性，对保护发展中国家尤其是最不发达国家的产业安全和经济安全起着重要的作用。

---

① ［英］阿兰·鲁格曼《全球化的终结：对全球化及其对商业影响的全新激进的分析》，常志霄、沈群红、熊义志译，三联书店，2001 年，第 107 页。
② 施明浩《外国投资国家安全审查立法研究》，博士论文，第 25 页。
③ 陈安国《全球化进程中的国家主权》，中国矿业大学出版社，2002 年，第 329—330 页。

第二节　美国外资并购国家安全审查制度

美国作为全球最大资本输出国,同时也是最大的资本输入国。这样的双重角色意味着,美国经济具备着经济全球化的显著特点,同时,美国作为世界上较早对外资并购行为进行政府规制的国家,它的外资并购国家安全审查制度,发展至今已经积累了数十年的立法和实践经验,有较完备的法律体系和程序,实践也证明了其诸多的措施行之有效,因此,为很多国家所效仿。比如,2004年颁行的欧盟新并购条例及其配套制度,无论是在体系上还是内容上都与美国的外资并购国家安全审查制度相似。因此,也有学者指出,趋美国化是欧盟新并购条例的一大特色。[①]

一、美国外资并购国家安全审查制度的演变

第一阶段:美国战时国家安全利益催生对外来投资的安全审查。[②]

第一次世界大战期间,美国国会通过了在特殊行业禁止外国在美直接投资的法令以及《与敌国贸易法案》,授予总统阻止和没收德国、奥匈帝国等敌对国家在美投资的权力。其中,1917年颁布的《与敌国贸易法案》标志着美国外来投资安全审查制度的初步确立。第二次世界大战期间,美国根据《与敌国贸易法案》,分别没收、冻结了德国、日本等国的在美投资。1950年,美国制定了《国防产品法案》,进一步在国防安全层面加强了对外来投资的国家安全审查工作。

第二阶段:以外国投资委员会(CFIUS)为核心确立对外来投资的安全

[①] 刘和平《欧盟并购控制法律制度研究》,北京大学出版社,2006年,第31页。
[②] 鲁林《美国对外来投资国家安全审查制度述评》,《现代国际关系》2013年第9期,第20—21页。

审查制度。

20世纪70年代,由于越南战争、石油危机的影响,西欧及阿拉伯产油国对美投资收购快速增长。考虑到这些投资对美国国家安全的潜在威胁,福特政府1975年发布总统令,设立了跨部委外国投资委员会。20世纪80年代,日本与西欧经济迅速发展,其与美国的经济实力差距逐渐缩小,尤其是日本作为美国最重要的经济竞争者,制定了"海外投资立国"发展战略,对外投资大幅增加,成为世界上最大的债权国。以日本企业为代表的外国资本大举进入美国市场,掀起了一场并购狂潮。仅1985年,日本企业收购、兼并美国企业就达3165起。其中,三井不动产买下埃克森总部大楼、索尼公司购买美国哥伦比亚影片公司、三菱地产收购洛克菲勒中心均成为轰动美国的并购案。此后,日本企业投资范围不断扩大,1987年日本富士通公司计划收购美国硅谷顶尖的计算机芯片制造商仙童半导体公司。日本企业此举触动了美国核心利益,引起美国政界上下对国家安全问题的高度关注,美国国防部尤其反对这一并购案。但由于当时《对敌国贸易法案》《1950年国防产品法》等对此无明确规定,因此参议院议员詹姆斯·埃克森(J. James Exon)与众议院议员詹姆斯·弗罗里奥(James J. Florio)要求修改《1950年国防产品法》,以应对日本企业的并购活动。1988年美国国会通过了《埃克森—弗罗里奥修正案》,以确保国防安全为由,授权美国总统中止或禁止任何威胁美国国家安全的外国收购、并购或控制美国国际贸易公司的行为。外国投资委员会应国防部等的要求,在日、英、法等国并购美国计算机、军工等关键领域企业的过程中,开展了相关国家安全审查工作。

第三阶段:针对具有外国国家背景的企业进行安全审查,进一步扩展了国家安全审查范围。

1986年,法国汤姆逊—CSF公司和凯雷集团拟联合高价收购濒临破产的美国钢铁公司LTV的导弹及航空部门。其并购竞争对手洛克希德公司及马丁公司企图利用美国国家安全审查制度阻止此次收购。1992年外国投资委员会启动国家安全审查程序,认为汤姆逊—CSF公司具有法国政府背景,且LTV公司敏感技术的转让将对美国国家安全产生威胁。在此形势下,美国颁布了

《伯德修正案》，在《埃克森—弗罗里奥修正案》的基础上增加了两条新的内容：对"收购方是由外国政府控制或者代表外国政府"及"收购可能导致在美国从事洲际贸易的人受到控制并可能影响美国国家安全"的收购案强制实施国家安全调查。这实际上是把所有具有国家背景的外国企业在美直接投资纳入美国国家安全审查范围。该修正案对国有企业占主导地位的中国十分不利，限制了中国国企在美投资。1988—2005年，外国投资委员会在1593起申报或关注的外国投资案中，审查了25起，其中13起迫使投资方主动撤回，其他报总统裁定的12起中仅有一起被否决，即1990年中国航空进出口总公司要求收购美国MAMCO制造公司一案。

第四阶段：在保证国家安全和促进经济发展之间寻求平衡，进一步完善国家安全审查制度。

2007年美国颁布《外商投资与国家安全法案》（FINSA），2008年美国财政部又制定了《关于外国人合并、收购和接管规定》，进一步细化了FINSA的实施细则，明确了美国外国投资国家安全的原则、范围、标准和程序等问题。21世纪以来，面对恐怖主义等安全威胁和中国等新兴国家的竞争压力，美国国家安全涉及的范畴不断延伸，美国需要在国家安全与促进外国投资拉动经济发展之间寻求合适的平衡点。FINSA及其有关实施细则的出台，进一步扩展了国家安全在政治、经济、国防等方面的含义，明确了参与审查的政府机构及其职责，在法律上授权外国投资委员会可直接调查有关外国投资并购案件并作出决定。同时，进一步规范了审查程序，扩展了审查范围。凡是涉及国家安全的核心基础设施、重要技术、关键资源以及投资者背景等内容均在审查范围之内。在FINSA制定过程中，美国政府试图既加强国家安全审查制度，又保持外国投资者的信心，并在一定程度上提高审查的透明度，因此特意开放性地征求了有关外国公司对实施细则的意见。但在局部经济利益与国家安全利益相冲突时，美国仍倾向于优先保证国家安全。2008年以来，外国投资委员会进行审查的案例较之前明显增加。

二、美国外资并购国家安全审查制度的实体规定

外国投资委员会（CFIUS）是美国国家安全审查的主要机关，同时也是一个跨部门的委员会。吸引外国投资是美国经济发展的重要支柱，而国家安全是联邦政府极其关注的事项，外国投资委员便是服务于这一重要的国家利益。随着经济全球化的不断深入，国际资本的日益活跃，因外国投资而引起的国家安全问题越来越受到重视，外国投资委员会的职权也因此不断增加。

1. 外国投资委员会的成立

外国投资委员会的成立基于诸多原因，但主要的两个原因是：第一，20世纪70年代，由于石油价格不断走高，石油出口国家组织成员国取得了大量的利益，导致这些中东地区阿拉伯国家对美国的直接投资不断增长，而美国国会担心这些国家的投资会造成对美国战略性资产领域的操控；第二，美国经济十年滞胀导致美元贬值，以外币投资的外国投资者在美国投资能够获得更多利益，如此的吸引力导致国会意识到上述压力，经过一系列就外国投资问题的立法论证，表明美国缺少一个解决急剧增长的外国投资问题的统一机制。针对以上的问题，在国会的推动下，福特总统于1975年签署了第11858号法案，根据该法案的要求，成立了外国投资委员会，其职责是监督和评估外国投资对美国的影响。

2. 外国投资委员会的职能

虽然外国投资委员会得到了设立，但直到20世纪80年代，该委员会的职能才得以明确。根据1980年的第12188号行政命令、1988年的第12661号行政命令[①]和1993年的第12860号行政命令，至《外国投资与国家安全审查法》出台之前，外国投资委员会成员已经发展到了12名，包括：财政部部

---

① 授权外国投资委员会根据"埃克森—弗罗里奥"条款，对可能危害国家安全的并购交易进行审查的权力。通过吸收与国家安全息息相关的多个政府机构，从国防、军事、经济、贸易、科技等多种角度，对一项外资并购可能对国家安全造成的威胁进行综合评价与判断，以确保国家安全审查的专业性和正确性。

长、商务部部长、国防部部长、司法部部长、国土安全部部长、国务卿、美国贸易代表、经济顾问委员会主席、管理与预算办公室主任、科技政策办公室主任、总统国家安全事务助理、总统经济政策助理。

随着国际环境的变化和经济全球化的发展，在总统的授权下，外国投资委员会的性质从成立之初到现在已经发生了较为彻底的改变，并从专门监控、评估外资影响的纯粹行政部门发展成为对外资并购进行审查、对相应处理方案提出建议的强有力的执行机构。① 2007 年制定的《外国投资与国家安全审查法》正式确立了外国投资委员会的法律地位，并在该法案的第三节中对外国投资委员会作出了明确规定，既具有可操作性，又明确了外国投资委员会的成员机构、角色定位、工作程序和工作职责等。

除《外国投资与国家安全审查法》明确规定的外，根据第 13456 号行政命令的规定，外国投资委员会还包括：美国贸易代表、科技政策办公室主任和总统或者财政部部长在某个具体个案中认可的其他部门负责人。同时，第 13456 号行政命令还将以下机构列为外国投资委员会的观察员，在适当的情况下，这些观察员可以参与委员会的活动，并向总统汇报工作：管理与预算办公室主任、经济咨询委员会主席、总统国家安全事务助理、总统经济政策助理、总统国土安全和反恐事务助理。②

3. 牵头部门的功能

根据《外国投资与国家安全审查法》的规定，对于每一项需要审查的并购交易，在外国投资委员会开始审查之前，财政部须指定一个或几个成员部门来作为牵头部门。牵头部门是该特定并购交易的主管机构，基于专业知识代表委员会负责所管辖交易的审查、调查、协议谈判、修改、监督和执行。

4. 其他成员

（1）财政部的助理部长

财政部的助理部长有着特别的地位，经过国会参议院建议和总统的任命，

---

① 胡盛涛《寻求投资开放与国家安全的新平衡——美国境内外资并购中的国家安全审查制度及其对中国立法的借鉴》，《国际经济法学刊》2007 年第 1 期，第 58 页。
② 张举胜《美国外资并购国家安全审查制度研究》，博士论文，第 56—60 页。

其直接向财政部部长报告国际事务。这一职责也包括经财政部部长授权,参与外国投资委员会工作并处理有关国家安全问题。

(2) 常务主席

根据 2008 年《实施细则》第 800.203 节的规定,外国投资委员会中增加了一个新的职位——常务主席,该职位由财政部部长或其指定的人员担任。其主要职责是在审查程序前的非正式磋商程序中,向交易方提供咨询服务。

外国投资委员会的多部门参与机制,能够对国家安全进行全方位多角度的审查,将潜在的威胁暴露出来,确保外资的并购行为不会对美国的国家安全造成可能的威胁。同时,各部门之间的合作在该机制中发挥着极大的作用,虽然分工相对明确,权责比较分明,但是如果不能相互合作,无法做到协调一致的话,该机制也无法发挥其作用,然而,实践中,外国投资委员会的运作达到了预期的目的,为维护美国的国家利益起到了重要的作用。

三、美国外资并购国家安全审查的对象

(一) 美国外资并购国家安全审查的管辖范围

美国作为世界上第一大资本输入国,外国资本是美国 GDP 构成的重要组成部分,正如美国财政部前副部长尼尔·沃林所言,美国政府清楚地认识到外国投资对美国国内经济的有利性,并长期坚持开放性的投资政策,但是当这一项特殊的交易威胁到国家安全时,我们有义务优先考虑国家安全。美国财政部助理部长玛丽莎·拉戈在 2011 年 11 月 14 日举行的与中国企业和机构的对话会上进一步明确,美国将继续坚持开放的投资政策,对包括中国投资者在内的各国投资者一视同仁,外国投资委员会仅对美国的开放投资政策发挥补充及支持性的作用,并恪守有限管辖、效率性、非歧视性和透明性 4 个宗旨。2007 年《外国投资与国家安全审查法》要求外国投资委员会审查所有可能威胁国家安全、并购方为外国政府控制或是导致美国关键基础设施控制权丧失的外资并购交易,其中"控制"和"关键基础设施"是美国国家安全审查的两大核心标准。这两大核心标准直接决定了并购交易是否受外国投资

委员会管辖。

1991年颁布的《关于外国人合并、收购与接管的实施条例》（简称《1991年条例》）中第三部分即通过"控制"来界定管辖范围：(1) 并购交易导致外资对美国企业形成控制，无论对控制的安排采取何种形式；(2) 外资通过包括但不限于购买全部或大部分股票等方式对美国企业形成控制；(3) 并购方为外资控制的在美国注册企业，并购交易导致对美国企业形成控制；(4) 并购交易导致外资对美国企业的业务形成控制；(5) 外资通过协议或其他类似的安排建立合资企业，对美国企业以美国境内的业务作为出资部分形成控制。

此外，《外国投资与国家安全审查法》提出了"受管辖的交易"这一概念。根据该法案第2.4条的规定，"受管辖的交易"属于外国投资委员会有权进行审查或者调查的并购交易，即无论该交易发生于美国境内或境外，无论该交易的规模和标的的大小，只要其是可能导致美国企业被外国人控制的交易，都属于"受管辖的交易"。根据该法案2008年《实施细则》第800.301条的规定，"受管辖的交易"包括但是不限于以下类型：

1. 不论并购交易中如何安排公司的控制权，只要该并购交易导致或可能导致外国人控制美国企业。

2. 针对美国公司的控制权，由原外国人转让给另一个外国人的并购交易。比如，在迪拜港口并购案中，被收购的英国航运公司其实也是国外国有企业。

3. 并购交易造成或可能造成外国人控制美国企业的资产。外国人对美国企业资产的控制，须符合以下两个条件：(1) 大量使用该美国企业的技术，这并不包括通常伴随设施进行销售的技术信息；(2) 大量使用该美国企业此前的员工。如果外国人仅仅控制了美国企业的硬件设施，但不涉及技术或员工，则该并购不属于"受管辖的交易"。

4. 针对合资企业。此为《实施细则》增加的新内容。通过协议或其他形式组成的合资企业，包括通过协议成立新的合资企业，如果合资方的投资源于美国企业，外国人就会通过这个合资企业进而控制美国企业，因此该合资企业的成立也属于"受管辖的交易"。

5. 《实施细则》第800.301（c）条和第800.302（c）条还通过列举的方

式，确定了其他几种属于受管辖的交易类型，比如绿地投资、复合资源的资产、分支机构的并购等。①

（二）国家安全审查中的"控制"

"控制"在外国投资委员会国家安全审查中是一个极其重要且复杂的概念，从并购交易的发起至最后的总统决定，整个过程中都是考量的基本要素，不过 2007 年《外国投资与国家安全法》本身并没对其下任何定义，仅明确指出由财政部实施条例予以界定。在《实施细则》（1991 年）中，立法者试图通过功能性的角度，将控制界定为：通过拥有一个企业的多数股权或占支配地位的少数股权，或是通过代理投票、协议安排或其他方式，能够决定、管理企业重要事项的权力，无论该权力是否直接或间接行使，或是否已被行使，以及是否能够被行使。上述决定、管理企业重要事项的权力包括：（1）企业主要资产的出售、出租、抵押、质押或以其他方式转让，无论是否通过正常的商业途径；（2）企业的解散；（3）企业产品研发设备的关停、迁址；（4）企业协议的终止或不履行；（5）涉及上述条款内容的公司章程、设立协议条款的修改。②

这一定义的突出特点是回避了为"控制"划定一个明确的分界线，即没有设定一个具体的股权比例或是董事会的席位数量，而是统筹考虑各种相关因素来评估对于决定、管理企业重要事项权力的潜在影响。但有意见认为，《实施细则》（1991 年）对于"控制"的界定太过笼统，缺乏客观性的标准，易导致执行者对其扩大性解释，同时条例也没有区分"控制"与"重大影响"两个不同概念，另外对于所有权与控制权分割的架构，如有限合伙形式的私募股权基金等，条例也缺乏明确的确定。

为此，在《实施细则》（2008 年）中充分考虑了上述意见，对"控制"的范围作了进一步的细化。"控制"是指通过拥有一个企业的多数股权或占支配地位的少数股权，或是通过董事会代表权、代理投票、特别股、协议安排、

---

① 施明浩《外国投资国家安全审查立法研究》，博士论文，第 86 页。
② 施明浩《外国投资国家安全审查立法研究》，博士论文，第 87 页。

正式或非正式的一致行动安排,或其他方式,能够决策、指导、决定企业重要事项的权力,无论该权力是否直接或间接行使,或是否已被行使,以及是否能够被行使,特别是包括但不限于决策、指导、决定下列或其他类似重要事项的权力:(1)企业主要有形或无形资产的出售、出租、抵押、质押或以其他方式转让,无论是否通过正常的商业途径;(2)企业的重组、并购或解散;(3)企业的关闭、迁址或实质性地改变生产、营运或研发设备;(4)企业的重要支出或投资、股票或债券的发行、股利的支付、营业预算的批准;(5)企业新的经营业务或投资的选择;(6)企业重要合同的订立、终止或不履行;(7)企业处置非公开技术、财务或其他专有信息的政策或程序的管理;(8)高级管理人员、经理的任用和解聘;(9)接触敏感技术或美国政府机密信息雇员的任命或解聘;(10)涉及上述条款内容的公司章程、设立协议或其他企业组织文件条款的修改。

可见,《实施细则》(2008年)对于"控制"范围的界定,在《实施细则》(1991年)的基础上从5款增至10款,其中第四款、第五款、第七款、第八款都为新增条款,而即使是原有条款在内容上也得到了细化,这一方面限制了外国投资委员会的自由裁量权,但同时也使得美国国家安全审查的标准更趋严格。为保持平衡,《实施细则》(2008年)另一突出特点是对于少数股东的一些"自我保护"措施作了例外规定。从中可以看出,"例外规定"与"控制范围"之间的平衡甚为微妙,如何界定为"少数股东的保护措施"抑或是"外国投资者构成控制"颇具弹性,关键判断要素在于是否为"消极投资目的"。①

(三)国家安全审查中投资者身份的认定

各国的投资法,国家之间签订的BIT、FTA,甚至是与投资相关的国际公约中都会对投资者的身份进行界定,以确保是否具有相应的管辖权。美国在其《实施细则》(2008年)第800.216条中对外国投资者进行了规定,其中包括:外国自然人、外国政府或者外国实体,以及外国自然人、外国政府或者外国实体所控制的实体。一般而言,其对自然人适用国籍标准,而对实体

---

① 施明浩《外国投资国家安全审查立法研究》,博士论文,第87—88页。

则采取实际控制标准，实则扩大了国家安全审查的适用范围。

1. 外国实体

（1）依据外国法律设立的上市公司，其股票主要是在一家或者多家证券交易所流通。

（2）依据外国法律设立，并由外国公民直接或者间接持有不低于50％的已发行股权比例的其他任何主体。举例说明，A公司根据外国法律设立，并在美国以外的地区从事商业经营，B公司持有A公司所有股份，且可以控制A公司。而B公司又是在美国设立，由美国公民控制。因此，从控制标准看，虽然A公司设立在美国以外，但它并不是"外国人"。但是，如果A公司所在的A国政府对其进行干预，并能够对A公司实施控制，产生决策性影响，那么A国政府就属于对A公司进行控制的外国政府，在这种情况下，A公司就属于"外国人"的范畴。[1]

2. 外国政府及其控制的交易

首先，根据《实施细则》（2008年）第800.213条、第800.214条的规定，外国政府是指除美国联邦政府、州政府或者它们的分支机构以外的任何政府或者行使政府职能的机构，包括但不限于中央和地方政府（含各自的部门、机构和单位）以及非经选举产生而成为国家首脑且拥有政府职权的人。其次，《实施细则》（2008年）将外国政府控制的交易界定为：任何会导致外国政府或其控制及代其行事的人对美国企业形成控制的交易。包括外国政府机构、国有企业、政府养老基金、主权财富基金等对美国企业的并购。在审查外国政府控制交易时，外国投资委员会必须考虑结合相关的事实与情形，具体确定外国投资者在外国政府控制之下是否有能力、有意图利用对美国企业的控制来采取某一行为损害美国国家安全。针对外国政府控制的交易，外国投资委员会尤其要考虑外国投资者的投资管理政策能多大程度上要求其投资决定仅为商业性的，以及在实践中外国投资者的管理与投资决定的实施多大程度上能独立于外国政府，其

---

[1] 于永刚《美国外资并购国家安全审查法律制度探析——兼论我国相关法律制度的构建》，硕士论文，2009年。

治理结构能否确保其独立性；投资者的投资目的、投资项目、组织管理、财务信息的透明度及其披露情况；外国投资者遵守其他所投资国家的法律以及披露规定的情况等。虽然交易为外国政府控制并不意味着必然会存在国家安全风险，但外国投资委员会在对外国国有企业的安全审查中总是另眼相看，CATIC（中国航空技术进出口公司）并购交易被拒绝、中海油并购铩羽而归无不与其国有企业身份相关。

（四）国家安全审查的例外

从《实施细则》（1991年）至《实施细则》（2008年）都对无须进行国家安全审查的情况进行了规定，即以"不涉及控制权变化"为标准将9项交易排除在国家安全审查范围之外，分别是：

1. 通过股票分割或按比例分配股票股利而获得的投票权，并不涉及控制权的变化。

2. 同一母公司下的并购交易。

3. 获得不涉及控制权的可转换证券。

4. 仅以投资为目的涉及美国企业的有表决权证券或类似权益交易，若外资获得的投票权低于10%，或是银行、信托公司、保险公司、投资公司、养老基金、职工福利计划、共同基金、金融公司或经纪公司等在正常商业活动中获得的不涉及并购的表决权证券或类似权益。

5. 并购的美国资产不构成美国境内的业务单位。

6. 在正常商业活动中通过证券承销获得的证券。

7. 在正常商业活动中通过保险合同赔付等原因获得的证券。

8. 通过借贷或其他金融途径获得的不涉及控制的表决权证券或资产。

9. 获得美国企业有表决权的证券或资产而不形成控制。

四、国家安全审查的标准

（一）国家安全审查中的"国家安全"

究竟何为"国家安全"，前文已经进行了讨论，不同的立场有不同的理解。而对于美国的国家安全审查机制而言,"国家安全"定义的重要性自不必说。但无论是《埃克森—弗罗里奥修正案》还是《外国投资与国家安全审查法》均未对这一重要概念进行明确定义。这样的立法意图显然是为了对"国家安全"的概念从更宽泛、更灵活的角度进行解读,将更大的权力赋予审查委员会,虽然对保护美国的国家安全这一目的有着积极的意义,但是如此模糊的规定,将降低这一规定适用的可预期性,对投资者的投资行为反而是消极的意义。本书将从《埃克森—弗罗里奥修正案》和《外国投资与国家安全审查法》对"国家安全"的考量因素进行讨论。

根据《埃克森—弗罗里奥修正案》的适用标准,应从以下 5 个方面对"国家安全"进行考量:

1. 满足国防需求的国内生产能力。

2. 国内的产业对于国防需求的供应能力与满足能力,包括人力资源、材料、产品、技术以及其他的供应与服务等等。

3. 外国人对国内产业与商业活动的控制情况以及其影响到美国满足其国家安全需求的程度。

4. 对于向支持恐怖主义、核扩散技术以及生化武器的国家出售军事物资、设备和技术等方面,并购交易能够施加的潜在影响力。

5. 并购交易对与美国国家安全相关的领先技术的潜在影响。

根据《外国投资与国家安全审查法》的相关规定,除了上述已提到的 5 个因素外,还增加了以下 6 个因素:

1. 针对包括主要能源资产在内的美国关键基础设施的并购,要考虑该并购交易对相关国家安全的潜在影响。

2. 针对美国关键技术的并购,要考虑该并购交易对相关国家安全的潜在影响。

3. 外资并购交易是否由外国政府控制。

4. 要考虑针对以下各个方面进行国家安全审查,特别是针对外国政府控制的并购交易的审查:(1)要考虑并购方所属的外国政府与防止核扩散国家的国际关系,包括条约和多边指导方针;(2)要考虑并购方所属的外国政府与美国政府的国际关系,尤其是两国在反对恐怖主义等方面的合作情况;(3)要考虑军事技术转移的潜在可能性,包括考虑和分析美国的出口管制法。

5. 要考虑对美国所需的能源资源以及其他关键性资源、原材料的长远预测。

6. 总统或者外国投资委员会认为合理的其他因素。

对两者进行比较,不难看出,《埃克森—弗罗里奥修正案》更注重军事国防和国土安全,而《外国投资与国家安全审查法》则规定得更加全面,在之前的基础上,扩大了国家安全审查范围,同时也包含了关键性基础设施和关键技术,最后的兜底条款无疑扩大了总统或外国投资委员会的审查权利和自由裁量权,为确保国家安全提供了保障。

(二) 国家安全审查的行业

在美国安全审查制度的变革中,威胁美国国家安全的关键领域也在不断变化和增加,1988 年只有 8 个,2003 年已经扩充到了 11 个,并且增加了 5 类如果受到攻击可能会对人民生命、民众信心产生严重影响的核心资产。① "9·11"恐怖袭击事件后,美国政府及民众扩大了对国家安全的担忧。《2001 年美国国家安全法》增加了对于美国"核心工业"在国家安全方面的关注,并将其定义为"对美国至关重要的实体或虚拟的系统和资产,这些系统和资产的丧失功能或毁坏将弱化国家安全、国家经济安全、国家公共健康安全等"。同时,在该法案的其他部分将核心工业进一步分类,包括电信、能源、金融服务、供水、运输业等对国家安全、政府的运作、经济的繁荣、美国人的生活品质起关键作用的虚拟或实体性的基础服务。

《2002 年美国国土安全法》将上述"核心工业""基础服务"归结为"核心基础设施",并进一步扩大了核心基础设施的内涵,增加了"关键资源"要素,并定义为"公众或私人控制的对政府和经济的最低限度运营至关重要的资源"。根据这一法案,国土安全部于 2003 年版的《关于关键基础设施和核

---

① John Bush, The Physical Protection of Critical Infrastructures and Key Assets, February 2003. 转引自王小琼、何焰《美国外资并购国家安全审查立法的新发展及其启示——兼论〈中华人民共和国反垄断法〉第 31 条的实施》,《法商研究》2008 年第 6 期,第 23 页。

心资产实体保护的国家战略》中进一步梳理出 18 种需要特别关注的行业，分别为农业和食品行业、国防工业、能源业、公共健康护理业、印钞铸币业、银行金融业、饮用水及水处理业、化工业、商业设施、水坝、能源服务、商业核反应堆（核材料及核废料）、信息科技、电信科技、邮政航运业、运输系统、政府设施、关键制造业等。①

为回应国家安全的担忧，在外国投资委员会方面，2007 年《外国投资与国家安全法》在审查内容中新增了"关键基础设施"和"核心技术"。其中"关键基础设施"是指根据《外国投资与国家安全法》及相关规则，对美国至关重要的实体或虚拟的系统和资产，这些系统和资产功能的丧失或毁坏将弱化国家安全。"核心技术"是指根据《外国投资与国家安全法》及实施条例确定的，对国防至关重要的关键技术、关键零部件、关键技术项目。《实施细则》（2008 年）提到，在判断一项并购交易是否涉及"关键基础设施"时，外国投资委员会考虑的是具体的系统或资产，而非简单地将某一系统或资产归类为"关键基础设施"，即评估的核心标准是外资控制的特定系统或资产对于美国国家安全的潜在影响。对于"关键技术"，《实施细则》（2008 年）将其界定为：(1)《国际武器贸易条例》规定的，并在《美国军需品清单》中所包含的国防装备或国防服务；(2) 列入《美国出口管制条例》第七百七十四节及《商品管制清单》附件 1，并根据多边机制（例如出于国家安全、生化武器扩散、核不扩散或导弹技术等原因）和出于地区稳定或秘密监听等原因受到管制的物品；(3)《外国原子能活动条例》所列的核设备、部件、材料、软件技术，及《核装备和核材料进出口条例》中所列的核设施、核装备、核材料等；(4)《特定条例》中指定的机构及危险毒素。

此外，2008 年 11 月，外国投资委员会根据新法颁布了《关于外国投资委员会实施的国家安全审查指南》（以下称《国家安全审查指南》），根据该指南，外国投资委员会把能够引起国家安全担忧的并购交易，依据被外资控制的美国企业的性质和控制美国企业的外国人的性质具体分成了两类：收购对

---

① 施明浩《外国投资国家安全审查立法研究》，博士论文，第 88—89 页。

象为美国政府的承包人、分包人，或他们的供应商。被收购的美国企业涉及以下领域：（1）能源领域，包括自然资源、运输、发电与供电；（2）运输系统，如海运、港口业务、航空维修；（3）金融系统；（4）关键性基础设施；（5）关键技术。关键性基础设施与关键技术已经成为当下针对发展中国家并购交易的主要审查领域，1990年中国航空技术进出口公司并购案、中海油并购优尼科案和三一重工并购案都充分地体现了这一点。

五、美国外资并购国家安全审查程序

本部分以美国外资并购国家安全审查程序为主，外国投资委员会在顺利实施了20多年来，在积累了过往的经验的基础上，明确将申报前的非正式磋商程序纳入到自愿申报程序当中，并加强了国会的监督职责。因此，目前美国外资并购国家安全审查程序主要包括：申报、审查、调查程序，审查时间框架，申报的撤回和重启程序以及事后监督机制等内容。

（一）申报或通报程序

美国是外资国家安全审查中唯一采用自愿启动的国家，主要原因是美国外资审查的对象范围针对全部外资并购，没有部门和投资规模等门槛，如果完全实行强制启动程序，那么必然导致审查的投资太多，因此让当事人自己判断是否需要安全审查，通过该方式缩减申报数量。实践中自愿申报的数量也很少，2008年至2012年期间，数量最多的年份是155个，数量最少的年份是65个。另外美国为了弥补自愿启动程序中有安全审查风险而部分投资者怀有侥幸心理不申报的情形，规定了强制启动程序。此外，《实施细则》（2008年）将以往的实践经验和工作程序规范化，并将申报前的非正式磋商纳入自愿申报程序。外国投资委员会鼓励并购方在自愿申报前同其进行磋商，并购方在非正式磋商程序中提供的信息，也会成为正式申报的内容，并受到相应保密立法的保护。

1. 自愿申报程序

美国外资并购国家安全审查程序可以通过两种方式来启动：一种是并购

交易方主动、自愿地向外国投资委员会申报交易；另一种是外国投资委员会成员通过机构通报的方式，要求外资并购方提供相应的信息，从而启动审查程序。

美国在外资并购国家安全审查中将投资者申报作为一种自愿而不是一种法定强制的义务。外国投资委员会的工作流程的前提是基于自愿申报制度，允许当事人决定是否启动并购交易的外国投资委员会审查；并购交易当事人可在不通知外国投资委员会、不提交任何资料的情况下完成交易。然而，此项制度在设计上实际是鼓励当事人自愿申报的。当事人没有主动申报的交易，外国投资委员会可以依其职权随时启动安全审查程序；即使在交易完成后，国家安全委员会仍可以要求撤销该并购交易，恢复原状。如果当事人自愿提交外国投资委员会申请表（CFIUS filing），并且外国投资委员会在审查后发现不存在国家安全问题时通知当事人，且外国投资委员会以后也不能重新对交易进行审查，除非当事人在申请表中申报失实。[①]

在美国进行并购交易的外国企业一般会在交易计划阶段向外国投资委员会自愿申报审查，在得到外国投资委员会批准后再进行交易以避免不必要的损失，否则，安全审查未通过外国投资委员会的批准或者外国投资委员会若以后主动介入交易进行审查，会提高并购方的风险并加大交易的成本，甚至导致交易无法顺利完成。例如，1990 年中国航空技术进出口总公司（CATIC）收购美国西雅图飞机零件制造商 MAMCO 公司时，虽然向外国投资委员会自愿通报，但在审查结果还未得出前并购就已经完成，随后外国投资委员会决定提起调查并最终认为 CATIC 通过对 MAMCO 的控制，可能会采取威胁损害到美国国家安全的行动，其他法律无法使总统拥有足够权利保护国家安全，总统发布命令禁止该交易，CATIC 不得不将收购的 MAMCO 转售。[②]

提交外国投资委员会的申报表必须包含各方的详细信息以及交易条款，外资并购方自愿申报的主要内容如下：（1）外资并购交易的简要情况介绍，

[①] 李群《外资并购国家安全法律制度研究》，博士论文，第 103—104 页。
[②] 王小琼《西方国家外资并购国家安全审查制度的最新发展及其启示——兼论开放经济条件下我国外资并购安全审查制度的建构》，湖北人民出版社，2010 年，第 199 页。

如交易时间、交易规模等；（2）外资并购方和美国被并购方的公司名称、公司注册地点、公司年销售额、所属行业类型、公司组织机构及主要高管人员；（3）外资收购方是否根据《哈特—斯科特—罗迪奥法》的规定，向美国联邦贸易委员会提出了申请；（4）美国被并购方是否会涉猎美国国防部和其他政府机构的机密信息；（5）美国被并购方是否已经持有商务部出口管理局颁发的出口许可证；（6）美国被并购方是否是《国防产品法》所规定的供货商或者生产商；（7）针对被并购方涉及国防商品或者服务的研发、生产等方面，并购交易方案是如何设计的；（8）与外资并购方和美国被并购方有关的其他相关信息等。[1]

自愿申报提交后，如果属于不符合规定的自愿申报、申报涉及的交易发生了实质性变更或与实质信息不一致、未按外国投资委员会主席要求提交后续信息的、在最初申报提交后提交过补充信息的交易方没有向外国投资委员会提交最终证明的，申报可能被驳回或者被推迟接受，要求投资者提供补充信息。外国投资委员会认为自愿申报不属于受管辖的交易，将通知交易各方。

2. 机构通报程序

美国在规定投资者自愿申报以外，还保留了监管机构主动介入交易进行审查的权利。总统或外国投资委员会可以对下列交易主动介入并启动审查程序：（1）属于受管辖的交易并可能引起国家安全担忧；（2）之前被审查调查过的交易，但交易一方提交了错误或误导性资料或遗漏了重要资料；（3）被审查或调查过的受管辖交易，若：a. 交易人一方或交易完成后的实体故意实质性违反缓和协议或条件；b. 负责监督执行的牵头机构认为当事人故意实质性地违反缓和协议或条件，并经外国投资委员会确认；c. 外国投资委员会认为没有其他合适的救济途径来解决这一问题。此外，如果并购由外国政府控制的，也必须进行审查。无论该并购交易在计划阶段或已经完成后的三年内，如果任何副部长及以上级别的外国投资委员会成员，认为有理由相信某项未进行自愿申报的交易属于受管辖的交易且可能引起国家安全问题，可代表该

---

[1] 李群《外资并购国家安全法律制度研究》，博士论文，第104页。

部门通过主席向外国投资委员会提交通知。主席收到通知即视为通知已被接受。主席即可按照外国投资委员会的建议要求各方提交信息,以判断该交易是否受管制,如果外国投资委员会认为该交易确受管制,交易各方应根据上述规定提交受管制交易的信息。已经完成三年以上的交易,当事人不得再提起任何机构通报,原则上,外国投资委员会不能再对并购交易进行审查或调查。但如果外国投资委员会主席与其他成员协商后,也可以启动审查。这意味着外国投资委员会可以在任何时候对外资并购发起安全审查,足见审查的威力。此外,非正式磋商程序同样适用于机构通报。

(二) 审查程序

外国投资委员会对外资并购交易的审查,实际上包含两个程序:审查程序和调查程序。在收到并购交易当事方的正式通知后,外国投资委员会即开始一个为期30天的审查程序,在该程序启动期间内,外国投资委员会将通过以下12个因素对并购交易进行国家安全方面的评估:(1) 与计划的国防需求有关的国内产品。(2) 满足国防需求的国内工业生产能力,包括人力资源、产品、科学技术、材料以及其他的供应品和服务。(3) 外国公民对美国工业和商业活动的控制导致影响满足国家安全需求的能力。(4) 并购交易涉及一国军事物资、设备或技术涉嫌支持恐怖主义、扩散导弹技术或化学、生物武器的,并且此项交易被国防部认为会对美国利益造成地区军事威胁。(5) 并购交易涉及美国技术领导领域并影响国家安全。(6) 并购交易影响美国关键基础设施的安全性。(7) 并购交易涉及美国的关键基础设施,包括主要能源资产。(8) 并购交易涉及美国的关键技术。(9) 并购交易为外国政府控制。(10) 在外国政府控制的交易中,考虑以下因素:①外国政府是否坚持防扩散机制;②外国政府在反恐合作方面的记录;③与军事应用技术转移或转运相关的潜在能力。(11) 并购交易涉及美国对能源及其他关键资源、材料需求的长期保障。(12) 总统或外国投资委员会认为适当的其他因素。①

外国投资委员会根据《实施细则》(2008年)第721条,就所管辖的并购

---

① 施明浩《外国投资国家安全审查立法研究》,博士论文,第82页。

交易在审查阶段得出了结论，从而不必进入调查程序，但必须由财政部或者牵头部门副部级以上的领导作出决定：该并购交易并不会损害国家安全。同样，如果并购交易会导致外国人控制关键基础设施，而且会损害国家安全，但是在审查期间，交易各方和外国投资委员会达成了减缓协议，财政部或者牵头部门副部级以上的领导认为并购交易不会再损害国家安全，那么，外国投资委员会可以在审查阶段得出结论，而不必进入调查程序。事实上，大部分的并购交易审查都在此程序完成，无须再启动后面的调查，按有关数据统计，在2008—2010年之间，外国投资者向外国投资委员会递交的313件通知中，只有约30%的并购交易进入下一调查程序。[①]

另外，外国投资委员会的审查程序对并购交易各方及国会以外的人是保密的，并且外国投资委员会和国会就并购交易信息的分享一般是秘密进行的。审查的保密性也是为了对并购交易进行保护，否则，一旦消息暴露，在商业层面上会受到潜在收购方甚至是对手的干扰，尤其对于发展中国家的收购，更易被居心叵测地打上政治的烙印，而加大收购成本甚至是阻止交易的顺利进行。[②]

（三）调查程序

外国投资委员会的调查程序，可是说是对并购交易的二次审查。如前文所述，外国投资委员会一般在30天的审查期限内对绝大部分交易行为得出结论。但是，如果存在《实施细则》（2008年）第721条和第800.503条规定的情况，外国投资委员会可以采取进一步调查措施，调查时限是45天。

在整个审查和调查程序中，外国投资委员会将统筹考虑3个因素：（1）并购交易是否导致美国境内从事跨州商业的美国公司为外国人所控制；（2）是否有可靠证据表明并购交易可能威胁并损害美国国家安全；（3）除《埃克森—弗罗里奥修正案》《国际紧急经济权力法》外，其他法律规定能否保证提供足够和恰当的权力来保护美国国家安全。另外，2007年《外国投资与国家安全法》还

[①] Annual Report to Congress, Committee on Foreign Investment in the United States, December 2011.

[②] 施明浩《外国投资国家安全审查立法研究》，博士论文，第82—83页。

规定在并购交易最终为外国投资委员会通过前,国家情报总监都可以依职权对并购交易是否对美国国家安全造成威胁发起一个为期 20 天的分析程序,这一期限可以在国家情报总监认为必要或合适的情况下,或是委员会的要求下适当延长。在履行职权期间,国家情报总监作为一个独立的机构,可以接触向外国投资委员会提交的所有通知内容,并有权向财政部外国资产控制办公室主任、金融犯罪执法网络主管以及其他适当的情报机构搜集相关信息。①

(四) 总统行为与司法审查豁免

如果外国投资委员会审查后,认为并购交易并不会威胁到国家安全,或者通过其他法律可以对风险进行有效、充分的防控,那么委员会将以书面形式通知交易方,就并购交易的所有行为作出结论。如果委员会认为并购交易有损国家安全,且其他法律并不能有效防控风险时,委员会可以与交易各方达成减缓协议或者劝其放弃交易,也可以将该并购交易提交总统作出决定。

根据《外国投资与国家安全法》的规定,总统在收到委员会的建议后,有权在 15 天内按以下条件评估并购交易:(1)有可靠的证据表明并购交易导致的外资控制可能采取措施对国家安全造成威胁;(2)除《国际紧急经济权力法》和《埃克森—弗罗里奥修正案》外,其他法律规定无法为总统提供足够和适当的权力来保护美国国家安全。一般来说,只要符合以上两个条件,总统有权在适当的时候,对管辖的并购交易采取搁置或禁止措施,且并不受外国投资委员会建议的约束。例如,在迪拜港口收购案中,外国投资委员会在 30 天内的审查期结束后,断定此项收购并不影响美国的国家利益,因而无须进行 45 天的调查程序,即使外国收购方为外国政府控制,但在这种情况下,总统仍有权对上述并购交易采取适当措施。

然而,总统的权力并非没有边界,根据《实施细则》(1991 年)的规定,如果外国投资委员会通过其主席已书面通知当事人,自愿通知中涉及的并购交易不受国家安全审查管辖,或是委员会已决定不对并购交易进行调查,或是总统已经决定依法不对涉及的并购交易采取措施,在以上条件下,总统无

---

① 施明浩《外国投资国家安全审查立法研究》,博士论文,第 83 页。

权阻止并购交易。同样,根据《实施细则》(1991年)的规定,在总统作出最终决定前,并购交易方只要陈述适当的理由,可以在任何时间通过书面通知撤回申请。在撤回申请的书面通知获得外国投资委员会的准许后,所涉交易方的申请审核即告失效,审核程序全部清零,相同交易方就同一投资交易再次提交的审查申请则被归为新的交易申请。由于并购交易进入调查程序,往往会对交易方的公司形象造成负面影响,外国投资委员会一般都会同意,甚至是鼓励当事方申请撤回申报。根据有关数据统计,2008年至2012年之间提交给外国投资委员会的538件通知中,审查期撤回的通知共有32件,调查期撤回的通知共有38件,总计13%的通知在总统作出最终决定前撤回。另外,总统的决定是终局性的,并不接受司法审查的限制。[①]

(五) 以"罗尔斯案"为视角解析国家安全审查程序

罗尔斯公司(Ralls Co.)收购了4家在俄勒冈州中北部开发风电场的美国有限公司(项目公司)。该交易很快就受到了美国外国投资委员会的审查,该委员会是由美国财政部部长领导。尽管罗尔斯公司是一家美国公司,但其股东都具有中国国籍,根据《1950年国防产品法》的第七百二十一条的规定,该交易仍属于其监管范围。外国投资委员会认定罗尔斯公司收购项目公司威胁到国家安全,并发布了临时禁令,限制罗尔斯公司进入项目公司的风电场,并阻止其对风电场的进一步建设。外国投资委员会把禁止交易的建议提交给奥巴马总统。2012年9月28日,奥巴马总统签署总统令,以有"可靠的证据"表明此项并购交易威胁国家安全为由,命令罗尔斯公司放弃俄勒冈州北部的风力发电厂投资项目。罗尔斯公司将外国投资委员会和奥巴马总统诉至法院,诉称其命令违反了美国宪法第五修正案的正当程序条款,没有给罗尔斯公司提供审阅或者反驳他们的决定的机会。法院最后判定,总统令没有通过正当法律程序,就剥夺了罗尔斯公司受宪法保护的财产权利。

1. 案件事实

罗尔斯公司是一家在特拉华州注册成立、主要经营地点在佐治亚州的美

---

① 施明浩《外国投资国家安全审查立法研究》,博士论文,第83—84页。

国公司，由段大卫（Dawei Duan）和吴嘉良（Jialiang Wu）两位中国人所共同持有。段大卫是中国制造企业——三一集团的首席财务官，吴嘉良时任三一集团的副总裁，兼任三一电器有限责任公司总经理。

2012 年 3 月，罗尔斯公司收购了 4 家项目公司。它们都是美国独资有限责任公司。包括 Pine City 风电场有限责任公司、Mule Hollow 风电场有限责任公司、High Plateau 风电场有限责任公司和 Lower Ridge 风电场有限责任公司。这些项目公司最初是由一个美国公民所有的俄勒冈企业（俄勒冈风电场有限责任公司）来创设发展成俄勒冈州中北部的 4 个风电场（统称"Butter Creek"项目）。在罗尔斯公司收购它们之前，各项目公司都获得了风力发电场开发所需的资质，包括获得当地土地持有者允许进入其地产并建设风机的权力、与当地公用事业单位签订的公用能源购买协议允许连接公用电网的发电机互联协议、传输互连协议和管理使用其他附近风力发电场共用设施的协议以及在特定地点建设风机的许可。

Butter Creek 项目坐落于由美国海军控制的限制空域与轰炸区的东部地区周围，其中 3 个风电场距限制空域 7 英里内，而第四个风电场（Lower Ridge）坐落于限制空域内。在海军要求 Lower Ridge 进行搬迁，以减少 Lower Ridge 的风力涡轮机与低级军用航空器训练之间的空域冲突后，罗尔斯公司重新安置了风电场，但是仍然在限制空域内。

俄勒冈州 Windfarms 公司已经在 Butter Creek 项目的附近开发了另外 9 个风电场项目，并且 9 个都使用了国外制造的风力涡轮机，其中 7 个涡轮机位于限制空域内，同时，Pacific Canyon 风电场目前由国外投资者所拥有。除此之外在限制空域东部或其附近，有几十台甚至上百台现有的涡轮机，并且它们都是由外国所制造和拥有的。

2. 国家安全审查过程

在 2012 年 6 月 28 日罗尔斯公司向外国投资委员会提交了 25 页的关于其 3 月收购项目公司的报告。该报告解释了罗尔斯公司相信该交易不会对国家安全造成威胁。外国投资委员会根据《1950 年国防产品法》发起了审查。在 30 天的审查期间内，罗尔斯公司回应了外国投资委员会提出的一些问题并向外国投资委员会的官员作了一个报告。罗尔斯公司认为在审查期间和报告中没有告知其审查的要点，也没有向其透露审查的信息。

外国投资委员会认为罗尔斯公司对项目公司的收购威胁到了美国的国家安全，并于7月25日发布了临时禁令以期减轻威胁。该禁令对罗尔斯公司提出了以下要求：第一，立即停止 Butter Creek 项目区域内的所有工作；第二，在2012年7月30日前移除所有的库存，同时在项目区域不能存放、储备任何物品；第三，立即禁止任何人进入该项目区域。

调查开始3日后，外国投资委员会于8月2日颁布了一项外国投资委员会禁令。除7月份颁布的命令内容外，外国投资委员会禁令还要求罗尔斯公司在移除 Butter Creek 项目区域内所有物品（包括混凝土地基）以前不得向第三方出售目标公司及其资产，并且应当将出售事实告知外国投资委员会，外国投资委员会在10个工作日内有权提出反对意见。除非外国投资委员会调查结束或者美国总统根据《1950年国防生产法》第七百二十一款作出决定或者外国投资委员会或美国总统明确表示撤销命令，否则外国投资委员会禁令仍然有效。无论是7月的命令还是外国投资委员会禁令都没有公开该交易对美国国家安全造成危害的事实或者外国投资委员会发布命令所依据的证据。9月13号调查结束后，外国投资委员会向总统提交了调查报告（包括外国投资委员会的建议），请求奥巴马总统作出决定。

9月28日，美国总统发表了一项题为"关于罗尔斯公司公司收购4家美国风电项目"的行政命令（以下简称"总统令"）。总统令规定，总统有充分的证据相信罗尔斯公司进行的交易可能会损害美国的国家安全，并且总统认为在此次事件中，依据《国际紧急经济权力法》和《1950年国防生产法》第七百二十一款的规定，总统有权维护国家安全。根据调查报告，总统令规定禁止该交易。为了实施这项禁令，总统令要求罗尔斯公司必须做到：（1）在总统令颁布后的90日内撤出在目标公司的所有投资，包括资产、设备等；（2）移除项目区域内的所有物品，包括库存、安装的设施以及其他附着物；（3）不得再次进入该项目区域；（4）不得将三一集团在该项目中持有或生产的任何资产或物品出售或转让给第三方使用或在项目区域内安装；（5）不得将目标公司及其资产出售给第三方。同时,总统令也撤销了外国投资委员会颁布的两项命令。

整个国家安全审查过程中,外国投资委员会和美国总统均未告知罗尔斯公司颁布禁令所依据的证据,罗尔斯公司也没有机会对这些证据进行反驳。

3. 国家安全的法律框架

根据美国《1950 年国防生产法》第七百二十一款,即《埃克森—弗罗里奥修正案》,该案涉及行政部门在该规定下对商业交易进行的审查。该法案第七百二十一款规定:"总统通过美国外国投资委员会采取行动审查所涵盖的交易以确定该交易对美国国家安全产生的影响。"第七百二十一款将所涉交易定义为"任何外国主体进行的,可能对从事州际贸易的美国公司产生控制权的公司兼并、收购或接管行为"。

依据第七百二十一款对相关交易的审查由美国外国投资委员会启动,外国投资委员会由财政部部长担任主席,其成员包括各联邦机构的负责人和其他在外交政策、国家安全和经济责任领域任职的高级政府官员。外国投资委员会的审查可以采取两种方式中的任意一种。首先,所涉交易中的任何一方都可以在交易完成之前或交易完成后向外国投资委员会主席提交书面通知以启动审查,或者外国投资委员会可以自行决定对相关交易启动为期 30 天的审查。在此期间,外国投资委员会将对 11 个因素进行评估,以此确定该交易对国家安全的影响。如果外国投资委员会认定交易可能损害到美国的国家安全并且此威胁没有得以缓解,则必须立即调查该交易对美国国家安全带来的影响,并采取必要的措施保护国家的安全。

外国投资委员会的调查期限最长不得超过 45 天。如果外国投资委员会在调查结束时确定所涉交易对美国国家安全的影响已经得以缓解,该交易则不会被禁止,那么应当根据第 721 款的规定终止行动,并由外国投资委员会向国会提交最终的调查报告。

如果外国投资委员会在调查结束时得出的结论认为该交易应当暂停或禁止有关交易,那么它必须向总统提交一份报告,请示总统作出决定。报告的内容应包括有关该交易对国家安全的影响和外国投资委员会的建议所产生的影响。一旦外国投资委员会将报告提交给总统，他就有15天的时间进行决定，只有当总统发现有可信的证据足以使他相信外国利益（集团）行使控制权可能采取威胁并损害美国国家安全的行动时，他才能根据第七百二十一款行使职权。同时，总统的行为不应受司法审查。除了第七百二十一款和《国家紧急经济权力法案》外，总统无权对交易作出任何决定。

4. 案件评析

（1）司法审查的合法性

根据《1950年国防生产法》的规定，总统在其认为必要时有权中止或禁止任何有可能损害美国国家安全的交易的行为，且总统的行为不应受司法审查。因此，一方认为总统作出的行政决定涉及政治问题，不应受到司法审查。此外，总统的行政决定不具有司法性，是宪法对行政部门的授权，本身就不具有可供司法审查和判断的标准。

首先，根据美国法院的先例所确立的原则：与外交政策及国家安全密切相关的事项通常不具有可司法性，但并非每个涉及外交关系的案子或者争议都要排除司法审查；法院不能仅因为判决可能含有较重的政治色彩就拒绝对争议进行裁判；即使在军事行动中，法院有时候也可以发挥作用。因此，司法机关作为宪法的最终解释者，并且，在大多数情况下，当事人对某一政府行为违宪的诉求都能被法院适当地审理。因此，如果某些法律问题可能涉及外交政策和国家安全，法院不能自动地拒绝裁判，而应当在审理过程中对具体案件中的具体问题进行辨析，以确定"政治问题理论"能否阻碍法院对诉请的审理。所以，法院是有权力对这一问题进行审理，虽然涉及政治问题，但是在审理中可以将政治问题与法律问题分开，只审理法律问题。

其次，罗尔斯公司提出的对正当程序的司法审查既不涉及总统作出的并购交易威胁国家安全的行政命令，即不对行政命令本身进行司法审查，也不涉及总统为降低该交易对国家安全的威胁而作出的禁止该交易的命令。因此就像先例中所表明的法院拒绝对政治问题进行裁判一样，审查这些命令本身意味着对外交政策和国家安全的司法干预。但是罗尔斯公司并不要求法院对这些进行司法权干预。相反地，罗尔斯公司请求法院的是保护其应有的权利，即总统在作出这些命令时所依据的证据和考量的因素,如果罗尔斯公司知悉这些内容,本来可以有机会进行反驳,但恰恰是由于未通知罗尔斯公司,导致其失去了应有的权利,罗尔斯公司要求的是对这项权利的保护,而不是对总统的行政命令的司法审查。罗尔斯公司的正当程序主张并不涉及行政部门的特权,不属于政治问题,而属于法律问题。

总统在没有经过正当的法律程序的情况下就剥夺了罗尔斯公司对项目公司及其资产的受宪法保护的财产权。根据宪法第五修正案的正当程序条款要求"未经正当程序,不得剥夺任何人之生命、自由或财产"。正如最高法院所提出的,对宪法进行解释是宪法赋予司法机关的权力,法院有权进行审理。

(2) 何为正当程序

本案中,一方认为罗尔斯公司在程序上获得了充分的保障,因为已经告知其该交易必须经过审查,并且罗尔斯公司有机会在其自愿通知文件和后续的对话中以及向美国外国投资委员会提交的报告中提供证据。同时,罗尔斯公司可凭借自己的能力提交书面答辩状,与美国外国投资委员会的官员会面,回答后续问题,并提前收到了美国外国投资委员会预期行动的通知,这个过程充分考虑了国家安全的重大利益。

对于正当程序问题,在美国法院已经有诸多的讨论,美国联邦最高法院认为,正当程序具有灵活性,也会根据特殊情况需要提供程序性保护,并确立了"平衡检验"标准。此外,正当程序要求在程序中要对所涉及的政府行为予以公告,并提供"在有意义的时间以有意义的方式被听取的机会",还要保证相对人具有了解政府实施具体行为的原因的权利和反驳这些原因的权利。

显然,本案中总统令剥夺罗尔斯公司的宪法保护的财产利益没有经过正当的法律程序。罗尔斯公司本应有机会向美国外国投资委员会提供证据并和他们相互配合,因为罗尔斯公司在总统令颁布前应受到正当程序的保障。美国外国投资委员会在审查并购交易时代表总统采取行动,并且根据程序的规定,总统只有在审查美国外国投资委员会编制的记录和它的建议后才能采取行动。因此,罗尔斯公司在整个审查期间包括总统作出命令前,都应了解相关的内容,对美国外国投资委员会和总统的质询进行反馈,但罗尔斯公司的权利被忽视,失去了享有正当程序的机会。

本案作为挑战美国国家安全审查的重要一案,不仅是因为原告与中国公司有关,更因为美国作为国家安全审查十分严格的国家,有诸多方面值得我国尤其是自由贸易试验区学习,并且我国的联席会议制也是移植自美国。一方面,通过本案可以了解美国国家安全审查的具体过程,另一方面,美国对国家安全审查的程序的重视程度更值得我国学习。为投资者提供便利的投资条件,友善的市场准入,是自由贸易试验区在投资便利化方面的目标之一,但是如果无法在外资并购尤其是国家安全审查方面给予外国投资者合法的保护,享受正当程序的保障,非但不是便利化的体现,甚至是为外资的市场准入制造障碍,变相抵制外资。

第三节　澳大利亚外资并购国家安全审查制度

澳大利亚是一个安全、可靠的投资目的地,是公认的全球经济适应性最强的国家之一。澳大利亚政治稳定、社会民主、政策透明,具有完善的法律体系,让投资者对澳大利亚市场充满信心。澳大利亚的经济在过去20年的时间里持续快速地发展,实现了连续26年无衰退,创下发达国家经济增长持续时间最长的世界纪录。以2017年为例,并购交易较去年同期上升了18%,并购交易数量达到59起,并购涉及的交易金额230亿澳元。作为传统的外资输入国,澳大利亚政府一直对外国资本持开放态度。2008年金融危机以来,澳大利亚部分企业出现融资困难,积极寻求海外投资,中资企业赴澳投资屡掀高潮。仅以兖州煤业为例,截至2016年年底,兖煤澳洲在澳大利亚一共运营了8座矿山,煤炭权益资源量28.79亿吨,可采权益储量约5.55亿吨,年生产原煤约0.2亿吨。因此,在吸引外资和加大保护本国利益的过程中,澳大利亚政府逐渐发展和形成了一套比较成熟且富有特色的外资审批法律、法规和政策体系,同时澳大利亚政府也有很丰富的实践经验。

一、澳大利亚外资并购国家安全审查制度的法律框架

规范澳大利亚外国投资的主要法律框架由 1975 年颁布施行的《1975 年外国收购与接管法案》（以下简称《收购与接管法案》），1989 年颁布施行的《1989 年外国收购与接管条例》（以下简称《收购与接管条例》），以及 1975 年《外国接管（通知）条例》为基本法律框架，以现行国家投资政策为导向，同时涉及《公司法》、2010 年《竞争与消费者法》等联邦立法以及各地方州、领地有关外国投资的专门立法为审查准则。其中，《收购与接管法案》是外资并购的基本法律，同时还有相关的实施细则，即《收购与接管条例》，其对并购活动的具体事项作出细化规定。两者相比较而言，《收购与接管条例》的修订更加频繁，这是对澳大利亚的投资政策的及时反应，成为落实国家投资政策的有效法律工具。[①]这些法案和政策的内容极为复杂，涉及外国资本对澳大利亚国内企业和不动产的收购和接管。

澳大利亚设立外国投资审查委员会（Foreign Investment Review Board，简称 FIRB）依据上述法律法规及政策对并购申请逐项审查，采取个案审查的方式，重点考察投资是否符合澳大利亚的国家利益，并向财政部财长提交决策建议。

《收购与接管法案》是澳大利亚外资并购国家安全审查的基础法律，规定了审查机构、审查对象、目标企业控制权、豁免和法律责任等核心问题。《收购与接管条例》是澳大利亚审查机关审查外国投资的具体指导法规，详细解释了《收购与接管法案》的重点概念，并列举了豁免审查的条件。例如，《收购与接管条例》第十二条将银行、航空、机场、航运、媒体、通讯业列为敏感行业。这些领域的外国投资除需符合《收购与接管法案》有关规定外，还受该行业相关法律法规的规制。此外，澳大利亚财政部还经常公布具有约束

---

① 张庆麟、刘艳《澳大利亚外资并购国家安全审查制度的新发展》，《法学评论》2012 年第 4 期，第 63 页。

力的外国投资政策。

二、外资并购国家安全审查的主体

依据澳大利亚《收购与接管法案》之规定，外资并购的审查权由澳大利亚财政部部长行使，澳大利亚财政部外国投资和贸易政策司和外国投资审查委员会负责向财政部部长提供建议。

（一）财政部外国投资和贸易政策司

财政部外国投资和贸易政策司是财政部内设的一个组成部门，其主要职能是向财长提供管理外国投资事务的建议，并作为外国投资审查委员会的秘书处开展日常工作。外资并购计划一般先由财政部外国投资和贸易政策司的投资审查处进行初步的审查，初审的内容主要是看这些投资计划是否符合投资政策和《收购与接管法案》的要求。此外，还就外国投资政策向政府提供咨询。

（二）外国投资审查委员会

澳大利亚外国投资国家安全审查委员会成立于1976年，作为一个非法定的机构，主要职责为向财政部部长及政府就澳大利亚的外国投资政策及监管措施提供建议。委员会由5名成员组成，包括4名兼职成员和1名全职执行成员，该全职执行成员是财政部外国投资与贸易政策司的负责人，负责委员会和财政部的联络。在外国投资审查领域，该委员会的角色从一开始就被界定为一个咨询机构，更像是一个专家委员会，而对于投资审查的决策权则由《收购与接管法案》授予财政部部长实行，同时由财政部下设的外国投资和贸易政策处为委员会提供行政支持并监管外国投资政策的实施。委员会主要行使以下职权：（1）审查政策和立法调整范围内的外国投资计划，并就这些投资计划向财长作出评价；（2）就相关政策和《收购与接管法案》的实施以及外国投资计划向财长及财政部其他部长提供咨询意见；（3）为大众普及《收购与接管法案》及相关的投资规定；（4）向外国投资者及其代表或代理人提供《收购与接管法案》及相关外资政策的指导；（5）监督和保障澳大利亚投资政策和《收购与接管法案》的实施等,例如,在财政部外国投资和贸易政策司对外资并购计划进行审查时,外国投资审查委员会也会视被审查对象的情况决定是否参加审查。外国投资计划的性质和影响力是外国投资审查委员会参与到审查活动中的决定性因素。对于有较大影响力的投资计划,例如它的规模、复杂程度或者引起的政策问题等等,外国投资审查委员会更会尽早地参与到审查程序中来,为财长或其他财政部官员提供最终的咨询意见。财政部部长有权禁止外国投资申请,可以附加条件准许外国投资申请,对于已经完成的投资要求解除投资。当外国投资参加方不遵守财政部部长的命令时,财政部部长可申请州或地区的最高法院执行该命令。除此之外,财政部部长一般还将符合投资政策或者不涉及敏感领域的投资计划的批准权授予外国投资审查委员会的执行人员和其他高级人员。

三、外资并购国家安全审查的审查内容

(一) 外资并购国家安全审查的审查范围

根据澳大利亚的外资并购政策,对未开发土地、居住用地、住宿场所、澳大利亚城市土地公司股份或财产的并购,以及外国政府或者其代理机构的直接投资,不论投资的规模或者投资者的国籍,都属于审查的对象,必须经过预先审查程序,而且外国投资者必须主动向澳大利亚政府申报。

根据《收购与接管法案》及其相关外资并购政策的规定,外国投资者在澳大利亚进行以下的投资计划时必须向审查机构申报,接受预先审查:

1. 外资并购总资产数额或者收购价在 1 亿澳元以上的澳大利亚公司的实质性利益。如果是美国投资者,将根据不同的情况适用不同的申报标准。如果美国投资者投资于敏感行业,或者由政府控制的经济实体进行投资,则申报标准为 1 亿 500 万澳元。在其他情况下,申报标准为 9 亿 5300 万澳元。

2. 总投资不少于 1000 万澳元的新建投资项目。如果是美国投资者,除由美国政府控制的经济实体以外,不需要进行申报,但仍应遵守相关政策的要求。

3. 占传媒业 5% 或以上的组合投资，或者不论投资额度的非组合投资。

4. 对离岸公司的并购。该离岸公司的澳大利亚子公司或者其全部资产超过 2 亿澳元，但不超过全球总资产的 50%。对美国投资者而言，其申报标准则为 9 亿 5300 万澳元。如果对离岸公司的并购涉及澳大利亚的敏感行业或者该投资者由美国政府控制，那么申报标准为 2 亿 1000 万澳元。

5. 外国政府及其代理机构的直接投资。对这种投资的申报，投资规模不作为申报标准。也就是说，凡是外国政府及其代理机构的直接投资都必须进行申报。

6. 取得澳大利亚的城市土地的利益（包括租用、融资和利润分配安排），具体有以下几种情况：（1）开发金额在 5000 万澳元以上（含 5000 万澳元）、列入遗迹目录的非住宅商业房地产；（2）开发金额在 5000 万澳元以上（含 5000 万澳元）、未列入遗迹目录的非住宅房地产；（3）住宅设施；（4）空置房地产；（5）住宅房地产；（6）在澳城市土地公司或信托房产中持有股份或地产。

7. 其他任何可能需要申报的投资计划。[①]

（二）外国投资者的界定

外国投资者对于澳大利亚外资并购国家安全审查制度来说是一个重要的概念，总体分为外国政府投资者和外国私营投资者。对于外国政府投资者，澳大利亚的现行投资政策明确规定，所有外国政府投资者在澳大利亚进行任何数额的投资都必须经过澳大利亚外国投资审批机构的审查与批准，而对于外国私营投资者而言，则根据其国籍、投资领域及投资并购的资产价值设定了不同的审查门槛。

根据《收购与接管法案》及相关条例规定，外国政府投资者包括：（1）外国政体；（2）来自于一个外国的政府、机构或相关实体对其合计拥有 15% 或以上权益（包括直接和非直接的权益）的实体；（3）来自于多个外国的政府、机构或相关实体对其合计拥有 40% 或以上权益（包括直接和非直接的权

---

① 汤海涵《澳大利亚并购投资相关法律制度研究》，博士论文，第 14—15 页。

益）的实体；（4）由外国政府、外国政府机构或相关实体，即任何联合体控制的实体，或者被以上机构作为一个控制集团控制的实体。外国私营投资者则分为外国自然人和法人，具体包含：（1）非澳大利亚常住居民的自然人；（2）由非澳大利亚常住居民的自然人或外国公司持有控股权益的公司；（3）由两人或多人合计持有控股权益的公司，并且其中每一个控股人或者为非澳大利亚常住居民的自然人，或者为外国公司；（4）由非澳大利亚常住居民的自然人或外国公司持有重大权益的信托财产的受托人；（5）由两人或多人合计持有重大权益，而且其中每一人或者为非澳大利亚常住居民的自然人或者为外国公司的信托财产的受托人。①

对于外国政府投资者，无论其属于绿地投资还是收购澳大利亚的当地企业或是房地产等投资，无论该投资的数额大小，都需通报澳大利亚政府并取得预先批准，同时还需满足完全公平的交易关系和商业基础上的经营活动等额外的条件。

在私营投资者中，按其国籍国与澳大利亚的投资安排，还细分为美国投资者、新西兰投资者及其他国家投资者，其中美国投资者是指：（1）美国籍人士，指符合美利坚合众国移民及国籍法案第三款之定义的人士，或者是美利坚合众国的长久居民；（2）美国企业，指按照美国法律设立或组建的实体，该实体设立或组建的形式可以包括但不限于公司、信托、合伙经营、独资企业或合资企业；（3）设在美国的实体分支机构，即在美国开展商业活动，但是并非单纯地作为代表处，并非单纯地进行代理行为，其中包括不能合理地认定为在美国从事对于商品或者服务的销售行为，并且在美国设置有管理机构。新西兰投资者是指：（1）新西兰籍人士，包括新西兰公民、国民以及常住居民，但是不包括库克岛、纽埃及图克劳籍且不在新西兰长久居住的人士；（2）新西兰企业，是指在新西兰法律之下组建或成立的实体机构，实体机构的形势可以是但不限于公司、信托、合伙企业、独资企业或者合资企业；（3）在新西兰境

---

① The Foreign Acquisitions and Takeovers Act 1975, Part IA, A17E－G. Foreign Acquisitions and Takeovers Regulations 1989, A10. Australia's Foreign Investment Policy (2013), Appendix 1. Australia's Foreign Investment Policy (2013), Appendix 1.

内的实体机构的分支机构,即在新西兰开展商业活动,但是并非单纯地作为代表处,并非单纯地进行代理行为,其中包括不能合理地认定为在新西兰从事对于商品或者服务的销售行为,并且在新西兰设置有管理机构。①这一划分的意义在于,一般外籍人员在收购澳大利亚企业或公司的重大或者具有控制性权益,或收购境外公司的重大权益而该境外公司在澳大利亚拥有分公司或总资产,需通报澳大利亚政府并取得预先批准的限额为 2.48 亿澳元。对美国或新西兰投资者,2.48 亿澳元的限额仅适用于在敏感行业的并购,对于其他非敏感行业的并购其限额为 10.78 亿澳元。②

以山东如意科技集团收购澳大利亚库比集团为例,山东如意科技集团(以下简称"山东如意")联合澳大利亚羊毛贸易与加工商伦普利公司(Lempriere Pty Ltd.,以下简称"伦普利")共同收购澳大利亚库比集团(Cubbie Group Limited,以下简称"库比集团")的库比农场资产,其中山东如意和伦普利分别占 80% 和 20% 的股权,其中交易总价值近 3 亿澳元。③

2012 年 8 月 31 日,澳财政部审查了该项交易所涉及的收购后雇佣、所有权、董事会构成、经营管理和水资源利用等事项后,附条件批准了该交易。所附加的主要条件包括:第一,山东如意应在 3 年内将其在库比农场的股权比例从 80% 下降至 51%,超额部分应在此期间内出售给独立第三方,并随着其股份对应减少其在库比集团董事会中的代表席位;第二,库比农场应由伦普利的全资子公司管理与运营,收购后的库比集团应维持原雇工水平及待遇,其董事会成员构成应按规定之比例,企业用水权也应遵循所在州有关规定;第三,联合收购方每 12 个月应就其对以上条件的执行情况向外国投资审查委员会提交报告。

在山东如意发起收购前,被收购公司库比农场已经深陷经济危机长达 3

---

① Australia's Foreign Investment Policy (2013), Appendix 1.
② 施明浩《外国投资国家安全审查立法研究》,博士论文,第 125 页。
③ 《携手推进中澳经贸关系发展——驻澳大利亚大使马朝旭在澳大利亚中国总商会年会晚宴上的演讲》,2014 年 3 月 3 日,http://au.china-embassy.org/chn/gdxw/t1142521.htm,2017 年 9 月 2 日。

年，由于经营不善和长期干旱，总负债超过3亿澳元的库比农场在2009年被破产托管。澳政府曾试图出资将其收归国有，但最终失败，仅从商业性利益考量，其被收购本无可厚非，但此项收购计划却受到极大阻碍，引发澳大利亚国内关于"中国资本入侵"的担忧和争论，不少保守派议员和利益集团人士纷纷"冒头"发表抗议，要求政府收回这一决定。

其中最主要的原因就是库比农场所有的大面积农业用地和山东如意的疑似国资背景，且后一问题更加突出。反对者的主要质疑就源于目标企业的"关键""敏感"，而收购方山东如意疑似为一家中国国有企业，由其完成的此项交易可能会违背澳大利亚国家利益。许多澳大利亚公众认为中国国有企业具有非商业目的（如扭曲产品和转售价格），并且能够通过国有银行获得更加廉价的融资途径，从而获得竞争优势。

对于国有企业，澳大利亚外资国家安全审查机制设定了更为严格的审查标准，除了《收购与接管法案》第17F节中对外国政府投资者进行列举外，澳大利亚外国投资政策中将其进一步细化，要求凡是外国政府投资者在澳大利亚进行的所有直接投资，无论价值大小，均需呈报外国投资审查委员会审查。

山东如意所涉交易最终能够获批，正是因为其非国有企业的性质。澳财政部官员反复强调，山东如意不是一家国有企业，该项收购案中不涉及国有实体或国有企业。此外，目标企业身陷经济危机，负债比率高且连续3年无法脱困的客观情况也推动了山东如意此次收购的成功。同时，此次并购获得批准，还因为澳财政部设定了苛刻的条件。

对投资者身份的细化分类，有利于对不同主体进行分类管理，提高审查的效率，尤其是对国家安全方面的考量，对外国政府投资者设定更严格的审查规定，而对外国私营投资者则以限额作为主要标准。另外，以国籍进行分类，并不是对某些国家的歧视待遇，而是出于平衡外资开放政策的考虑，如通过与美国、新西兰等国家签订的投资安排提供更优惠的审查条件。

（三）外资并购国家安全审查的审查标准

《收购与接管法案》将外资并购分为股权并购和资产并购两种类型，针对不同的并购方式,审查标准也有很大的不同。同时,这两类并购都要遵守"国家利益"标准,这也是国家安全审查的重要标准。

1. 股权并购的审查标准

根据《收购与接管法案》的规定,当一个或者多个外国投资者计划收购一个目标公司的股权,如果在收购之前不是由外国人控制的目标公司,在收购之后会由外国人控制,或者在收购之前已经由外国人控制的目标公司,在收购完成之后,仍由其他外国人控制,而此项收购的结果违反了澳大利亚的国家利益。那么,在其中任何一种情形下,财长有权发布命令禁止该收购计划的实施。

根据《收购与接管法案》的规定,"控制"是指一个外国人或多个外国人共同享有对目标公司的控股地位。对于"控制"一般又分为两种情况,一种是指一个外国人单独或者与他的合伙人共同控制目标公司15%以上的表决权,或者发行的股票;另一种是指2个或者2个以上外国人,与他们的合伙人共同控制目标公司40%以上的表决权或者所发行的股票。

2. 资产并购的审查标准

根据《收购与接管法案》的规定,当一个外国人或者多个外国人计划并购一个在澳大利亚进行经营活动的公司的经营资产,如果在并购完成之前,目标公司的经营不是由外国人控制,但是,在并购完成之后,目标公司的经营可能会由外国人控制,或者目标公司的经营在并购完成之前已经由外国人控制,在并购完成之后,目标公司的经营会由其他外国人控制,而此项并购的结果可能会违反澳大利亚的国家利益。那么,对于其中任何一种情况,澳大利亚财政部部长都有权发布一个命令禁止该项并购行为。此处的"控制"是指一个外国人或者多个外国人,单独或者与他们的合伙人共同能够决定目标公司经营策略,且只有在这种情况下,外国人才被认为能够控制目标公司的经营。

3. "国家利益"标准

澳大利亚对外国投资国家安全审查的核心标准就是"国家利益",无论是《收购与接管法案》所体现的,还是澳大利亚政府颁布的对外资政策通过"国家利益的测评"明确了"国家利益"审查的考虑因素,都将"国家利益"作为重中之重。

外国投资审查委员会在审查并购交易中的"国家利益"元素一般会从以下5个方面进行考量：

（1）国家安全。在评估某一投资是否会带来国家安全威胁时,澳大利亚政府要听取有关国家安全机构的建议。此前澳大利亚对外资审查是以外国投资审查委员会单一部门的意见为依据的,目前则要求必须重视国家安全机构从整个国家宏观战略的高度对具有重大影响的投资作出的评估意见。

（2）竞争。为了促进良性竞争,以确保各行业和领域的所有权具有多样性,外国投资审查委员会会考虑投资提案是否有可能造成投资者获得对澳大利亚某一商品或服务的市场定价和生产的控制及对相关全球性产业结构的影响。在全球市场方面,外国投资审查委员会还会考虑拟议投资对相关全球性产业结构的影响,尤其会考虑过分集中可能导致竞争市场发生扭曲的情况。澳大利亚竞争和消费者委员会也会按照澳大利亚的竞争政策制度来独立审查竞争问题。

（3）澳大利亚政府的其他政策。主要包括对澳大利亚税收和环境目标的影响,这是为了解决由于吸引外资而以当地的环境资源牺牲为代价的问题,例如,如何使这种经济的外部性转化为企业的成本。

（4）投资对整个经济的影响。从经济整体运行的角度考虑：①企业收购后重组带来的经济影响；②收购资金来源的性质,并购后当地企业的参与程度；③雇员、债权人和其他关系人在社会福祉方面的利益；④投资者开发的项目确保澳大利亚人民取得公平回报的程度,能否使澳大利亚在此领域继续保持为可靠供应国。

（5）外国投资者的特征。澳大利亚政府不但会考虑投资者的商业运作透明度能否接受业务透明化的监管,而且还会考虑外国投资者的公司治理状况。若投资者为基金管理公司（包括主权财富基金）,就会考虑基金的投资政策以及基金提案是如何在并购后的企业中行使表决权的。①

以美国 Archer Daniel Midland 公司（以下简称"ADM"）收购 GrainCorp 案为例。ADM 是世界五百强企业，也是全球最大的农产品加工商之一。ADM 与澳大利亚重要的粮食加工商 GrainCorp 达成合意，ADM 以每股 12.2 澳元附加每股 1 澳元现金股息的价格全部收购 GrainCorp 的股权，交易总金额高达 34 亿澳元（约合 32 亿美元）。该交易虽被澳洲公平竞争和消费者委员会批准，但由于澳大利亚国内舆论对此反映强烈，外国投资审查委员会两次延长审查期限。2013 年 11 月 29 日，财政部部长表示，由于外国投资审查委员会未能达成共识，他最终以"交易与澳大利亚国家利益相悖"为由否决了该交易，但允许 ADM 将 Graincorp 的持股比例从 19.8% 增至 24.9%，而这一裁决实际上是阻止 GrainCorp 公司被任何企业收购。

在澳大利亚外资审查体制中，涉及竞争法方面的投资事项需先由澳洲公平竞争和消费者委员会审查，但是外国投资审查委员会也有权对交易进行市场竞争方面的审查，而且外国投资审查委员会考虑的竞争事项比澳洲公平竞争和消费者委员会更宽泛。本案交易先获得了澳洲公平竞争和消费者委员会批准，但是被外国投资审查委员会否决。

本案中财政部部长的否决理由主要包括：第一，相关农业市场需要促进竞争，而目标企业拥有庞大的农业基础设施，允许此项收购将削弱这种竞争；第二，允许此项交易将普遍削弱澳大利亚公众对于国家外资管理制度和外国投资的支持，而这违反了国家利益；第三，澳大利亚农业正在转型，此时将处于转型过程中的主要参与者转为外资所有不合时宜。

客观而言，财政部部长对此交易可能影响国家安全的担忧也确有理由。被收购的 GrainCorp 是澳最大的综合农业企业，也是澳唯一的独立上市的农业企业。它在澳大利亚拥有 280 个粮食仓储点，并拥有新南威尔士州、昆士兰州和维多利亚州十分之七的粮食运输港终端，澳大利亚东部约有 80% 的大

---

① 张庆麟《澳大利亚外资并购国家安全审查制度的新发展》，《法学评论》2012 年第 4 期，第 64 页。

宗谷物出口需经由 GrainCorp 运营的港口网络。农业和矿业是澳大利亚最主要的经济产业之一，一旦 GrainCorp 被外资收购，确有可能使澳大利亚庞大的农业基础设施网络被外资所控制，并影响到澳农业产业的发展。当时澳大利亚国内的农业正在经历转型期，引入一些国际大公司进入本国市场，对本国的农业发展是很不利的。同时，在全球人口不断增长、粮食供求矛盾逐渐凸显的当下，并购还可能引致澳大利亚政府对粮食安全的担忧。

本案中，并购规模远远超过了 10.94 亿澳元的强制审查标准，加上被并购企业属于重要的农业企业，粮食安全比较容易被解释为《关税与贸易总协定》（GATT）第二十一条下的安全例外所涉及的事项。但是，澳财政部部长却没有以粮食安全为由否决交易，而是以"交易将削弱公众对外资管理制度和外资的支持"违反国家利益为由否决并购交易，此种理由显然已经突破了以往对安全例外解释的合理范围，存在泛国家安全化的隐忧。特别是，本案是 2013 年澳大利亚托尼·阿博特（Tony Abbott）政府上台后，财政部部长否决的第一起外国投资交易，对分析澳大利亚现任政府对外资的国家安全审查的基本态度以及预估其对类似投资可能的审查结果，具有重要的指导价值和意义。由此可见，国家利益的标准会随政府的政策、政见甚至是政治需要而发生改变，虽然有《收购与接管法案》的规定，但该标准仍然具有不确定性，这样的"弹性"标准将对投资者的投资行为造成无法估量的影响，甚至会导致以失败告终。

如果某一申请涉及外国政府或相关实体，则外国政府在投资者中的持股比例、管理层控制、经营决策权、投资的商业属性等会受到外国投资审查委员会的重点审查，借此来评估这一外国投资是否具备潜在的战略与政治目的，并因此对澳大利亚的国家利益造成消极影响。不过，澳大利亚也并非把所有出于战略与政治目的的外国政府投资拒之门外，按其现行外国投资国家安全审查政策，对于上述投资申请，外国投资审查委员会仍会以"逐例审查"的原则来评估这些投资是否符合澳大利亚的国家利益。无论如何，对于外国政府投资者，投资是否具备商业属性是澳大利亚外国投资国家安全审查的关注重点，在现行的外国投资国家安全审查政策中，对于外国政府绝对控股的投资者，外国投资审查委员会一般通过既定的标准来评估外国政府投资者在澳大利亚投资的政治意图或是战略目的。而对于并非由外国政府绝对控股的外国投资者，其非政府参股方的持股比例、法人性质、决策权力、管理层构成等也属于外国投资审查委员会在国家安全审查中考量的关键内容。此外，为避免呆板仓促的审批损害长远战略利益，外国投资审查委员会一般会对一项提请申报并购计划附加特定的条件以降低国家利益方面潜在的消极影响，这些条件可能包括：投资中存在外部合作伙伴或股东，非关联所有权权益水平，有关投资的治理安排，保护澳大利亚权益不受非商业交易影响的长期安排以及投资目标是否仍将在澳大利亚证券交易所或其他认可的交易所上市等。[①] 这也预示着澳大利亚政府试图通过以一种市场为导向的商业运作机制来使国家安全审查中较为抽象的国家利益标准具体化，更具操作性。[②]

四、外资并购国家安全审查的审查程序

根据《收购与接管法案》的规定，投资者应该在任何交易发生之前递交审查申请，或者注明购买合同将以是否获得外国投资批准为前提条件，在澳大利亚政府通知投资项目审批结果之前，投资者不应开始实施交易。外国投资和贸易政策处作为外国投资审查委员会的秘书机构，对投资者提交的投资申请进行初审，初审主要关注的是投资申请的项目是否符合《收购与接管法案》及相关条例、投资政策的规定，并综合考虑投资者对于先前获批准的投资申请的履行情况。财政部部长收到投资者申请之日起有 30 天时间进行审查并作出决定，在这段时间内外国投资审查委员会按照"国家利益"标准来评估投资申请，对于一些重要的交易项目，外国投资审查委员会的秘书机构，即外国投资和贸易政策处会与有关的联邦部门如国家安全机构以及各州、领地政府部门进行商讨来衡量投资是否有损于国家利益。此外，作为投资政策

---

① Australia's Foreign Investment Policy (2013)，p7.
② 施明浩《外国投资国家安全审查立法研究》，博士论文，第 131 页。

要求的职责的一部分,在作出决策建议前,外国投资审查委员会也会与并购企业的主要股东商谈,并接受并购交易第三方的有关报告。

此外,《收购与接管法案》还规定了一种临时决定机制。这种临时决定由财政部部长作出,其作用是将对外国投资计划的审查期限延长至90天,或者财政部部长也可以发布临时决定直接不核准投资计划。不过,临时决定一般用来为投资申报方提供更多的时间去提供详尽的信息以供外国投资审查委员会来评估投资计划,也可以给投资者提供机会就投资计划中的问题发表意见。如果财政部部长作出一个延长审查期限的命令,将审查期限延长至90天,财长应当将该命令自作出之日起10天内在公报上公布。[1] 90天的审查期限届满之后,如果财政部部长仍然没有发布禁止并购计划的命令,或者也没有作出不反对并购计划的决定,那么财政部部长就无权再发布禁止实施并购计划的命令或者作出不予反对的决定。[2]

财政部部长综合考虑外国投资审查委员会的审核建议后作出决定,决定分为对申请无异议通过,或者是加上必须满足的条件,或者提案被拦阻。投资者在决定后的10天内收到通知,如果国库部部长无异议,投资者将收到由外国投资和贸易政策处代表国库部部长发出的有关这一决定的电子邮件或信函,对于重要的申请决定,财政部部长有义务在公众媒体上公开审核结果。[3] 对于加上必须满足的条件的投资申请,外国投资审查委员会及其秘书机构会与申请者协商具体的措施来缓解财政部部长对于"国家利益"方面的关注,同时投资者应在收到审核通过的通知后的12个月内实施投资项目。[4]

---

[1] 《收购与接管法案》第三条。
[2] 汤海涵《澳大利亚并购投资相关法律制度研究》,博士论文,第23页。
[3] The Foreign Acquisitions and Takeovers Act 1975, Part II, Section 22.
[4] 施明浩《外国投资国家安全审查立法研究》,博士论文,第128页。

第四节　自由贸易试验区的外资并购国家安全审查制度

一、我国外商投资国家安全审查制度的沿革

（一）外商投资国家安全审查的启蒙阶段：1979—1994 年

为了有效地实施改革开放，吸引外资，创建良好的投资法律环境，从最早 1979 年的《中外合资经营企业法》到 1986 年的《外资企业法》和 1988 年的《中外合作经营企业法》，开创了以"三法三条例"为主的外商投资企业法律体系，明确规定允许外国公司、企业和其他经济组织举办外资企业或个人与中国的公司、企业或其他经济组织共同举办合营企业和合作经营企业。这三部法律也首次明确了，申请设立外资、合营和合作企业，应由国务院对外经济贸易主管部门或者国务院授权的机关审查批准。

外商投资企业法也首次提出了国家主权安全的考量。第一，1983 年《中外合资经营企业法实施条例》规定了申请设立合营企业不予批准的情况，包括"有损中国主权"和"不符合中国国民经济发展要求"。第二，1990 年《外资企业法实施细则》规定了 4 类禁止设立外资企业和 5 类限制设立外资企业的行业，并列明了申请设立外资企业不予批准的情形，包括"有损中国主权或者社会公共利益"和"危及中国国家安全"。第三，1995 年《中外合作经营企业法实施细则》规定了申请设立合作企业不予批准的情形："损害国家主权或者社会公共利益""危害国家安全"和"有违……国家产业政策的其他情形"。[①]

[①] 江山《论中国外商投资国家安全审查制度的法律建构》，《现代法学》2015 年第 5 期，第 86 页。

外商投资企业法及其相关法规和规范性文件的颁布与实施,虽然提出了相应的概念和立法表述,在这一点上对防止外资威胁我国国家安全确立了法律标准,可以说做到了"有法可依",符合资本输入国的诉求,但这些多为原则性规定,没有具体的操作标准,减损了法律实施的预期性,提高了投资成本和风险。但无论如何,这些规定确实为我国真正意义上的国家安全审查起到了启蒙的作用。

(二)外商投资国家安全审查的发展阶段:1995—2002 年

为了指导外商投资方向,使之与国民经济和社会发展规划相适应,我国陆续于 1995 年颁布《指导外商投资方向暂行规定》,2002 年颁布《指导外商投资方向规定》。《指导外商投资方向暂行规定》和《指导外商投资方向规定》将外商投资的项目分为鼓励类、限制类、禁止类和允许类 4 种,并于 1995 年制定(后于 2002 年、2004 年、2007 年、2011 年、2015 年和 2017 年修订)《外商投资产业指导目录》,就鼓励类、限制类和禁止类的外商投资项目以分类具体目录的方式予以列明。根据现行审批权限,外商投资项目按照项目性质分别由发展计划部门和经贸部门审批、备案,外商投资企业的合同、章程由外经贸部门审批、备案。

以行业的市场准入为主的国家安全审查呈现出以下特点:第一,限制类项目暗含了国家安全的内容。其中,先后规定了与国防安全相关的"稀有、贵重矿产资源勘探、开采"和"国家规定实行保护性开采的特定矿种勘探、开采"。结合加入 WTO 的要求,涉及产业安全的规定则从"需要国家统筹规划的产业"修改为"国家逐步开放的产业"。第二,禁止类项目中明确提出了涉及国家安全、公共利益和国防安全的规定。《指导外商投资方向规定》中的禁止类项目包括"危害国家安全或者损害社会公共利益"的项目。与军事安全相关的条款,也从《指导外商投资方向暂行规定》的混合型规定("占用大量耕地,不利于保护、开发土地资源,或者危害军事设施安全和使用效能")转换为单列规定("危害军事设施安全和使用效能"),愈发突出了以军事设施为主体的军事—国防安全的保护作为独立目标的重要性。

可以说此阶段的国家安全审查虽然还是以绿地投资为主,但是较之前的原则性、粗线条的规定，此阶段的规定已经更加细化、更具有可操作性，为外国投资者提供了合理的预期，既有利于吸引外资、减少投资成本，又可有效确保国家安全。

（三）外商投资国家安全审查的相对成熟阶段：2003年至今

为"促进和规范外国投资者来华投资，引进国外的先进技术和管理经验，提高利用外资的水平，实现资源的合理配置，保证就业、维护公平竞争和国家经济安全"，中国于2003年颁布《外国投资者并购境内企业暂行规定》，于2006年颁布、2009年修订《关于外国投资者并购境内企业的规定》。外国投资者并购境内企业设立外商投资企业，应依法经审批机关批准，向登记管理机关办理变更登记或设立登记。伴随着外商投资方式的转变，外资并购审查成了该时期国家安全审查制度的重心。

维护公平竞争和国家经济安全成为外资并购审查所追求的主要目标。第一，《关于外国投资者并购境内企业的规定》明确了《外商投资产业指导目录》与并购审查的范围之间的关系，依照《外商投资产业指导目录》不允许外国投资者独资经营的产业，并购不得导致外国投资者持有企业的全部股权；需由中方控股或相对控股的产业，该产业的企业被并购后，应仍由中方在企业中占控股或相对控股地位；禁止外国投资者经营的产业，外国投资者不得并购从事该产业的企业。第二，集中审查的考量因素中提出"国家经济安全"。《外国投资者并购境内企业暂行规定》规定"经请求的认定"中"可以要求外国投资者作出报告"的情形为："外国投资者并购涉及市场份额巨大，或者存在其他严重影响市场竞争或国计民生和国家经济安全等重要因素的。"《关于外国投资者并购境内企业的规定》则对国家经济安全问题进行了进一步阐明："外国投资者并购境内企业并取得实际控制权，涉及重点行业、存在影响或可能影响国家经济安全因素……当事人应就此向商务部进行申报。当事人未予申报，但其并购行为对国家经济安全造成或可能造成重大影响的，商务部可以会同相关部门要求当事人……消除并购行为对国家经济安全的影响。"①

此阶段的国家安全审查更"像"是真正意义上的外资并购国家安全审查，实则两者还是有些区别的。《关于外国投资者并购境内企业的规定》采用的是"国家经济安全"而非国家安全，直到 2007 年颁布的《反垄断法》才开始使用"国家安全"的这一表述。

二、我国外资并购中的国家安全审查制度法律框架及不足

（一）我国外资并购国家安全审查制度法律框架

伴随着我国外资并购的逐渐规范，外资并购国家安全审查制度通过外资并购法律、部门规章、行政指导意见的相关条文初步建立起来。这些涉及"国家安全"问题的法律条文，构成我国目前对外资并购进行国家安全审查的整体法律框架。

早在 1995 年的《指导外商投资方向暂行规定》中的禁止外商投资项目规定，2003 年的《外国投资者并购境内企业暂行规定》就有了"国家经济安全"的概念。凯雷并购徐工案后出台的《国务院关于加快振兴装备制造业的若干意见》，突破了以往狭义的国家经济安全观，首次将国防安全纳入国家安全的范畴。但是，真正对安全审查制度的实体和程序性问题作出规定的是 2006 年国务院六部委公布的《关于外国投资者并购境内企业的规定》，国家发改委和商务部联合发布的《外商投资产业指导目录》。

1. 宪法

《中华人民共和国宪法》作为我国的根本大法，在第二十八条②明确规定

---

① 江山《论中国外商投资国家安全审查制度的法律建构》，《现代法学》2015 年第 5 期，第 87 页。
② 《中华人民共和国宪法》第二十八条："国家维护社会秩序，镇压叛国和其他危害国家安全的犯罪活动，制裁危害社会治安、破坏社会主义经济和其他犯罪的活动，惩办和改造犯罪分子。"

了维护国家安全，制裁危害国家安全的犯罪活动，其中，特别对国家经济安全进行了规定。虽然，本条款并未直接使用"国家经济安全"这样的字眼，且该条款一般被用在具象的实际的危害国家安全的行为，多被用在刑法学者用为阐释创设刑法的宪法依据，但本条款显然应当进行扩大解释，不应仅停留在刑事行为层面，因为危害国家经济安全的行为甚至比危害国家安全的犯罪活动还要危险，影响还要恶劣，所以必须对本条款实质的含义进行扩展，同时，根据宪法的应有之义及其所处位置，将其设定为所有涉及国家安全条款法律法规制定的根本依据。因此宪法是国家安全审查制度法律法规的基础，也是维护国家安全最重要的法律。

2. 法律

2007年8月30日第十届全国人民代表大会常务委员会第二十九次会议通过的《中华人民共和国反垄断法》（以下简称《反垄断法》），是我国对国家安全审查的重要法律规定。《反垄断法》第三十一条①明确规定了外资并购境内企业或者以其他方式参与经营者集中涉及国家安全的，除了要进行反垄断审查外还要进行国家安全审查。虽然两类审查同在一部法律中进行规定，但是两者的侧重点不同，特点不同，功能亦不同。反垄断审查是为了预防和制止垄断行为，保护市场公平竞争，提高经济运行效率，维护消费者利益和社会公共利益，而国家安全审查出于国家主权原则，是为了维护一国的国家经济安全。就外资的市场准入而言，国家安全审查要比反垄断审查更加重要，但无论如何，《反垄断法》首次在法律层面明确了国家安全审查制度，至于程序设计和具体的实施则在相继的规定中得以明确。

2015年7月1日第十二届全国人民代表大会常务委员会第十五次会议通过的《中华人民共和国国家安全法》（以下简称《国家安全法》），是为了适应我国国家安全面临的新形势、新任务，以习近平同志为总书记的党中央提出了总体国家安全观，强调全面维护各领域国家安全，加强国家安全工作和国

---

① 《反垄断法》第三十一条："对外资并购境内企业或者以其他方式参与经营者集中，涉及国家安全的，除依照本法规定进行经营者集中审查外，还应当按照国家有关规定进行国家安全审查。"

家安全的立法。以法律的形式确立了中央国家安全领导体制和总体国家安全观的指导地位，明确了维护国家安全的各项任务，建立了维护国家安全的各项制度，对当前和今后一个时期维护国家安全的主要任务和措施保障作出了综合性、全局性、基础性安排，为构建和完善国家安全法律制度体系提供了完整的框架。

《国家安全法》首次以法律的形式为国家安全进行了定义，"国家政权、主权、统一和领土完整、人民福祉、经济社会可持续发展和国家其他重大利益相对处于没有危险和不受内外威胁的状态，以及保障持续安全状态的能力"。国家经济安全也首次明确地被提出并纳入了国家安全的范畴，为国家安全审查奠定了坚实的基础。同时《国家安全法》在第四章"国家安全制度"第四节专门对国家安全审查监管制度作出了规定：一是第五十九条规定，"国家建立国家安全审查和监管的制度和机制，对影响或者可能影响国家安全的外商投资、特定物项和关键技术、网络信息技术产品和服务、涉及国家安全事项的建设项目，以及其他重大事项和活动，进行国家安全审查，有效预防和化解国家安全风险"；二是第六十条规定，"中央国家机关各部门依照法律、行政法规行使国家安全审查职责，依法作出国家安全审查决定或者提出安全审查意见并监督执行"；三是第六十一条规定，"省、自治区、直辖市依法负责本行政区域内有关国家安全审查和监管工作"。

2015年1月19日，商务部发布了《中华人民共和国外国投资法（草案征求意见稿）》，就安全审查部分，在原有《安全审查通知》的基础上进一步梳理完善了外资国家安全审查制度，其改进的主要内容如下：第一，将以法律的形式使外资国家安全审查获得合法授权；第二，增加外资安全审查主体的职权，如外资信息核对权和临时措施权；第三，增加了外国投资者、中国投资者、外国投资、实际控制人等概念及其界定，将外资类型扩大到绿地投资和部分间接投资；第四，取消了投资领域的限制，将安全审查延伸到所有的投资领域，将审查考虑的因素由4项修改扩大至11项；第五，增加缓解措施；第六，增加了再审查、缓解措施、年度报告等程序，将外资危害或可能危害国家安全的最终决定由原先联席会议或国务院负责而完全变为由国务院决定，使我国外资国家安全审查程序更加充实、合理、透明；第七，明确外资国家安全审查决定的复议和诉讼豁免性质；第八，增加了法律责任条款。

2015年4月8日，国务院办公厅印发《自由贸易试验区外商投资国家安全审查试行办法》，该办法就自由贸易试验区外资安全审查机制作了规定，基本沿袭了《安全审查通知》的规则，主要的变化有：第一，增加外资安全审查考虑的因素，将原来的4项扩展到6项，增加了文化安全和公共道德影响以及网络安全；第二，增加了自由贸易试验区外资审查的配合机制。

3. 行政法规

2011年出台的《国务院办公厅关于建立外国投资者并购境内企业安全审查制度的通知》（国办发〔2011〕6号）（以下简称《安全审查通知》）具有里程碑式的意义。《安全审查通知》对外资并购的安全审查进行了规定，包含审查的实体内容和程序内容，在当时成为安全审查制度的主要文件。此外，《安全审查通知》对外国投资者并购境内企业的含义进行了界定，将其分为股权并购与资产并购两种，具体为以下4种情形：（1）外国投资者购买境内非外商投资企业的股权或认购境内非外商投资企业增资，使该境内企业变更设立为外商投资企业；（2）外国投资者购买境内外商投资企业中方股东的股权，或认购境内外商投资企业增资；（3）外国投资者设立外商投资企业，并通过该外商投资企业协议购买境内企业资产并且运营该资产，或通过该外商投资企业购买境内企业股权；（4）外国投资者直接购买境内企业资产，并以该资产投资设立外商投资企业运营该资产。同时《安全审查通知》明确规定了并购安全审查的范围是：外国投资者并购境内军工及军工配套企业，重点、敏感军事设施周边企业以及关系国防安全的其他单位；外国投资者并购境内关系国家安全的重要农产品、重要能源和资源、重要基础设施、重要运输服务、关键技术、重大装备制造等企业，且实际控制权可能被外国投资者取得。《安全审查通知》还明确了建立外国投资者并购境内企业安全审查部际联席会议制度，具体承担并购安全审查工作。联席会议在国务院领导下，由发展改革委、商务部牵头，根据外资并购所涉及的行业和领域，会同相关部门开展并购安全审查。联席会议的主要职责是：分析外国投资者并购境内企业对国家安全的影响，研究、协调外国投资者并购境内企业安全审查工作中的重大问题，对需要进行安全审查的外国投资者并购境内企业交易进行安全审查并作出决定。

2015年4月8日国务院办公厅发布《自由贸易试验区外商投资国家安全审查试行办法》（以下简称《试行办法》），终于出台了自由贸易试验区外资安全审查机制的具体规则。与《安全审查通知》相比，《试行办法》在审查范围、审查内容、工作机制和程序等多个方面进行了创新和突破，体现了自由贸易试验区先试先行的优势。①

4. 部门规章

2011年出台的《商务部实施外国投资者并购境内企业安全审查制度的规定》（以下简称《安全审查规定》），是根据《安全审查通知》以及外商投资相关法律法规，在对《商务部实施外国投资者并购境内企业安全审查制度有关事项的暂行规定》（商务部公告2011年第8号）进行修改、完善的基础上形成的。《安全审查规定》在《安全审查通知》的基础上对于外资并购境内企业的安全审查程序作了进一步的细化，主要体现在：（1）在正式安全审查开始前设置了预约商谈机制；（2）明确了外国投资者应向安全审查机关提交的材料清单；（3）列举了消减外国并购交易对国家安全影响的若干措施；（4）对于外国投资者在国家安全审查后进行的可能影响国家安全的并购交易作出了规定。此外，《安全审查规定》明确了商务部为并购安全审查申请的受理部门，并应将符合规定的安全审查申请提交联席会议进行审查。地方商务主管部门受理并购交易申请时，对于属于并购安全审查范围，但申请人未向商务部提出并购安全审查申请的，应暂停办理，并在5个工作日内书面要求申请人向商务部提交并购安全审查申请，同时将有关情况报商务部。

根据相关的法律法规，外国投资者进行国家安全审查的程序如下图：

---

① 具体内容详见下文。

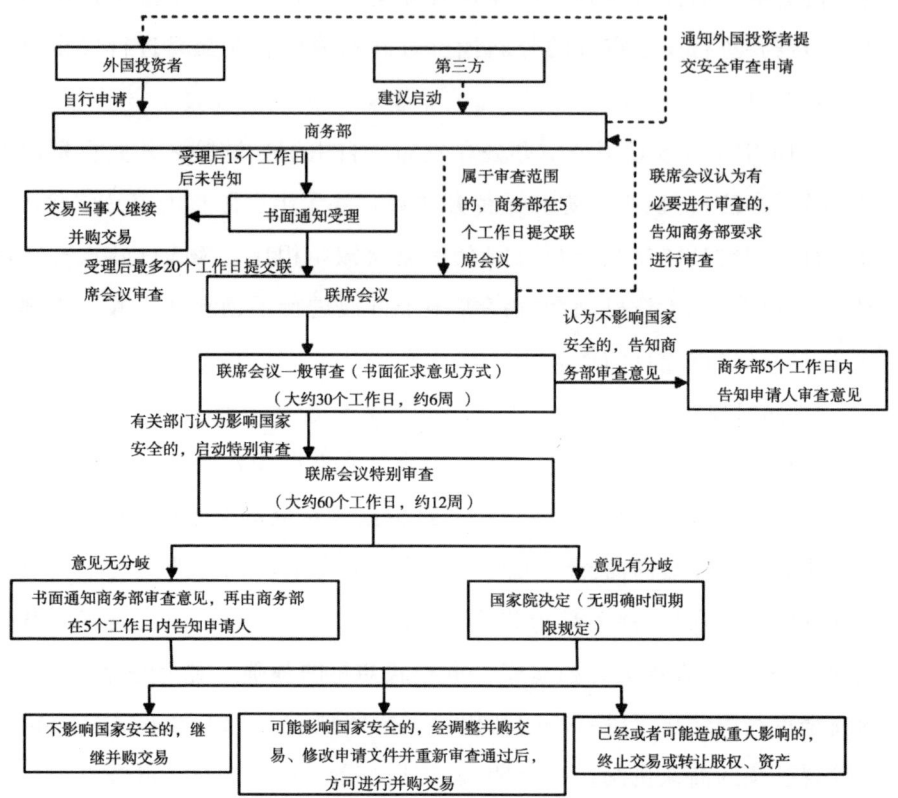

从整个制度框架来看，外资并购立法本应是一个系统的工作，然而我国却缺乏一个完善的规制体系。由于没有一部能够统帅外资并购相关法律规范的基本法，有限的外资并购立法在不同效力层次和规制领域上缺乏相互的配合，经常出现法律规范间相互冲突和无法可依的状况，不利于外国投资者和境内企业把握我国的外资审查标准，同时也给我国审查机构的实际操作带来麻烦。

（二）我国外资并购国家安全审查程序

按照现行法律、行政法规的规定，外资并购国家安全审查的程序主要包括5个部分，即申请、一般审查、特别审查、决定和事后监督。

正式程序开始之前，外国投资者可以向商务部提出申请，与商务部沟通征询关于拟进行的并购交易的程序问题，并通报有关情况。正式审查前的先行沟通程序并非强制性的必经程序，不管沟通结果如何，对于外国投资者和商务部都不具有法律约束力，不会对后续的正式程序产生任何影响。

我国安全审查程序的启动方式有 3 种，分别是：外国投资者申请、地方商务主管机关经审查发现交易属安全审查范围的要求投资者向商务部提出安全申请以及第三方认为有必要的通过商务部向联席会议提出安全审查建议。其中外国投资者申请为强制性规定。根据国办发〔2011〕6 号文的规定，所有外国投资者拟进行的并购交易属于本文规定的安全审查范围内的，该外国投资者应当向商务部提出审查申请。外国投资者有多人的，可以一起或者选定一个代表向商务部提交审查申请。

行政机关在正式受理申请后将对该外资并购交易进行一般审查和特别审查，两者之间不是前后必经关系，而是以是否涉及国家安全的认定为标准。一般审查以书面征求意见的方式进行，由商务部向联席会议提请并购交易申请，联席会议随后将该申请发至与该交易有关的各行政机关，各行政机关如果作出不影响国家安全的认定，则向联席会议发送意见函，联席会议根据各部门意见作出终止审查的决定，并书面通知商务部。特别审查程序，是当收到联席会议征求意见后，由行政机关作出影响国家安全的认定，联席会议应根据该意见函组织有关部门启动特别审查程序，依法对该并购行为进行国家安全审查。

在决定阶段，如前所述，可根据不同情况由联席会议作出决定，或者报请国务院决定。但是在决定公布的时间上，现有法律文件没有明确规定，仅对审查时间有 60 天的规定，因而，有建议认为，审查最终决定应当自审查结束之日起 7 日内将所作出的决定公布。并购审查决定关系到外资并购交易的效力，为实现经济推动和国家安全的双重目的，必须明确决定公布的时限，让并购双方尽快获得国家安全审查决定，自联席会议决定或国务院决定之日起 7 个工作日内通知并购交易方，并向社会发布决定公告。

另外，国办发〔2011〕6 号文针对外资并购的后续影响规定了事后监督程序。当外资并购交易通过了一般审查或特别审查后，基于新的并购行为或者修改之前审批通过的并购协议的，则需要再次进行安全审查。与美国的不同之处在于，就再次安全审查的提起程序上，我国并没有明确商务部可以依职权提起，而是由外资企业主动提起。理论上这种规定意味着并购审查有可能被外资企业所规避，因此应授权商务部提起并购安全审查事后监督程序的权利。

（三）我国外资并购国家安全审查制度存在的缺陷

1. 缺乏完整的法律体系。我国外资并购法律、外资并购监管法律极为分散，不成体系，缺乏协调性和衔接性。目前没有一部能统率外资并购相关法律的基本法，外资并购国家安全审查制度立法分别在法律、法规、行政文件中有所规定。在外资并购立法中除《反垄断法》《公司法》《证券法》是由国家立法机关颁布外，其余大多数是各部委以"条例""实施细则""办法""规定"等命名的行政性法规和部门规章，外资并购国家安全审查立法在不同效力层次和不同部门规定之间必然出现缺乏相互配合的问题，并经常出现法律规范相互冲突和无法可依的局面。

2. 对"国家安全"含义界定不清。"国家安全"的界定是外资并购安全审查制度中的核心内容，其对外资并购安全审查的启动和具体的审查范围将产生重要的影响。传统意义上的国家安全仅指国防安全，而新时期世界各国对国家安全的界定有所发展，不仅包括国防安全，还包括国家经济安全、文化安全等。虽然"国家安全"概念的扩展有利于更好地维护国家利益，保护国家安全，但是容易造成对"国家安全"概念的使用混乱，不利于外资并购安全审查制度的执行。

3. 审查对象不明确。"外国企业者对境内企业的并购"是我国外资并购国家安全审查的对象，但有关法律法规并未对外国投资者的认定标准作出明确规定。根据我国参加的双边投资协定的规定，对外国自然人投资者的认定采取的是住所地和国籍的符合标准，这会给外国自然人投资者逃避我国对外资并购的审查带来可乘之机，如通过长期居住我国或者加入我国国籍的方式。这会使国家安全审查的范围变小，可能会给国家安全带来潜在威胁。

4. 缺乏必要的国家安全审查监督机制，不利于消除国家安全隐患。我国由联席会议进行外资并购安全审查，国务院进行最终的决定，但我国的外资并购国家审查制度没有监督机制方面的内容。缺乏监督机制的制度是没有活力的，没有监督机制的制约，就容易导致"权力寻租""一把手说了算"的后果。监督机制的缺失必然会产生安全审查漏洞和隐患。

三、我国自由贸易试验区外资国家安全审查机制的构建

（一）自由贸易试验区外资国家安全审查方面的立法现状

2013年8月17日，中国（上海）自由贸易试验区获得了国务院正式批复。2013年9月18日国务院批准发布《关于印发中国（上海）自由贸易试验区总体方案的通知》。该总体方案的第二部分"主要任务和措施"在外资国家安全审查方面提出的任务是："完善国家安全审查制度，在试验区内试点开展涉及外资的国家安全审查，构建安全高效的开放型经济体系。" 2013年9月29日上海市政府发布了《中国（上海）自由贸易试验区管理办法》，规定成立中国（上海）自由贸易试验区管理委员会。该办法第五条规定的管委会职责中有一项涉及外资安全审查，具体为"承担安全审查、反垄断审查相关工作"。该办法第三十条规定："自贸试验区建立安全审查和反垄断审查的相关工作机制。投资项目或者企业属于安全审查、反垄断审查范围的，管委会应当及时提请开展安全审查、反垄断审查。" 2014年7月25日上海市人民代表大会常务委员会颁布《中国（上海）自由贸易试验区条例》，该条例第八条规定的中国（上海）自由贸易试验区管理委员会的职责中，明确了"依法履行国家安全审查、反垄断审查有关职责"。该条例第三十七条规定："自贸试验区建立涉及外资的国家安全审查工作机制。对属于国家安全审查范围的外商投资，投资者应当申请进行国家安全审查；有关管理部门、行业协会、同业企业以及上下游企业可以提出国家安全审查建议。当事人应当配合国家安全审查工作，提供必要的材料和信息，接受有关询问。"

2014年12月，国务院决定设立中国（广东）自由贸易试验区、中国（天津）自由贸易试验区、中国（福建）自由贸易试验区。2015年2月10日天津市人民政府发布《中国（天津）自由贸易试验区管理办法》。2015年2月15日福建省人民政府发布《中国（福建）自由贸易试验区管理办法》。2015年2月17日广东省人民政府发布《中国（广东）自由贸易试验区管理试行办法》。

这些涉及自由贸易试验区的规章延续了上海自由贸易试验区文件的模式，仅规定自由贸易试验区可以设立外资国家安全审查机制，但是没有设置具体的机制内容。《中国（天津）自由贸易试验区管理办法》第五十二条规定："自贸试验区实施外商投资国家安全审查制度，对属于国家安全审查范围的外商投资配合国家有关部门进行国家安全审查。"《中国（福建）自由贸易试验区管理办法》第四十二条规定："自贸试验区建立涉及外资的国家安全审查工作机制。对属于国家安全审查范围的外商投资，投资者应当申请进行国家安全审查；有关部门、行业协会、同业企业以及上下游企业可以提出国家安全审查建议。当事人应当配合国家安全审查工作，提供必要的材料和信息，接受有关询问。"《中国（广东）自由贸易试验区管理试行办法》第二十七条规定："自贸试验区应当配合国家有关部门在自贸试验区实施外商投资国家安全审查和经营者集中反垄断审查，实施外商投资全周期监管。"

通过上述自由贸易试验区立法及自由贸易试验区总体方案涉及外资国家安全审查方面的规定来看，自由贸易试验区可以建立本自由贸易试验区的外资国家安全审查工作机制，但是这些文件均没有具体设计该机制。2015年4月8日国务院办公厅发布《自由贸易试验区外商投资国家安全审查试行办法》（以下简称《试行办法》），终于出台了自由贸易试验区外资安全审查机制的具体规则。与《安全审查通知》相比，《试行办法》在审查范围、审查内容、工作机制和程序等多个方面进行了创新和突破：（1）安全审查范围明显扩大。《试行办法》在《安全审查通知》的基础上将适用范围扩大到外国投资者在自由贸易试验区内的所有投资，在文本中用"投资"一词代替了《安全审查通知》中的"并购"一词，具体包括单独或者共同投资新建项目或者设立企业、并购以及通过协议控制、代持、信托、再投资、境外交易、租赁、认购可转换债券等方式进行的投资。（2）外国投资者在重要文化、重要信息技术产品和服务等领域内的投资得到了重视。除了《安全审查通知》所提出的军工及军工配套、重点、敏感军事设施周边地域以及关系国家安全的重要农产品、重要能源和资源、重要基础设施、重要运输服务等领域外，自由贸易试验区安全审查还将重要文化、重要信息技术产品和服务等行业内的外商投资纳入审查。(3) 优化了取得实际控制权的情形。考虑到国际投资所有权结构日益复杂，投资者国籍日益模糊以及所有权和控制权背离更加普遍，《试行办法》使用了关联投资者的概念，对持有少数股权但所拥有的表决权足以对公司产生重大影响的投资者进行了厘清，并且更正了取得实际控制权的情形，即包括对企业的经营决策、人事、财务、技术等产生重大影响的情形。(4) 增加了外商投资对国家文化安全、公共道德的影响以及对国家网络安全的影响等方面的审查内容。(5) 增加了附加条件消除影响的内容。《试行办法》明确指出，"对影响或可能影响国家安全，但通过附加条件能够消除影响的投资，联席会议可要求外国投资者出具修改投资方案的书面承诺。外国投资者出具书面承诺后，联席会议可作出附加条件的审查意见"。(6) 增加了报告义务和联动机制的内容。针对自由贸易试验区管理的特点，《试行办法》明确了自由贸易试验区管理机构对试验区内外商投资的监管权力，要求管理机构在发现外国投资者提供虚假信息、遗漏实质信息、通过安全审查后变更投资活动或违背附加条件，对国家安全造成或可能造成重大影响的，应当履行报告义务。同时，还提出国家发展改革委、商务部与自由贸易试验区管理机构应当在信息共享、实时监测、动态管理和定期核查等方面形成联动机制。①

但是，《试行办法》规定自由贸易试验区的审查由部际联席会议负责，程序依然是按照《安全审查通知》的程序。对于自由贸易试验区配合审查的机制规定也非常简单，主要有：第一，自由贸易试验区发现报告机制，自贸试验区管理机构发现外资属于安全审查范围的应该报告；发现外国投资者提供虚假信息、遗漏实质信息、通过安全审查后变更投资活动或违背附加条件，对国家安全造成或可能造成重大影响的应该报告。第二，联络通知机制，商务部将联席会议审查意见书面通知外国投资者的同时，通知自贸试验区管理机构；国家发展改革委、商务部与自贸试验区管理机构通过信息化手段，在信息共享、实时监测、动态管理和定期核查等方面形成联动机制。《试行办

---

① 黄晋《完善自贸试验区外商投资国家安全审查制度》，《人民法治》2016年第2期，第34—35页。

法》规定的自由贸易试验区外资安全审查的配合机制过于简单，仅是规定了报告和联络机制，几乎没有给自由贸易试验区外资国家安全审查实质权力的委托和授权。①

（二）我国自由贸易试验区外资国家安全审查机制的不足

1. 对外商投资国家安全审查对象的界定不明确

所谓外商投资国家安全审查的对象实际是"外国投资者"，但究竟谁才属于"外国投资者"？首先，《试行办法》完全没有对外国投资者进行界定。那么，从2009年《关于外国投资者并购境内企业的规定》第九条第三款和《安全审查通知》第一条的规定中可以看出，在其语境下，"外国投资者"的判断采用的是资本控制标准。可是此种判断不够全面，外国投资者可以是自然人，也可以是其他非自然人实体，仅以资本控制标准不能判断所有的投资者，同时，也未明确说明"控制"的情形，因此有必要具体规定外国投资者的类型及判断标准。

2. 外商投资国家安全审查的标准过于单一

自由贸易试验区外商投资安全审查标准比较单一。首先，未对行业设置不同门槛。除涉及国防安全领域及重点、敏感军事设施周边地域的投资无比例要求之外，其他领域的审查均要求外国投资者取得实际控制权即股份总额合计50%以上。但是，如果外国投资者有意规避这一规定，股份总额低于50%，通过各种协议方式仍可具有控制权，那么根据该规定则无须审查。其次，自由贸易试验区外商投资安全审查对投资规模没有要求，只要是外国投资者取得所投资企业的实际控制权，都需要经过国家安全审查。

3. 外商投资国家安全审查的程序有待完善

《试行办法》沿袭了《安全审查通知》的审查程序，审查可以由投资者提出，或者由国务院有关部门、全国性行业协会、同业企业及上下游企业等第三方以建议方式启动。然而，主管部门能否依职权主动启动审查并没有规定。因此，从理论上讲，如果申请人没有申报、第三方也没有以建议方式启动程

---

① 李军《外国投资国家安全审查实施要件研究》，博士论文，第194—196页。

序，则当交易确实对国家安全造成威胁时，交易将很难进行有效处理。

（三）我国自由贸易试验区外资国家安全审查机制的完善

1. 明确界定"国家安全"的含义

应该统一"国家安全"的含义，明确"国家安全"与"国家经济安全"是两个不同的概念。国家安全是一个比较大的概念，不仅包括重要领域的经济安全，还包括国防安全等各方面。如果以国家经济安全为标准启动安全审查程序，那么涉及国防安全时就不能提起安全审查。另外，国家经济安全术语中认定国家安全指所有领域的经济安全，容易造成安全审查的政治化，扩大了有关部门的自由裁量权，不利于保护并购者的合法权益。因此，明确界定"国家安全"的含义对外资并购安全审查的提起具有重要意义。

2. 应当对外资并购国家安全审查对象进行有效界定

对于并购安全审查对象，我国应借鉴他国立法，在外资国家安全审查中，应该明确采用设立主义的基本标准，辅助以资本或者实际控制标准来确定外国投资者。①《外国投资法（草案征求意见稿）》对现有立法进行了完善，对于外国实体投资者采用了设立标准、准据法标准和控制标准的混合标准，可参考其规定②对审查对象进行界定。这样，一方面，可以有效解决中资采用离岸的模式借外资的假象回国投资的问题，另一方面，可以有效适应外商投资主体多元化的发展趋势，有利于监管效率的提高。

3. 完善外资并购国家安全审查的程序

自由贸易试验区的外资并购国家安全审查在程序方面还有很多可以进行改进的地方。比如，外资安全审查中没有投资规模的限制，不能以此减少外资审查的数量，因而会增加许多不必要审查的外资并购进入审查程序，从而

---

① 丁丁、潘方方《对我国的外资并购国家安全审查制度的分析及建议》，《当代法学》2012 年第 3 期，第 135—136 页。
② 《外国投资法（草案征求意见稿）》第十一条规定："本法所称的外国投资者，是指在中国境内投资的以下主体：（一）不具有中国国籍的自然人；（二）依据其他国家或者地区法律设立的企业；（三）其他国家或者地区政府及其所属部门或机构；（四）国际组织。受前款规定的主体控制的境内企业，视同外国投资者。"

增加了外资并购的成本,同时降低了行政效率。因此美国的自愿申报和强制申报相结合的模式相对而言具有优势,我国可以借鉴参考该模式,建立自愿申报机制和强制启动机制。① 增加预约商谈机制,《试行办法》并无提及预约商谈机制,而商务部的《安全审查规定》就申请人可就程序性问题向商务部提出商谈申请作出了规定,应增加实质内容的商谈。预约商谈机制有助于审查机构提前了解投资内容,并参与投资计划的制定,增加投资者通过安全审查的机会。② 增加申诉机制,目前未提供任何有效的救济方式,即便是外方认为不会对我国的国家安全构成足够的威胁也无处申诉,无法得到救济。虽然国家安全是东道国一国的内部事务,但如果不能给予外方有效的申诉方式,必将对东道国有效吸引外资造成不必要的消极影响。如果建立双向互动的救济机制(即我国联席会议既有事后监督机制,又有外方的事后申诉机会),才能保证我国在外资便利化和维护国家安全方面找到平衡点。③

4. 完善对安全审查制度的监督

我国外资并购国家安全审查,除了规定国务院在联席会议特别审查阶段产生重大分歧时对这一权利进行制约外,基本上再无别的监督了。而美国在外资并购国家安全审查方面有明确且严格的规定,即并购交易的各个阶段所作出的决定,都需要报告国会且接受国会有关人员的咨询。为了有效规范联席会议的行为,减小其过度的自由裁量权,减少腐败现象的发生,同时提高外资并购安全审查的效率,必须进入有效的监督机制,并规定以下三个方面:第一,提高安全审查的监督级别,让全国人大介入安全审查程序;第二,对联席会议的决议程序作出具体的规范,防止其滥用自由裁量权肆意决策;第三,让国家安全审查接受社会的监督,引入听证和公示程序,保障投资者的

---

① 李善民等《罗尔斯公司收购案与美国的安全审查》,《中山大学学报》(社会科学版)2014年第1期,第207页。
② 黄洁《自贸区外商投资国家安全审查的思考》,《北京化工大学学报》(社会科学版)2016年第1期,第41—42页。
③ 汤黎明、郑少华主编《自由贸易区法律适用(第三辑)》,法律出版社,2016年5月,第98页。

合法权益。

5. 自由贸易试验区可参与国家安全审查

虽然外资国家安全审查更倾向于国家行使,但是在具体的审查机制中,自由贸易试验区管理机构也可以参与其中,从细节上完善审查机制。① 我国外资审查具体工作阶段包含:商务部受理、联席会议审查及决定或者国务院决定、商务部执行等。根据这些阶段及其具体的审查工作,在《试行办法》的基础上,自由贸易试验区参与外资国家安全审查工作机制具体设计如下:在商务部受理阶段,可以授权自由贸易试验区管委会负责接收材料,进行初步受理,甚至可以将商务部的受理权限完全委托给自由贸易试验区行使。在外资审查的分析和决定阶段,虽然外资对国家安全的评估分析及其决定由国家中央部门或者其联合或者国务院负责,但是在该问题上,也可以赋予自由贸易试验区更多的权限,可以在涉及自由贸易试验区的外资国家安全审查中,将自由贸易试验区部门作为临时机构纳入联席会议。②

当前,应尽快完善自由贸易试验区外商投资国家安全审查制度,从而发挥先试先行的优势,将有成效的外商投资国家安全审查经验在全国范围内复制推广。事实上,完善该制度并在全国范围内复制推广也是我国法律的要求。对影响或者可能影响国家安全的包括新建、合营等形式在内的外商投资实施国家安全审查已经是法律的强制性要求。目前,我国在自由贸易试验区外仍然没有针对影响或可能影响国家安全的包括新建、合营在内的外商投资安全审查制度。③ 因此,应当在完善外商投资并购国家安全审查的同时,全方位推进外商投资国家安全审查,发挥自由贸易试验区的优势,为促进我国的外资企业健康、可持续发展作出贡献。

---

① 宋晓燕《中国(上海)自由贸易试验区的外资安全审查机制》,《法学》2014年第1期,第25—27页。
② 李军《外国投资国家安全审查实施要件研究》,博士论文,第197页。
③ 黄晋《完善自贸试验区外商投资国家安全审查制度》,《人民法治》2016年第2期,第35页。

第四章
中国自由贸易试验区投资便利化的法治保障

法治既包括有立法机关依法制定涉及改革创新的法律制度，也包括法院依法行使审判权对涉自贸区案件作出公正的裁判。法治是自由贸易试验区建设的重要组成部分，在率先建立符合国际化和法治化要求的跨境投资规则体系时，既需要改革者的超凡智慧，更需要法治的及时跟进。除此以外，以商事仲裁为主的多元纠纷解决机制也是商事纠纷尤其是涉外资纠纷解决的重要实现方式，规则完备、行之有效、运行良好的纠纷解决机制对投资环境的改善起着重要的作用，如果说宽松适度、监管有效的外资法律体系是投资便利化的前端要求的话，那么纠纷解决机制则是投资便利化的后端要求，投资者在投资地的选择、市场准入、项目运营、纠纷解决等诸多方面进行考量时，都具有相同的影响力。因此，在自由贸易试验区建设过程中，无论是法院从司法审判角度还是仲裁等多元纠纷解决机制都为涉外资提供了有效的法治保障。2016年12月30日，最高人民法院印发了《关于为自由贸易试验区建设提供司法保障的意见》（以下简称《司法保障的意见》），对人民法院涉自由贸易试验区案件尤其是涉外资和涉外案件的审判工作提出了指导性意见，这也是最高人民法院首次专门为自由贸易试验区制定的指导意见。2017年修改了《中华人民共和国行政诉讼法》与2018年2月公布了《最高人民法院关于适用〈中华人民共和国行政诉讼法〉的解释》，为自由贸易试验区的外资行政备案的可诉性提供了法律保障。各自由贸易试验区也针对实践中投资等诸多商事案件的特点，纷纷颁布了各自的仲裁规则，如 2014 年由上海国际经济贸易仲裁委员会（上海国际仲裁中心）颁布了我国首部自由贸易试验区的仲裁规则——《中国（上海）自由贸易试验区仲裁规则》，2017 年的《横琴自由贸易试验区临时仲裁规则》和《中国（辽宁）自由贸易试验区仲裁规则》等也颇具特色。

第一节　自由贸易试验区投资便利化的司法保障

自由贸易试验区是我国进一步融入经济全球化的重要载体，随着自由贸易试验区建设的深入推进，进入司法领域的涉外案件尤其是涉及外资的案件持续增长，审理难度也将会进一步增大。法院既要依法积极行使国际司法管辖权，准确适用法律、国际公约、条约和国际商事交易惯例，平等保护中外当事人权益，又要依法积极行使对涉外案件的司法管辖权，进一步强化国民待遇意识，努力营造公平竞争的法治环境，平等保护中外各类商事主体的合法权益，同时通过依法、公正、高效的审判促进自贸区法治化水平提升，推进国家制度体系和国家制度能力现代化，努力为自贸区建设实现国际化和法治化的目标提供有力的司法服务和保障。①

一、人民法院为自由贸易试验区投资便利化建设提供司法保障的重要性

（一）统一思想认识，做好司法保障工作

必须充分认识到建立中国自由贸易试验区是党中央、国务院作出的重大

---

① 张娜、凌捷、陆文奕《推进司法保障，把脉法律适用——中国（上海）自由贸易试验区制度建设与司法保障研讨会综述》，《人民法院报》2014 年 5 月 14 日第 7 版。

决策,是深入贯彻党的十九大精神,在新形势下推动形成全面开放新格局的重大举措。最高人民法院通过组织有关部门和人员全面深入研究国务院关于自由贸易试验区总体方案的内容,深刻领会自由贸易试验区为全面深化改革开放探索新途径、积累新经验的重要使命和战略意义,紧紧围绕国家战略,在司法职能范围内做好支持和保障工作,是司法为党和国家大局服务的重要体现。人民法院应当进一步解放思想,坚持司法体制改革,完善审判机制,推进自由贸易试验区的法治建设;应当根据国际化和法治化要求,从司法角度推动建立和完善自由贸易试验区的跨境投资和贸易规则体系;应当进一步更新司法理念,顺应时代要求,尊重经济规律和市场规则,促进社会诚信体系建设,为自由贸易试验区业务创新、制度创新、监管创新和政府职能转变提供良好的司法服务;应当把涉自由贸易试验区案件的审判放到改革开放、完善市场经济制度、转变政府职能和国家战略体系中来谋划,把推进和完善自由贸易试验区的法治建设作为审判工作的着力点,不断增强保障意识,为自由贸易试验区的建设提供更强有力的司法支持和司法保障。

(二)坚持改革创新,努力提高司法保障能力

国务院自由贸易试验区方案提出,通过改革试验,培育国际化和法治化的营商环境,为我国扩大开放和深化改革探索新思路和新途径,更好地为全国服务。这一政策为人民法院推进司法体制改革,探索自由贸易试验区案件审理以及国际和涉外领域中深层次的司法审判问题提供了指导和思路。自由贸易试验区不仅是贸易、投资和金融制度的创新和试验区,也可作为司法体制、审判机制、法官职业化建设的试验区。可以考虑优先在自由贸易试验区实施有关法院司法改革方案,探索一条司法去行政化、去地方化的发展模式,然后推广至全国。可以在自由贸易试验区按照国际化、法治化的建设要求建立高效便捷的司法管理和司法服务模式,促进投资和贸易便利化,提升司法保障能力。

(三)落实平等保护政策,营造国际化、法治化环境

人民法院审理涉自由贸易试验区的商事、行政案件时,应当依据中华人民共和国法律、行政法规以及地方立法机关授权制定的地方性法规,同时还要结合 WTO 等国际条约、双边协定、区域性公约的规定,确保政府行为符

合国内法和国际法规则要求而设置的行政执法措施。在涉及金融监管、服务贸易、投资准入、知识产权等行政案件时,准确把握自由贸易试验区扩大开放和转变政府职能的总体要求,维护我国法律法规的实施,并切实履行好我国所参加的条约规定的义务和承诺。对于外国仲裁裁决的承认与执行,在坚持我国司法主权和维护主权利益的前提下,认真履行我国承诺的国际条约义务,依法审查合同中涉外仲裁条款的效力,依法承认和执行外国仲裁裁决。在涉外审判中,坚持平等保护、法制统一、审判独立和公开透明的原则,正确行使司法管辖权,准确适用中国法、外国法、国际公约和国际惯例,平等保护中外当事人的合法权益,维护自由贸易试验区的国际信誉和我国的对外开放形象。注重提高涉外审判的国际公信力和影响力,为自由贸易试验区的创新和发展营造良好的法治环境,并促成区域司法环境软实力的提升。

(四)对接行政监管体制,保障政府行政职能转变

自由贸易试验区的一个重要职能目标是深化行政审批制度改革,加快转变政府职能,改革创新政府管理方式,实行以事中、事后监管为主的动态监管,提升事中、事后监管水平,优化管理流程和管理制度。自由贸易试验区新的制度规范在确立过程中需要一个过程,政府职能处于转变之中,自由贸易试验区的市场机制在试验中探索,包括如何与国际规则逐步接轨。在过渡阶段,行政机关既要切实履行监管职责,又要使自身的行政行为符合相对稳定的法律规定,难免会产生行政法治的"悖论"。行政审判可以基于司法中立的立场,从政府职能转变、社会管理创新的角度审视具体行政行为的合法性,对行政审判领域出现的新情况作系统的分析,在更高的层面解决遇到的新情况、新问题,推进政府职能转变和法治政府的建设。通过发挥司法审查监督的职能作用,改进行政执法中的偏差,依法规范政府行政行为,维护市场交易秩序,保护各类贸易主体的合法权益。

(五)鼓励金融服务创新,防范、化解金融风险

在自由贸易试验区贸易增长方式的转变和投资、金融领域的制度创新过程中,司法审判和司法保障工作被寄予了更高的要求和期望。尤其在金融领域,随着自由贸易试验区金融开放程度的不断提高,金融风险防范工作必然被提到议事日程。如何增强我国金融业综合实力、国际竞争力和抗风险能力以及推动金融改革、开放和发展，既是金融行业、监管部门的职责，也离不开人民法院的司法保障。在审查自由贸易试验区金融服务开放和金融创新产品的合法性时，对于法律、行政法规没有规定或者规定不明确的，应当遵循商事交易的特点、理念和惯例，坚持维护社会公共利益原则，充分听取金融监管机构的意见，不宜以法律法规没有明确规定为由，简单否定自由贸易试验区金融创新成果的合法性，为区内金融创新活动提供必要的成长空间。

（六）重视社会管理创新，助推多元纠纷解决机制

随着自由贸易试验区建设步伐的推进，涉自由贸易试验区案件和纠纷将呈现出数量繁多、专业性强、主体多样、国际化显著等特点。人民法院在社会管理创新上，应进一步推进纠纷多元化解决机制的健全和完善，充分发挥既有的诉调对接机制，推进商事纠纷委托调解工作，通过庭前与庭后调解的方式解决一部分自由贸易试验区诉讼案件，鼓励当事人利用商事仲裁机构和相关行业协会的仲裁机制解决纠纷。建立诉讼与非诉讼相衔接的多元纠纷解决机制，为不同类型的矛盾纠纷提供相应的解决渠道，尤其发挥我国涉外仲裁机构对涉自由贸易试验区案件的仲裁优势，依靠社会各方面的力量合力化解矛盾纠纷，避免当事人对诉讼手段的过度依赖，同时加强和完善司法对多元争议解决机制的支持与监督。

（七）强化司法公开，拓展审判职能，加强审判队伍专业化建设

司法公开是WTO等国际条约对成员国贸易政策透明度的义务。司法公开包括立案公开、庭审公开、判决公开和执行公开。要做到司法判决引用的有关自由贸易试验区运营、管理的法律、法规的完全公开透明。司法判决的公开可以使商事主体对同类案件形成正确的社会预期，发挥司法对自由贸易试验区商事行为的引导和规范作用。要拓展审判职能，探索建立贸易纠纷动向和风险的预警机制，积极开展司法建议工作，及时梳理自由贸易试验区案件纠纷所反映的行业监管、行业自律和行业风险等方面的问题，为政府决策、产业发展和自由贸易试验区建设建言献策。要加强审判队伍专业化建设，促进法官专业化水平提高，推进审判专家库建设工作，加强国际贸易、国际投

资、金融创新、服务贸易等领域的新类型法律问题、疑难法律问题的学习和研究，提升办案能力和审判质量。

(八) 统一法律适用，加强司法解释、司法指导、司法统计工作

可以预见，在将来较长一段时间内，自由贸易试验区试点领域的法律制度的修订和调整不能完全到位，例如有关投资方面就有几十条法律、上百条的法规规章在自由贸易试验区内不再适用，仅按程序办理就需较多时日。因此相关领域的商事活动或行政监管可能会处于"制度不确定"的状态。但纠纷发生后人民法院不能拒绝司法，因此在国务院和相关立法部门尽快完善自由贸易试验区法制的同时，最高人民法院应根据司法审判的实际需要，结合自由贸易试验区总体方案的内涵和自由贸易试验区的建设，根据法律和行政法规以及全国人大授权国务院暂时调整的法律内容，适时发布相应的司法解释，解决相关法律、法规在"涉外"和"涉自由贸易试验区"案件中的适用，包括程序法的适用和解释。在制定或发布司法解释不成熟的条件下，可以根据需要发布自由贸易试验区案件法律适用的指导意见，有效指导涉自由贸易试验区案件的审理，回应涉自由贸易试验区案件审理的实践需求。发挥指导性案例以及其他典型案件的规范指引作用，通过多种信息披露形式展示指导性案例和其他典型案例的处理模式和思路，引导和规制自由贸易试验区贸易主体、投资主体、金融市场主体以及政府部门的商事活动和管理活动。要适时建立服务于自由贸易试验区的案件信息统计工作，在贸易、航运、投资、金融、服务、司法等各个领域有针对性地收集、统计、整理和公布有关案件的数据及资料，定期向社会公布典型案件裁判文书和指导案例，增加自由贸易试验区司法裁判、法律政策和法治环境的透明度。

二、人民法院为自由贸易试验区投资便利化提供司法保障的体制机制建设

(一) 自由贸易试验区诉讼案件的法律适用

自由贸易试验区法院受理"涉自由贸易试验区"案件，除改革方案另有

规定外,都须严格执行现行《民事诉讼法》《民事诉讼法》(涉外编)以及有关司法解释的规定,遵守专属管辖和级别管辖的规定。对于诉讼当事人为外国人的案件,除非有证据证明有对等限制的必要和事实,都要根据国民待遇的原则,保障外国人在起诉、应诉、庭审、辩论中的诉讼权利。对于境外送达、调取证据、承认与执行外国的判决案件,还应遵守我国参加的《海牙送达公约》《海牙取证公约》以及我国与外方当事人所属国订立的司法互助条约、双边投资条约以及 WTO 条约中规定的诉讼措施或程序性措施和义务的规定。对于当事人提请承认与执行外国仲裁裁决的案件,还应按照 1958 年《纽约公约》的规定受理和审查外国仲裁裁决,对决定不予承认与执行外国仲裁裁决的,应当按照最高人民法院的司法解释规定。

人民法院承担着为自由贸易试验区建设提供司法保障的重大职责,为贯彻中央决策和习近平总书记指示,在自由贸易试验区运行三周年之际,适时总结审判经验,为全国各级人民法院涉自由贸易试验区案件的审判工作提供审判指导,已成为司法实践的迫切需要。最高人民法院在前期进行了为时三年的"中国(上海)自由贸易区司法保障及相关法律问题研究"专题调研、建立自贸试验区司法保障研究基地、举办自由贸易试验区司法论坛的基础上,经过多次实地考察、征求专家和各地法院意见,制定了《司法保障的意见》。目的是发挥最高人民法院的业务指导作用,统一认识,更新审判理念,以实际举措支持自由贸易试验区内实施的各项改革措施,同时解决涉自由贸易试验区司法实践中迫切需要解决的、带有普遍性的问题。①

1.《司法保障的意见》的宗旨

(1)推动司法工作人员更新观念,树立正确的大局意识。自由贸易试验区是我国改革开放的试验田,是我国构建开放型经济新体制的重要窗口。建设自由贸易试验区是在改革进入攻坚期、开放进入新阶段、发展进入新常态的大背景下,党中央、国务院审时度势,从统筹国内国际两个大局的高度,

---

① 张勇健、刘敬东、奚向阳、杨兴业、最高人民法院《〈关于为自由贸易试验区建设提供司法保障的意见〉的理解与适用》,《人民法院报》2017 年 1 月 18 日第 5 版。

作出的重大决策,对推进改革开放和现代化建设具有重要而深远的意义。各级人民法院应当积极做好司法应对,从全面推进依法治国的高度树立大局意识,严格依法办事,公正、高效地审理各类涉自由贸易试验区的案件,平等保护中外当事人的合法权利,为自由贸易试验区建设提供优质高效的司法保障。

(2)坚持法治先行,把握正确的执法尺度。"法治先行"是习近平总书记对全面深化改革提出的要求。2014年2月28日,习近平同志在中央全面深化改革领导小组第二次会议上强调:凡属重大改革都要于法有据。在整个改革过程中,都要高度重视运用法治思维和法治方式,加强对相关立法工作的协调。由于《外资企业法》《中外合资经营企业法》和《中外合作经营企业法》《台湾同胞投资保护法》在自由贸易试验区的调整实施,一些重大事项的审批改为备案制管理,调整裁判尺度已经成为涉自由贸易试验区司法实践的客观要求。人民法院需要在准确适用法律的基础上,及时调整裁判尺度,积极支持政府职能转变,同时最大限度地尊重合同当事人的意思自治,维护交易安全。

(3)坚持改革理念,促进自由贸易试验区制度创新。制度创新是自由贸易试验区改革措施的关键特征。根据上海、广东、天津、福建自由贸易试验区的《总体方案》的内容,自由贸易试验区在加快政府职能转变、扩大投资领域的开放、推进贸易发展方式转变、深化金融领域的开放创新、完善法制领域方面要推行制度性保障,形成与国际投资、贸易通行规则相衔接的基本制度框架。自由贸易试验区改革任务的实质在于制度创新与建设。习近平总书记指出:自由贸易试验区建设的核心任务是制度创新。要深化完善基本体系、突破瓶颈、疏通堵点、激活全盘,聚焦商事制度、贸易监管制度、金融开放创新制度、事中事后监管制度等,率先形成法治化、国际化、便利化的营商环境，加快形成公平、统一、高效的市场环境。①

2.《司法保障的意见》对涉外资案件的规定

(1) 人民法院对企业创新的司法支持

《司法保障的意见》第三部分，"依法支持自贸试验区企业的创新做法，鼓励其探索新的经营模式"，为了支持企业创新，人民法院应充分尊重当事人的意思自治，特别是尊重当事人对法律适用和管辖的约定，依法维护合同效力。根据自贸试验区的产业特点，《司法保障的意见》着重对人民法院审理自贸试验区的融资租赁②和跨境电子商务③案件提出了指导性意见，以促进产业发展。自贸试验区的融资租赁标的物有许多来自境外，融资租赁合同关系往往具有涉外因素，应当允许当事人依法协议选择争议解决方式和管辖法院，选择合同准据法。《涉外民事关系法律适用法》第四十一条规定"当事人可以协议选择合同适用的法律"。在判断融资租赁合同关系是否具有涉外因素时，宜采取宽松态度。对于法律、行政法规规定某些融资租赁合同应当经过审批或者登记等手续生效的，如未办理相应手续，应依照《合同法》第四十四条的规定，认定为合同未生效，而非无效。由于自贸试验区内施行的"一线放开、二线管住"的进出口管理措施，自贸试验区内已经形成了"境内关外"的特殊监管区域，跨境交易成本大降，跨境电子商务行为将日益增多。合理认定消费者与电商企业之间存在的买卖合同关系或委托合同关系，对处理类

---

① 张勇健、刘敬东、奚向阳、杨兴业、最高人民法院《〈关于为自由贸易试验区建设提供司法保障的意见〉的理解与适用》，《人民法院报》2017年1月18日第5版。

② 《司法保障的意见》第六条："鼓励自贸试验区内融资租赁业的创新发展。积极支持自贸试验区内的融资租赁企业在核准的经营范围内依法开展融资业务。充分尊重中外当事人对融资租赁合同纠纷有关管辖和法律适用的约定。正确认定融资租赁合同效力，不应仅以未履行相关程序等事由认定融资租赁合同无效。"

③ 《司法保障的意见》第七条："支持自贸试验区发展跨境电子商务服务。合理认定消费者与跨境电商企业之间的合同性质。合同约定消费者个人承担关税和邮寄风险的，可认定消费者和跨境电商企业之间成立委托合同关系。电商企业批量进口、分批销售，消费者主张其与电商企业之间成立买卖合同关系的，人民法院应予支持。电商企业以其提供的合同文本与消费者订立仲裁条款，应专门提示，消费者同意的，应认定双方达成了仲裁合意。"

似合同纠纷、分配关税等费用的缴纳责任具有重要的现实性、基础性意义。电商企业以其提供的格式合同与消费者订立合同时，应注意保护处于弱势地位的消费者的利益。我国法律对仲裁协议的订立和有效性有严格要求，如采取书面形式、必须选定仲裁委员会等。对于消费合同中仲裁条款的效力认定，本条规定采取了务实的做法，即有条件地承认其效力，条件为电商企业应进行专门提示。①

（2）人民法院对多元化纠纷解决机制的支持

《司法保障的意见》第四部分，"重视自贸试验区的特点，探索审判程序的改革与创新"，包括人民法院对多元化纠纷解决机制的支持、法院机构和审判组织建设、审判程序改革创新和外国法查明等方面。在支持多元化纠纷解决机制方面，人民法院要进一步探索和完善诉讼与非诉讼的衔接，支持各种形式的调解工作，对多元化纠纷解决提供司法便利。为了给自贸试验区企业提供更大的选择争端解决方式的空间，《司法保障的意见》加大了对仲裁的支持力度，第九条以尽力认定仲裁协议有效为抓手，扩大仲裁对案件的管辖范围②。国务院印发的《进一步深化中国（上海）自由贸易试验区改革开放方案》第十一条规定"进一步对接国际商事争议解决规则，优化自贸试验区仲裁规则，支持国际知名商事争议解决机构入驻，提高商事纠纷仲裁国际化程度。探索建立全国性的自贸试验区仲裁法律服务联盟和亚太仲裁机构交流合

---

① 张勇健、刘敬东、奚向阳、杨兴业、最高人民法院《〈关于为自由贸易试验区建设提供司法保障的意见〉的理解与适用》，《人民法院报》2017年1月18日第5版。

② 《司法保障的意见》第九条："正确认定仲裁协议效力，规范仲裁案件的司法审查。在自贸试验区内注册的外商独资企业相互之间约定商事争议提交域外仲裁的，不应仅以其争议不具有涉外因素为由认定相关仲裁协议无效。一方或者双方均为在自贸试验区内注册的外商投资企业，约定将商事争议提交域外仲裁，发生纠纷后，当事人将争议提交域外仲裁，相关裁决作出后，其又以仲裁协议无效为由主张拒绝承认、认可或执行的，人民法院不予支持；另一方当事人在仲裁程序中未对仲裁协议效力提出异议，相关裁决作出后，又以有关争议不具有涉外因素为由主张仲裁协议无效，并以此主张拒绝承认、认可或执行的，人民法院不予支持。在自贸试验区内注册的企业相互之间约定在内地特定地点、按照特定仲裁规则、由特定人员对有关争议进行仲裁的，可以认定该仲裁协议有效。人民法院认为该仲裁协议无效的，应报请上一级法院进行审查。上级法院同意下级法院意见的，应将其审查意见层报最高人民法院，待最高人民法院答复后作出裁定。"

作机制,加快打造面向全球的亚太仲裁中心"。

更为重要的是,《司法保障的意见》第九条第三款明确规定"在自贸试验区内注册的企业相互之间约定在内地特定地点、按照特定仲裁规则、由特定人员对有关争议进行仲裁的,可以认定该仲裁协议有效"。根据该款对临时仲裁协议有效性的要件的规定,承认了临时仲裁的仲裁协议的有效性,在立法层面对临时仲裁协议明确了标准,对临时仲裁的适用奠定了法律基础。由于我国的《仲裁法》明确规定了境内的临时仲裁协议是无效的,导致境内的临时仲裁也无法得到认可。此外,最高人民法院通过批复的形式确定临时仲裁无效。最高法院在《关于仅选择仲裁地点而对仲裁机构没有约定的仲裁条款效力问题的函》(1997年3月19日)中则认定:"本案合同仲裁条款中双方当事人仅约定仲裁地点,而对仲裁机构没有约定。发生纠纷后,双方当事人就仲裁机构达不成补充协议,应依据《中华人民共和国仲裁法》第十八条之规定,认定本案所涉仲裁协议无效,浙江省金华市中级人民法院可以依法受理本案。"

但是我国作为《承认及执行外国仲裁裁决公约》的成员国,我国仅对互惠保留和商事保留作出声明并没有对临时仲裁作出保留声明。因此,国外的临时仲裁裁决可以在我国得到承认和执行。例如,最高法院在《关于福建省生产资料总公司与金鸽航运有限公司国际海运纠纷一案中提单仲裁条款效力问题的复函》(1995年10月20日)中认定:"涉外案件,当事人事先在合同中约定或争议发生后约定由国外的临时仲裁机构或非常设仲裁机构仲裁的,原则上应当承认该仲裁条款的效力,法院不再受理当事人的起诉。"在最高法院《关于适用〈中华人民共和国民事诉讼法〉的解释》第五百四十五条[①]也进行了规定。并且,我国在立法实践中对于香港地区临时仲裁裁决已明确予以

---

① 最高法院《关于适用〈中华人民共和国民事诉讼法〉的解释》第五百四十五条:"对临时仲裁庭在中华人民共和国领域外作出的仲裁裁决,一方当事人向人民法院申请承认和执行的,人民法院应当依照民事诉讼法第二百八十三条规定处理。"

承认和执行。① 因此，我国在司法实践中承认境外的临时仲裁的有效性。

最高法院通过《司法保障的意见》在司法审查方面确立了临时仲裁在自由贸易试验区的有效性，是对我国以机构仲裁为主的商事仲裁制度的突破，更是为自由贸易试验区的外资提供了与国际接轨的机会，满足了外资在多元纠纷解决机制上的需求。但是，《司法保障的意见》的规定过于抽象和概括，看上去很明确，适用时很难。因此，结合我国当下仲裁发展的现状和自由贸易试验区投资便利化的需要，在适用本条款时，应注意以下3个方面：

第一，临时仲裁协议应"约定在内地特定地点"。

仲裁地点是仲裁协议的一项重要内容，在国际仲裁中仲裁庭的所在地决定了未来裁决的国籍，在境内仲裁中其关系到法院对仲裁的司法管辖。首先，鉴于临时仲裁是在自由贸易试验区内"先试先行"，此处的"特定地点"并不是指国内的任意地点，如果当事人约定了非"特定地点"，则该临时仲裁协议应视为无效；其次，"特定地点"应是在自由贸易试验区。

第二，临时仲裁协议应约定"按照特定仲裁规则"。

首先，"特定仲裁规则"不应是境内外仲裁机构自己制定的用于该机构管理仲裁程序的仲裁规则。因为临时仲裁的开展是基于当事人的自治，不似机构仲裁那样要按照专门的程序规则进行。

其次，"特定仲裁规则"可以是现行的适用于临时仲裁的境内外仲裁规则。由于临时仲裁在我国刚刚起步，无论是仲裁员还是当事人对非机构仲裁的仲裁规则均不了解，所以可以适用相对成熟、已经被广泛适用的临时仲裁的仲裁规则，一方面可以确保临时仲裁在实施中不会出现程序方面的问题，进而为裁决的承认与执行提供保障，另一方面为我国临时仲裁制度的发展积累经验、奠定基础。

第三，临时仲裁协议应约定"由特定人员对有关争议进行仲裁"。

---

① 参见最高人民法院《关于香港仲裁裁决在内地执行的有关问题的通知》（法〔2009〕415号）。

首先，符合现行法律的规定。我国《仲裁法》第十三条①对仲裁机构聘任仲裁员进行了详细规定，第六十七条②规定了涉外仲裁员的要求。其次，符合当事人的意志。临时仲裁的突出特点就是自治性，因此在仲裁员的选任方面，也应体现该特点。最后，无须完全按照仲裁机构的仲裁员名册，但可以参照全国各个仲裁机构的仲裁员名册自由选择，而不应仅限于某个仲裁机构。

（二）设置自由贸易试验区的专门法院

2013年9月29日，中国（上海）自由贸易试验区正式成立。2015年4月8日，国务院印发广东、天津、福建自由贸易试验区总体方案和进一步深化上海自由贸易试验区改革开放方案。2016年党中央、国务院决定，在辽宁省、浙江省、河南省、湖北省、重庆市、四川省、陕西省新设7个自由贸易试验区。11个自由贸易试验区由于其地位的特殊性，将按照试点内容停止实施有关行政法规和国务院文件的部分规定，并根据每个自由贸易试验区的特点制定特别的规定，如果按照民事诉讼法上原有的区域管辖标准，自由贸易试验区的诸多案件纠纷将会分别在不同的法院审理，人为地切割了自由贸易试验区统一法律制度适用上的安排，可能会造成法律适用的不统一、裁判尺度不一致的问题。所以，在自由贸易试验区试点设立专门法院，专门受理与自贸区有关的金融、航运、商事、贸易方面的商事纠纷案件、行政诉讼案件。

专门人民法院是和地方人民法院相并列的法院系列，在我国宪法和《人民法院组织法》中都有规定。如《中华人民共和国宪法》第一百二十九条规

---

① 《仲裁法》第十三条规定："仲裁委员会应当从公道正派的人员中聘任仲裁员。仲裁员应当符合下列条件之一：

（一）通过国家统一法律职业资格考试取得法律职业资格，从事仲裁工作满八年的；

（二）从事律师工作满八年的；

（三）曾任法官满八年的；

（四）从事法律研究、教学工作并具有高级职称的；

（五）具有法律知识、从事经济贸易等专业工作并具有高级职称或者具有同等专业水平的。仲裁委员会按照不同专业设仲裁员名册。"

② 《仲裁法》第六十七条："涉外仲裁委员会可以从具有法律、经济贸易、科学技术等专门知识的外籍人士中聘任仲裁员。"

定"中华人民共和国设立最高人民法院、地方各级人民法院和军事法院等专门人民法院"。《人民法院组织法》第二条第一款也提及了专门法院事项，这为专门法院的设立和改革提供了足够的灵活性和立法依据。从国外的实际情况看，在普通法院之外往往基于所审理案件的特殊性、专业性、地域性或者基于特殊的审理程序，分别设立了一些专门法院或法庭，如国际贸易法院、海关法院、税收法院和破产法院等。我国的专门法院除军事法院以外，还基于海事、海商的特殊性和专业性，在主要港口和辖区设立了海事法院，为自由贸易试验区法院的设立管理和运行提供了借鉴意义。

成立自由贸易试验区法院还在于"涉自贸试验区案件"的特殊性和专业性。根据国务院自由贸易试验区总体方案，自贸试验区内对经贸服务、金融服务、文化服务、社会服务等六大类投资开放领域的案件具有很强的专业性，在合同认定、行为效力和交易安全方面需要拥有专业知识的司法人员和专业性的司法机构予以审理。随着自由贸易试验区推进新型商事交易的扩大，有关金融服务、产品创新、电子商务、数字化商业等新类型案件，需要结合国际惯例、行业惯例和商业格式合同、自治性规范等予以研究和审视，并形成符合国际惯例和商事发展要求的裁判规则，以保证自由贸易试验区商事秩序稳定发展。自由贸易试验区有关国际贸易、投资、海事海商等方面的涉外案件以及涉外司法协助事务，需要具有国际视野、涉外法务知识和技能的法官队伍，方能做到正确适用国际法和国内法，既能公正高效地审理涉自由贸易试验区案件和涉外案件，又能维护我国的国家利益和声誉。

因此，为强化涉自由贸易试验区审判工作的专业性，各自由贸易试验区均设立了专门法庭（如上海市浦东新区人民法院自由贸易区法庭）或者合议庭（如深圳市南山区人民法院设立了专门的审判团队），有利于相关案件正确审理。在深圳市设立的深圳前海合作区人民法院，服务广东自由贸易试验区前海蛇口片区和深圳前海深港现代服务业合作区，在广州市设立的广东自由贸易区南沙片区人民法院。在福建省设立了6个自由贸易试验区法庭：平潭综合实验区法院自由贸易试验区法庭、马尾法院自由贸易试验区法庭、厦门湖里区法院自由贸易试验区法庭、厦门湖里区法院自由贸易试验区知识产权法庭、厦门市中级人民法院自由贸易试验区知识产权巡回审判法庭、厦门海事法院自由贸易试验区法庭。为有效解决涉外资的纠纷提供了专业的司法支持，提升了自由贸易试验区的投资软环境。

（三）完善相关司法制度

1. 人民陪审员制度的创新

根据《全国人民代表大会常务委员会关于授权在部分地区开展人民陪审员制度改革试点工作的决定》（2015年4月24日）授权最高人民法院进行改革试点。广东省、福建省等地法院均已试行任命港澳台人民陪审员参与案件审理。广东前海法院委托国家统计局深圳调查队所作的专项调查显示：75.29%的企业表示，在投资前海时，最看重公平公正的法治环境；关于适用香港法律的作用问题，81.69%的企业认为，适用香港法律增强了港人、港资、港企投资前海的信心及保障。基于此，广东前海法院于2016年7月26日聘任了罗伟雄等13名科技、金融、文化产业、公共事务领域的香港高学历专家为前海法院港籍陪审员。此举有利于减少和消除涉港案件可能产生的误解，提升涉港案件当事人对法院裁判的理解和信任，最终有利于涉港纠纷矛盾的化解。

2017年3月14日，福建省平潭法院与海峡两岸仲裁中心联合聘请9名台湾法律专才担任专家咨询顾问，并聘请两岸30名专家担任调解员，其中台湾调解员14名。台湾中华仲裁协会理事长李复甸顾问说："两岸企业或商人间遇到纠纷，如果选择仲裁方式解决，是比较温和的处理方法。两岸的法律专才担任专家顾问团，将为两岸经贸合作提供优质高效的法律服务，为涉台司法铺设快速通道。"然而实践中，台湾专家还没有进入到福建省法院的人民陪审员队伍，因此，关于是否要聘请台湾专家为人民陪审员也是福建省自由贸易试验区司法保障机制优化的一个需要进一步研究的问题。①

此外，除了聘请台港澳籍的专家任陪审员参加审判，体现涉外审判的开

---

① 徐运良《福建自由贸易试验区司法保障机制优化创新探析》，《福建广播电视大学学报》2017年第6期，第67页。

放性外,根据国际法公认的"意思自治"原则,还可以考虑尊重商事主体的自主性,尝试在组成合议庭时,由双方当事人分别指定一名法官或陪审员,主审法官则由法院随机选定或双方当事人共同指定。

2. 送达更加便利化

除了涉外涉港澳台案件之外,自由贸易试验区内有不少的"区内注册、区外经营"的企业,在这些案件的审理过程中,比较容易出现送达难的问题。广东前海法院制定了《关于涉外、涉港澳台民商事案件司法文书送达的若干规定》,借鉴香港法律惯例,设立了当事人及其律师转交送达方式。上海海事法院则首创了诉讼代理概括性授权委托司法认可机制,即境外当事人可以授权其在我国境内的分支机构或关联企业或境内的某家律师事务所对一定时期、一定范围内的诉讼案件进行一次性的司法认可总授权。上海浦东法院在自由贸易试验区内试行诉讼文书约定送达机制,允许区内企业在合同中约定诉讼文书送达地址并直接送达以尽可能避免公告送达。如果通过公告送达,审理周期会延长近半年,而通过约定送达,就大大节省审理时间。约定送达后,一个案件平均可节省89天,资金提前回到企业再投入经营。如果之前47个案件均以这种方式送达,仅此一项能够增加效益2000万元以上。①

3. 建立合理的外国法查明机制

建立合理的外国法查明机制是涉自贸试验区民商事审判工作提出的迫切要求。自贸试验区倡导国际化的营商环境,人民法院依法尊重当事人对准据法包括外国法的选择。当事人约定适用外国法的,应在人民法院指定的期限内提供外国法律。《司法保障的意见》也明确了如何发挥外国法专家在外国法查明中的作用,强调了在根据冲突法规范应当适用外国法的情形下,人民法

---

① 徐运良《福建自由贸易试验区司法保障机制优化创新探析》,《福建广播电视大学学报》2017年第6期,第67页。

院应当依职权查明外国法。①

三、自由贸易试验区内行政备案行为的可诉性

正如前文所提到的，自由贸易试验区典型的外商投资便利化制度的成果即准入特别管理措施（负面清单），这一成果也在全国范围内进行了推广，达到了预期的效果，将外资的市场准入和国民待遇带入了更高的阶段，可以说将我国的外商投资法律体系带入了"2.0时代"。但是，在自由贸易试验区施行的负面清单模式下，实施准入前特别管理措施，如果不属于负面清单的行业，将不再实行过去的审批制而是实施备案制，享受准入前国民待遇，因此，对于这些由行政审批调整为行政备案的行为，根据我国现行的行政和司法救济途径，此类行政备案行为并不具有可诉性。如此一来，不得不引发一种现象，即在自由贸易试验区内作为主要行政管理手段的行政备案行为将游离于行政复议和行政诉讼之外，行政相对人因行政备案行为引发的纠纷就没有了救济渠道，陷入司法和准司法监督的真空，这无疑将是自由贸易试验区外商投资企业依法维权的一个难题。② 同时，也会为外资的进入造成人为的困难，不仅增加了外资进入的不确定性，更大大降低了投资的便利性，实施准入特别管理措施的目的也将大大减损。

（一）行政备案的概述

根据《现代汉语词典》的解释，备案是指"把情况用书面形式报告给主管部门，供存档备查"。根据这一解释，备案的核心内涵是指当事人向主管机

---

① 《司法保障的意见》第十一条："建立合理的外国法查明机制。人民法院审理的涉自贸试验区的涉外民商事案件，当事人约定适用外国法律，在人民法院指定的合理期限内无正当理由未提供该外国法律或者该国法律没有规定的，适用中华人民共和国法律；人民法院了解查明途径的，可以告知当事人。当事人不能提供、按照我国参加的国际条约规定的途径亦不能查明的外国法律，可在一审开庭审理之前由当事人共同指定专家提供。根据冲突法规范应当适用外国法的，人民法院应当依职权查明外国法。"

② 唐晶晶、曹守晔《自贸区内行政备案行为应有可诉性》，《人民论坛》2017年5月，第160页。

关报告，主管机关接受这种报告、保存有关资料以便公示。换句话说，备案是一种事实行为，备案的结果不会对需要备案的事项产生任何直接影响。以我国现行法律体系为例，备案以其性质分类，主要有以下几种含义。①

1. 行政许可意义上的备案

《行政许可法》颁布实施后，许多过去采取严格审批制的事项，现在适用备案制。然而，由于理论认识的误区，不少人认为备案制也是一种行政审批，只是适用范围不同，程序更加简化而已，因此，在制度设计中设定审批式的备案。这种备案的基本特征是，只有在主管机关备案完成之后，申请人才具备从事某项活动的资格或条件。这种备案实质上是一种行政许可。我们将其称为行政许可意义上的备案。这种行政许可意义上的备案，大多将备案作为后续许可的前置性条件。与审批制相比，备案制中政府干预力度明显减小，当事人权利则明显扩大。但是，作为一项正式行政管理法律制度，这种类型的备案与行政审批并没有本质差别，只不过披了一层"备案"的外衣，在性质上都属于行政许可。

2. 行政确认意义上的备案

在有关备案的法规中，有的备案并不直接为当事人设定权利义务，只是在法律上对该行为或事实存在与否给予明确，以便行政机关统计汇总或公众查询以维护交易安全和公序良俗。这种备案实质上是一种行政确认，是对已有权利、资格或行为进行承认、确定或否认。对行政相对人而言，备案的目的不在于改变现有法律关系状态，而在于确定现有法律关系、法律地位，获得法定效果，即通过特定公示方式将备案事项予以客观物化，并由此可能获得某些法律上的权益。这种备案不具有强制性，即使相对人不备案，行政主体一般也不能对之实施行政处罚或者处分。

3. 告知意义的备案

在有关备案的法规中，有的备案的目的并不在于行政干预，而是为了以

---

① 朱最新、曹延亮《行政备案的法理界说》，《法学杂志》2010年第4期，第60—61页。

后的行政决策或行政执法获取相关资讯。

4. 监督意义的备案

所谓监督意义的备案是指为了实现对特定事项的管理，行政主体根据有关政策和法律规定，对申请人向主管机关报告需要备案的事由、材料的完备性、有效性、真实性与合法性等进行审查，对符合要求的，予以存档备查，不符合要求的，要求申请人及时予以纠正，并可依法给予行政处罚或行政处分。与许可意义的备案不同，监督意义的备案对报送备案的事项本身并不产生直接的法律效果，其目的不像许可意义上的备案那样在于解禁，而在于通过对其进行的事后审查、监督，来保障备案事项对公益的无害。和告知意义的备案也不同，监督意义上的备案的作用在于监督，而不仅仅在于获取行政决策或行政执法的相关资讯。

在法律层面，"备案"本身可以分成不同的类型。如以职能划分，则可分为立法备案、司法备案、行政备案三个类型。所谓行政备案的概念也是众说纷纭，有观点认为，行政备案是指"公民、法人或其他组织依法将与行政管理有关的具体事务的相关材料向行政主体报送，行政主体对报送材料收集、整理、存档备查的一种程序性事实行为和行政法律制度"。① 也有观点认为"备案是一种告知性行为，是相对人事后用书面形式向行政机关提供有关信息，不存在行政机关准予其从事特定活动的问题，因而不是行政行为也不是行政审批"。② 但本书采取大多数观点，认为行政备案是一种程序性的事实行为，③ 从性质上而言是一种行政事实行为。行政备案也可以认为是指行政机关依法要求公民、法人或其他组织，报送其从事特定活动的有关材料，并将报送材料存档以便日后备查和进行监督的事后监管方法。④

（二）自由贸易试验区内行政备案行为的类型

备案行为，简言之，即存档备查。我国现行的备案行为种类纷繁复杂，

---

① 朱最新、曹延亮《行政备案的法理界说》，《法学杂志》2010年第4期，第64页。
② 马太建《如何把握行政许可的界限》，《行政与法》2004年第4期，第13页。
③ 朱最新、刘云甫《行政备案管理制度研究》，知识产权出版社，2012年，第13页。
④ 张红《论行政备案的边界》，《国家行政学院学报》2016年第3期，第27页。

效力各不相同。在我国，行政备案并没有专门的法律对其进行规范，主要的规则散落在各种单项的法律法规之中，由于行政备案缺乏法律的规范性，致使其在行政法立法之中和行政执法的实践中有着不同的表现形式。在自由贸易试验区内，根据不同的标准，行政备案行为可以划分为不同的类型，下面对这些分类进行简要的说明。①

1. 按照行政管理领域进行划分

按照行政管理领域的不同，可以将行政备案行为划分为以下 5 种类型。

(1) 投资管理领域的备案行为

投资领域的备案行为，包括境外投资和外商投资两个方面。前者是指注册在自由贸易试验区内的地方企业，开展境外投资一般项目或开办企业的，需向备案机构进行境外投资备案申请。后者是指自由贸易试验区负面清单之外的中外合资、中外合作、外商独资、外国投资者并购境内企业、外商投资企业增资等各类外商投资项目，需按规定进行备案，其法律依据主要是《全国人民代表大会常务委员会关于授权国务院在中国（上海）自由贸易试验区暂时调整有关法律规定的行政审批的决定》（以下简称为《授权国务院调整行政审批的决定》）。

(2) 建设管理领域的备案行为

建设管理领域的备案行为既包括建设中备案，如完成基础设施的《建设工程正负零备案报送》和完成结构到顶的《结构到顶备案报送》，也包括建设工程在监理、勘察、设计、施工等各阶段的直接发包登记备案、招标投标备案、设计文件审查合同备案等事项。

(3) 工商领域的备案行为

工商领域的备案行为，按照主体不同，可以分为外国（地区）企业的备案行为、（非公司）外商投资企业的备案行为、外商投资的公司和合伙企业的备案行为。其具体包括外国（地区）企业在中国境内从事生产经营活动变更

---

① 丁晓华《涉自贸区备案行为司法审查问题研究——聚焦"负面清单"外的投资领域》，《政治与法律》2014 年第 2 期，第 20—21 页。

事项的备案；（非公司）外商投资企业工商登记联络员备案、境内法律文件送达接受人备案、清算组成员及清算组负责人备案、异地分支机构备案；外商投资的公司除了董事、监事、经理备案，其余备案内容同（非公司）外商投资企业备案。另外，外商投资的合伙企业也需进行分支机构备案、清算人（变动）备案、外国合伙人法律文件送达接受人备案等。

（4）海关领域的备案行为

海关领域的备案行为包括报关企业设点分支机构备案及首次注册报关员的实习备案两类。

（5）检验检疫领域的备案行为

检验检疫领域的备案行为主要是指自理报检单位的备案登记。根据《进出口商品检验法实施条例》及《出入境检验检疫报检规定》，进出口货物的收/发货人以及进出口货物的生产、加工和经营单位等，属于自理报检单位的，需在自由贸易试验区进行备案登记。

2. 按照备案内容进行划分

根据行政备案内容的不同，可以将行政备案行为划分为以下 4 种类型。

（1）行为备案

行为备案主要发生在投资领域，既包括自由贸易试验区本地企业向境外进行投资行为的备案登记，也包括外商在自由贸易试验区设立外商投资企业所需进行的企业设立行为备案，或者外商投资企业成立后的分立、合并或解散等变更行为备案。

（2）文件备案

文件备案包括中外合作经营企业协议、合同、章程备案，以及建设工程施工图设计文件审查合格书备案等内容。

（3）特定企业备案

自由贸易试验区内符合特定条件的企业，因其身份的不同需办理备案。如根据《对外贸易经营者备案登记办法》，自由贸易试验区内拟从事货物或技术进出口业务的内资企业、2004 年 7 月 1 日以后新设立涉及开展进出口业务的外商投资企业，需进行对外贸易经营者备案登记。如前述检验、检疫领域的自理报检单位，也因其身份的不同需进行备案登记。

（4）特定人员备案

自由贸易试验区内符合特定身份的人员需进行备案登记。如外商投资企业的工商登记联络员、境内法律文件送达接受人、清算组成员、清算组负责人、采取公司形式的外商投资企业的董事、监事、经理等，需按规定进行备案登记。

3. 按照备案时间进行划分

以备案时间与备案行为的关系为标准，可将行政备案行为划分为以下2种类型。

（1）事前备案

在自由贸易试验区内，一些备案行为是办理其他行政审批手续的前置条件。如"自贸区外商投资公司设立告知单"在办事所需材料中明确，需备案的企业如通过一般流程提交申请材料的，应在领取营业执照前完成备案。可见，外商投资企业完成设立备案是进行工商设立登记的前置程序。除此之外，予以备案的外商投资项目办理规划、用地、环评、建设等审批手续，申请各种优惠政策，也需持项目备案意见进行申请。

（2）事后备案

事后备案行为主要发生在建设管理领域，一般指完成特定事项后将一些文件交行政机关进行备案的行为。如建设工程完成基础设施的，进行"建设工程正负零备案报送"；完成结构到顶建设的，进行"结构到顶备案报送"。

4. 按照适用区域进行划分

按是否专门适用于特定的自由贸易区域为标准，可将行政备案行为划分为以下2种类型。

（1）涉自贸区备案行为

涉自由贸易试验区备案行为是指自贸区特有的备案行为。自贸区内政府职能的重大改变，就是取消一系列传统的行政审批，将审批管理改为备案管理，从而实现投资贸易从管制向自由的转变，以凸显自由贸易区与非自由贸易区的差别。当前，我国专门适用于自由贸易试验区区域的备案行为包括

《授权国务院调整行政审批的决定》中的 11 项备案管理行为和《中国（上海）自由贸易试验区管理办法》（以下简称为《自贸区管理办法》）中规定的境外投资备案行为，即前述投资领域的备案行为。其中《授权国务院调整行政审批的决定》中的 11 种备案管理事项专门指向外商投资领域，具体包括外资企业设立、经营期限、分立、合并及其他重要事项变更备案，中外合资经营企业设立、延长合营期限、解散备案，中外合作经营企业设立、延长合作期限、委托他人经营管理、转让合作企业合同权利义务备案。中外合作经营企业协议、合同或章程出现重大变更的，也需要备案。境外投资备案则包括开展境外投资一般项目或开办企业两种情形，自贸区内企业的境外投资由核准制改为备案制，系由上海市政府在《中国（上海）自由贸易试验区总体方案》中提出，并经国务院批准。

(2) 非自贸区特有的备案行为

自由贸易试验区内也有一些备案行为并非仅适用于自由贸易试验区，也并非随着自由贸易试验区的成立而出现。这些传统的备案行为，涉及规划土地、建设管理、海关等领域，由于其法律依据在全国通用，因而没有自由贸易试验区的特色，但在自由贸易试验区内注册成立的企业，除法律另有规定外，仍然必须予以遵循。

(三) 负面清单管理模式下行政备案的特点

依据负面清单管理模式而产生的行政备案行为实际上就属于行政事实行为，即行政主体基于职权实施的不能产生、变更或者消灭行政法律关系的行为。不难看出，这样的行政备案的性质和功能与自由贸易试验区的建立目的和发展目标是相一致的。对于外资进入不属于负面清单的行业，采取备案制，而非审批制，实则是在不构成我国的经济、社会、国家安全影响的情况下，通过行政备案起到收集企业必要的信息和进行监督约束的功能，这本身就是一种程序性的行政事实行为，并且此类备案行为并不产生法律效果，只是一种程序性行为。相关法律法规赋予了行政备案机关的备案权力，因此，行政备案机关对备案的行政相对人进行监督与约束是源自法律法规的授权，也是该备案机关的法定义务。行政备案机关的备案程序、审查的内容同样是严格按照法律法规的明文规定。行政相对人应当按照法律法规的确定，提供有效、法定的证明备案条件的材料，履行申请备案义务，行政相对人并不会因此种备案行为而获得某项非经备案而不得具有的权利。即便是强制性的行政备案，未经备案也仅仅是其他行政强制性权力实施的前置程序，而不会因而获得权利。在审查备案过程中，行政机关并没有自由裁量权，也没有行政法意义上的意思表示。行政备案机关应严格按照法定程序办理，履行接受核对、审查办理、存档备查、信息收集等备案流程。

此外，行政备案对行政机关也具有积极的意义：（1）行政决策的参考。信息是行政决策的依据和基础，如果没有备案信息科学决策就缺乏足够的信息支撑。虽然负面清单外的行业允许外资依法自由进入，但是通过备案记录外资的动向，对我国制定行之有效的外资政策起着重要的作用。（2）行政备案获取的信息是后续监管的基础。任何行政执法都必须具有事实依据，而事实依据的获得离不开信息的收集。行政备案是行政机关及时、高效获取经济信息、社会信息和管理信息的重要方式之一。可以说，行政备案是外资监管部门对外资进行有效监管的重要手段和方式。因此，行政备案的主要功能就是收集信息，存档备查，掌握行政相对人的有关动态，以利于行政机关进行监督。（3）监督备查。行政备案属于事后监管，与事前监管相比成本低，但效果并不差，对市场主体的干预程度低，也有利于市场竞争机制的发挥。

（四）负面清单管理模式下行政备案暴露的问题

负面清单管理模式下的行政备案虽然有着很多优势，但是在实践中，此类备案行为也会对外资造成损害。虽然行政备案机关应严格依法进行备案程序，但是如果行政备案机关没有按规定或故意延长备案程序，则会对行政相对人造成损害；即便一些备案行为不产生法律效果，但仍可能对行政相对人的利益造成损害。比如，行政备案机关在实施行政备案的过程中，故意拖延办理时限，某些情况下，甚至会超出法律法规规定的办理时限；或者在办理过程中增加备案的办理流程，延长办理的时间，这样势必会使行政相对人在时间和精力上造成损失，时间的无故延长甚至会导致外资与中方的合作失败，而致使外方撤资。一些行政备案机关会增加审查条件，导致行政相对人申请的备案无法成功,增大了备案的难度,延长了备案的时间,降低了备案的不确定性,加大了外资进入的难度。此外,具有行政备案审查权的备案机关基于某些原因,将不符合备案条件的予以正常备案,此种"备案"导致利害关系人的利益受损,既减损了备案制度的诚信度,更对我国外资制度的完善起到了反作用。但是,这样的行政备案是否可以通过法律救济得到纠正,此类行政备案是否具有可诉性的问题就摆在了我们面前。

(五)自由贸易试验区负面清单管理模式下行政备案行为理应具有可诉性

自由贸易试验区负面清单管理模式下行政备案行为理应具有可诉性,这是自由贸易试验区投资便利化的体现,也是我国行政管理模式升级的需要。"没有救济就没有权利",没有赋予行政相对人有效的救济机会和手段,就谈不上保护其权利,其权利也不能称之为权利。自由贸易试验区不是"政策洼地"而是"法治高地",审批制向备案制的转变,使负面清单管理模式下的行政备案成为自由贸易试验区内行政管理的重要措施,这一重大的转变为外国投资者进入中国进行投资创造了极其有利的条件,但是如果投资者作为备案申请人的合法权益因为没有有效的救济手段而受到损害的话,这无疑与行政备案这一初衷背道而驰。因此,只有明确行政备案行为具有可诉性,才能真正切实地保护行政相对人的合法权利,强化对行政备案行为的监督。权力的行使要有监督机制进行保障,否则必将导致权力的滥用。如果无法为行政备案行为提供有效的救济机制,将其排除在司法和准司法审查之外,只能通过行政系统的内部纠错机制,这样所谓的监督机制一定是不完整的,并且监督的有效性也将大打折扣。有效的审查制度的阙如将成为行政权肆意妄为的契机,损害投资者的利益,破坏负面清单的顺利实施。唯有将行政备案行为这样的行政管理模式与司法或准司法的监督方式联系在一起,才能确保行政备案行为的有效性,保护行政相对人即投资者的合法权益。因此,明确行政备案行为的可诉性才能使司法起到对行政的监督作用,这不仅是自由贸易试验区投资便利化的内在要求,更是我国建设社会主义法治国家的必然体现,既保护了投资者的合法权益,赋予其救济的机会,又为我国建设良好的投资环境提供了保障。①

（六）负面清单管理模式下行政备案的可诉性

1. 行政事实行为应具有可诉性

行政事实行为已经成为现代主流行政管理的方式与手段。我国也在经济、社会的发展过程中，与国际社会接轨，政府的行政理念也随之逐步发生了变化，从过去注重行政管理的方式逐渐向鼓励市场自由发展转变，采取自上而下推进简政放权，推动政府的"放管服"，在社会主义市场经济中尤其是外资管理方面实现"去行政化"。自由贸易试验区外资负面清单的管理模式作为行政事实行为就代表了我国行政管理观念和方式的转变，为外资在我国的发展松绑、助力其健康发展。政府更加倾向于向行政给付和行政指导等行政事实行为发展，行政事实行为在行政管理实践中也得到了广泛的适用。

"把权力关进制度的笼子里"，权力需要有效的监督。针对这种被广为接受并频繁适用的行政行为，必然要为行政相对人提供相应的救济方式，否则将造成对行政相对人的不公，也损害了行政事实行为的可持续发展。行政事实行为的可诉性便是行政救济机制发展的方向，因行政事实行为受到侵害的权利可以通过有效的救济机制得到保护。美国、英国、德国等国均将行政事实行为纳入司法审查范围，可以说，行政事实行为具有可诉性已经是很多发达国家的做法，值得我国借鉴。

2. 行政备案行为可诉性的法律分析

自由贸易试验区负面清单管理模式下备案行为是否可诉，首先要从我国行政行为可诉性问题的判断标准入手，然后从我国司法实务中对备案争议是否可诉的基本裁判思路入手，进而分析涉自贸区备案行为的可诉性问题。

在我国，行政备案行为是否具有可诉性主要由 2017 年修改的《中华人民共和国行政诉讼法》（以下简称《行政诉讼法》）与 2018 年 2 月公布的《最高人民法院关于适用〈中华人民共和国行政诉讼法〉的解释》（以下简称《行诉

---

① 唐晶晶、曹守晔《自贸区内行政备案行为应有可诉性》，《人民论坛》2017 年 5 月，第 161 页。

解释》）进行了规定。《行政诉讼法》通过列举与排除的方式对行政诉讼的受案范围进行了规定。第十二条规定了各类侵犯人身权、财产权的具体行政行为，其中包括"（一）对行政拘留、暂扣或者吊销许可证和执照、责令停产停业、没收违法所得、没收非法财物、罚款、警告等行政处罚不服的；（二）对限制人身自由或者对财产的查封、扣押、冻结等行政强制措施和行政强制执行不服的；（三）申请行政许可，行政机关拒绝或者在法定期限内不予答复，或者对行政机关作出的有关行政许可的其他决定不服的；（四）对行政机关作出的关于确认土地、矿藏、水流、森林、山岭、草原、荒地、滩涂、海域等自然资源的所有权或者使用权的决定不服的；（五）对征收、征用决定及其补偿决定不服的；（六）申请行政机关履行保护人身权、财产权等合法权益的法定职责，行政机关拒绝履行或者不予答复的；（七）认为行政机关侵犯其经营自主权或者农村土地承包经营权、农村土地经营权的；（八）认为行政机关滥用行政权力排除或者限制竞争的；（九）认为行政机关违法集资、摊派费用或者违法要求履行其他义务的；（十）认为行政机关没有依法支付抚恤金、最低生活保障待遇或者社会保险待遇的；（十一）认为行政机关不依法履行、未按照约定履行或者违法变更、解除政府特许经营协议、土地房屋征收补偿协议等协议的；（十二）认为行政机关侵犯其他人身权、财产权等合法权益的。除前款规定外，人民法院受理法律、法规规定可以提起诉讼的其他行政案件"。第十三条规定了不受理的范围，其中包括"（一）国防、外交等国家行为；（二）行政法规、规章或者行政机关制定、发布的具有普遍约束力的决定、命令；（三）行政机关对行政机关工作人员的奖惩、任免等决定；（四）法律规定由行政机关最终裁决的行政行为"。

《行诉解释》再次明确了行政诉讼受案范围边界，第一条明确了公民、法人或者其他组织对行政机关及其工作人员的行政行为不服，依法提起诉讼的，属于人民法院行政诉讼的受案范围。同时也排除了不属于人民法院行政诉讼的受案范围，"（一）公安、国家安全等机关依照刑事诉讼法的明确授权实施的行为；（二）调解行为以及法律规定的仲裁行为；（三）行政指导行为；（四）驳回当事人对行政行为提起申诉的重复处理行为；（五）行政机关作出的不产生外部法律效力的行为；（六）行政机关为作出行政行为而实施的准备、论证、研究、层报、咨询等过程性行为；（七）行政机关根据人民法院的生效裁判、协助执行通知书作出的执行行为，但行政机关扩大执行范围或者采取违法方式实施的除外；（八）上级行政机关基于内部层级监督关系对下级行政机关作出的听取报告、执法检查、督促履责等行为；（九）行政机关针对信访事项作出的登记、受理、交办、转送、复查、复核意见等行为；（十）对公民、法人或者其他组织权利义务不产生实际影响的行为"。

从《行政诉讼法》和《行诉解释》的规定来看，行政备案行为既不属于列举的具体的受案范围，也无法完全与明确排除的非受案范围事项相对应。虽然《行诉解释》第一条明确提出"公民、法人或者其他组织对行政机关及其工作人员的行政行为不服，依法提起诉讼的，属于人民法院行政诉讼的受案范围"，原则上确定了只要对行政行为不服的，均可以提起行政诉讼。这样的规定可以说是对行政备案可诉性的一次突破，为行政相对人提供救济得到了法律上的支持。但是同一条款的但书也带来了不确定性，即"不产生外部法律效力的行为"，如果与过去的《行政诉讼法司法解释》规定的"行政行为对其合法权益明显不产生实际影响"相比，"不产生外部法律效力的行为"似乎更具可操作性和明确性，然而，一般的文件备案当属便于行政行为监督的行为，既不会对"合法权益明显不产生实际影响"，也"不产生外部法律效力的行为"，那么，这样的备案同样不属于行政诉讼的受案范围。

司法实践中对这一问题也是莫衷一是，各地法院对备案行为可诉性问题存在争议，即使是对同一备案行为的可诉性问题，看法也并不统一，但仔细推究，基本的裁判思路却是一致的，即对备案行为可诉性问题的判断，取决于其是否对当事人的权利义务产生实际影响，如产生实际影响的，即为可诉，否则，即不可诉。各地法院对备案行为可诉性的见解不同，主要在于对备案行为是否具有实际影响力的判断不同。①

---

① 丁晓华《涉自贸区备案行为司法审查问题研究——聚焦"负面清单"外的投资领域》，《政治与法律》2014年第2期，第22页。

由此可见，自由贸易试验区行政备案行为的可诉性问题，主要是基于对备案过程和备案效果的审查。如果备案的申请及审核等过程体现了备案机构的行政职权，备案行为具有具体行政行为的特征，同时备案后果又对当事人的权利义务产生实际影响的，备案行为就具有行政许可的色彩，应当进入法院的司法审查范围。从当前情况来看，自由贸易试验区负面清单模式下的行政备案行为体现了具体行政行为的特点，且对备案申请人的权利义务构成了重要的影响。因而此类备案行为应当成为法院司法审查的对象。

（七）自由贸易试验区内行政备案行为的司法审查

自由贸易试验区内行政备案行为尤其是负面清单模式下的行政备案行为一旦具有可诉性，法院在开展司法审查时，应当注重"政府对经济的最小干预"原则，可以从合法性审查、合理性审查、被告主体资格、程序性审查等几个方面进行司法审查。①

1. 合法性审查

依据依法行政原则，政府应当遵循"法无授权即禁止"的理念约束，任何行政行为都应做到有法可依。自由贸易试验区备案机关的行政备案行为作为一种行政行为也应做到依法备案。行政备案机关应当做到既不擅自将负面清单内的审批事项转为备案事项，也不能在已有的备案事项中自行增加或减少其他许可事项，或变相增加或减少其他许可事项。因此，在审查行政备案行为时，应对行政备案行为的合法性进行审查。

在进行合法性审查时，不仅应以自由贸易试验区及其所在城市制定的各类备案办法为法律依据，还应考察本部门、本行业的法律法规，以确定该行政备案行为的法律依据。可适用的属于自由贸易试验区的法律文件，既包括全国人大常委会的决定和国务院的通知，也包括上海市人大常委会的决定和市政府的规章。同时，国家工商总局、质检总局、银监会、证监会、保监会、中国人民银行等机构和部门也分别针对自贸区出台了相关的政策文件。此外，

---

① 汤黎明、郑少华主编《自由贸易区法律适用（第三辑）》，法律出版社，2016年，第246—248页。

自由贸易试验区管委会为推进落实各项改革试点任务还将研究制定自贸试验区有关行政管理制度。因此，可以预见的是，适用于自由贸易试验区的法律渊源层次多样，上自全国人大决定，下至管委会自身的红头文件，并且具体规范自贸区经济运行和行政监管的法律文件，以规章以下的规范性文件居多。但将规章以下的规范性文件作为判断行政行为合法有效与否的依据，并不符合我国目前的法律规定。同时，从自贸区规范性文件的内容来看，自贸区奉行自由创新，其规范性文件关于投资贸易便利、金融创新的内容已经突破或正在突破当前多部法律的市场管制规定。因此，对于自贸区规范性文件在没有上位法规定或者与上位法规定有冲突的情况下，通过先行先试方式确定的行政管理方式，法院在行政审判过程中，如何判断其是否属于全国人大和国务院许可的自由投资贸易范围，在法律适用过程中应当否定还是肯定其适用效力，无疑也是需要审慎思考的。为了合理确定备案争议的审判依据，法院应从效力级别和范围内容两方面加强注意。

在效力级别问题上，应灵活掌握《行诉解释》的规定。虽然《行诉解释》将行政审判适用的法律依据限定为规章以上的级别，但是从自贸区的特点来看，政府监管模式的转变将可能通过大量的市政府文件和管委会文件出现，对这些文件不能因其立法层次低下而轻易否定其作为审判依据的资格。如经审查认为，被诉备案行为依据的这些规范性文件合法、有效，并且是合理、适当的，应在认定被诉备案行为合法性时承认其效力；如经审查认为这些规范性文件超越上位法的规定或全国人大和国务院的授权范围，法院应当加强与市政府、管委会甚至国务院相关部门的沟通，了解政策文件出台的背景及原因，根据调查结果，在裁判理由中对其是否合法、有效、合理或适当进行评述，充分说明肯定或否定其适用效力的理由。

在范围内容问题上，应积极拓宽涉自贸区备案行为的法律适用。自贸区内的投资贸易金融创新要实现国际水准，政府行为也应紧随相应的国际规则。因而，对于管委会备案行为的审查，不仅要依据国内法律法规确定的实体公正和程序公正要求，还要参考我国已经参加或拟参加的国际条约、协议、协定等对行政行为客观性、合理性及公正性的要求。如备案行为符合国内法的标准，但不符合国际法领域关于投资贸易自由化规则而引发当事人诉讼的，或者虽然符合合法性要求但不符合自贸区行政主体承诺的作为义务的，行政审判应当参考相应的国际规则和自贸区承诺，督促备案管理机构加强整改，及时纠正不合法或不合理的准予或不予备案的行为，履行自贸区对国内社会和国际社会承诺的推动贸易自由化义务。①

2. 合理性审查

合理性审查是对行政主体做出的行政行为是否合理、是否符合公平正义原则进行审查，其是对合法性审查的有益补充。以《外商投资企业设立及变更备案管理暂行办法》为例，第十条规定"备案管理的外商投资企业发生的变更事项涉及国家规定实施准入特别管理措施的，应按照外商投资相关法律法规办理审批手续"。行政备案机关对于应实施准入特别管理措施的，当然不予备案，而应按照审批进行办理，此类不予备案的情况具有充分的法律依据。第三十一条规定"外商投资事项涉及国家安全审查的，按相关规定办理。备案机构在办理备案手续或监督检查时认为该外商投资事项可能属于国家安全审查范围，而外商投资企业的投资者未向商务部提出国家安全审查申请的，备案机构应及时告知投资者向商务部提出安全审查申请，并暂停办理相关手续，同时将有关情况报商务部"。对于此类情况，备案机构应有充分的理由，法院也应对这些理由进审查。法院在审查合理性时，可以适用行政法上的比例原则作为审查原则，通过利益衡量，对外商投资可能对我国带来的利益与对我国经济可能造成的损害进行衡量，确定合理的标准。

3. 被告主体资格

自由贸易试验区具有多样化的执法形态，不同的执法形态具有不同的执法主体，而实施行为的主体在诉讼法意义上并不必然是行政诉讼的被告。根据《行诉解释》的规定，原告所起诉的被告不适格，人民法院应当告知原告变更被告；原告不同意变更的，裁定驳回起诉。在自由贸易试验区的备案行

---

① 丁晓华《涉自贸区备案行为司法审查问题研究——聚焦"负面清单"外的投资领域》，《政治与法律》2014年第2期，第25—26页。

为的争议中，法院应当准确界定行政诉讼的被告身份，加强释明功能，减少当事人不恰当的起诉。因此，在涉自贸区的备案争议中，如何准确界定行政诉讼被告，是法院首先面临的难点。

一般认为，行政诉讼被告必须具备法律责任能力，能够以自己的名义对外承担责任。在确定适格的被告时，首先可以根据《外商投资企业设立及变更备案管理暂行办法》第三条的规定"国务院商务主管部门负责统筹和指导全国范围内外商投资企业设立及变更的备案管理工作。各省、自治区、直辖市、计划单列市、新疆生产建设兵团、副省级城市的商务主管部门，以及自由贸易试验区、国家级经济技术开发区的相关机构是外商投资企业设立及变更的备案机构，负责本区域内外商投资企业设立及变更的备案管理工作"。显然，自由贸易试验区的相关机构是外商投资企业设立及变更的备案机构，应该是行政备案行为的被告。根据《中国（上海）自由贸易试验区条例》第八条第一款规定"中国（上海）自由贸易试验区管理委员会（以下简称'管委会'）为市人民政府派出机构，具体落实自贸试验区改革试点任务，统筹管理和协调自贸试验区有关行政事务"，第二款规定"市人民政府在自贸试验区建立综合审批、相对集中行政处罚的体制和机制，由管委会集中行使本市有关行政审批权和行政处罚权。管委会实施行政审批和行政处罚的具体事项，由市人民政府确定并公布"。不难看出，管委会似乎在实施行政审批和行政处罚的具体事项，理应由其作为适格的被告，但是管委会是以派出机构的身份，它究竟是否属于我们所说的被告呢？根据我国的相关规定，对派出机构作出的行为，应视具体情形确定不同的被告：派出机构在没有法律、法规或者规章授权的情况下，以自己的名义作出具体行政行为的，应以行政机关为被告；超出法定授权范围实施行政行为的，应以派出机构为被告；另外，行政机关在没有法律、法规或者规章规定的情况下，授权其派出机构行使行政职权的，应当视为委托，当事人不服提起诉讼的，应当以该行政机关为被告。所以，自贸区管委会作出的备案行为，可能是以管委会自身为被告，也可能是以市政府为被告。

从法律本身的文义解释出发，上海市政府在《中国（上海）自由贸易试验区管理办法》中明确规定了管委会承担的行政审批事项来自投资管理部门、商务管理部门等部门的委托。且商务部在《外商投资企业设立及变更备案管理暂行办法》中未明确指出谁才是备案的主体，所以，从目前已有的法律文件中分析，上海市政府通过规章授权其派出机构即管委会进行外商投资的备案工作。因此，自由贸易试验区的备案行为应为管委会经规章授权的行为，不是其受委托进行的行为，对不予备案行为或准予备案行为不服而提起行政诉讼的，应当以管委会为被告。

此外，管委会与驻区机构的职能又有所交叉重叠，有时有需要在这两者之间确定适格的被告。一般而言，应当以具体行政行为的做出方作为行政诉讼的被告主体。即便两者在某些问题上有着同样的职能，但谁作出的具体行政行为，谁才能够成为适格的被告。

4. 程序性审查

程序性审查是指通过行政主体作出行政行为的程序进行审查来确定相对人的权利是否受到侵害，即程序正义保障实质正义。正当法律程序可以追溯至英美法系国家的自然公正原则。自然公正原则要求法官在作出判决前，必须通过公开审判，就事实问题和法律问题听取当事人的意见。法院成功通过"判例"将这一原则贯彻到合法权利或利益受到行政权侵害的所有案件中，成为约束行政机关行政活动的规则。[1] 以美国为例，联邦宪法第五条和宪法修正案第十四条均规定，联邦政府机关和州政府机关"未经正当的法律程序不得剥夺任何人的生命、自由或财产"。宪法上正当法律程序的含义是要求公正地行使权力，既包括国会在进行限制个人自由或财产的立法时必须合理，而且行政机关对当事人作出不利的决定时，必须听取当事人的意见。因而美国行政法上所规定的程序规则，必须符合宪法上的正当法律程序标准。[2] 在日本，正当法律程序原则也被引入《行政程序法》，并在第十三条规定了听证及辨明两种意见陈述程序，明确行政厅在作出不利益处分之前，必须实施意见陈述

---

[1] [英] 威廉·韦德《行政法》，徐炳等译，中国大百科全书出版社，1997年，第131页。

[2] 王名扬《美国行政法（上）》，中国法制出版社，2005年，第380页。

程序，其中符合列举范围内的事项实施听证，规定以外的事项，也要赋予当事人辨明的机会。①

对自由贸易试验区的备案行为进行司法审查，不仅应当从合法性与合理性两方面出发进行审查以提升实体公正，还应当从正当的法律程序方面进行审查，提升行政执法主体的程序法治意识。首先，对于法律明文的备案程序，法院应当按照法定程序进行审查，对于不符合法律、法规、规章或其他行政规范性文件所规定的法定程序的备案行为，在不影响实体权利的前提下，可以要求备案机关进行修补备案程序，如若在督促备案机构自我纠错无效的情形下，则应依法作出撤销或确认违法判决。其次，正当程序作为行政法的基本原则，即使在相关的法律、法规、规章或其他行政规范性文件没有相应的规定时，法院也应以此作为标准进行司法审查。尤其在对行政相对人的权利造成损害后，法院更应遵循正当程序督促备案机关适时予以补救，保护当事人的合法权益。

第二节 司法实践对自由贸易试验区投资便利化的保障

自由贸易试验区作为法律修改、政策试点的重要基地，虽在一定范围内可以"先试先行"，但牵一发而动全身，对某些法律与政策的修改，其效果并不仅限于某些领域，而会波及其他相关的各个领域。自由贸易试验区试点领域的法律制度的修订和调整不能完全到位，例如有关投资方面就有几十条的法律、上百条的法规规章在自由贸易试验区内不再适用，仅按程序办理就需较多时日。因此相关领域的商事活动或行政监管可能会处于"制度不确定"的状态。同时，由于我国对法律修改的要求相对严格，程序相对严谨，导致

---

① ［日］室井力、芝池义一、浜川清主编《日本行政程序法逐条注释》，朱芒译，上海三联书店，2009年，第218页。

法律在一段时间内很难进行修改，虽然最高法院可以通过司法解释的方式对现行法律进行解释，但也要依据法律的规定进行释义，原则上不能"突破"法律的限制。因此，虽然出台了各类"规定""意见""指导"等法律文件，但是往往是在实践中，尤其是在法律实践中为投资便利化问题找到良好的解决方案或者说是贯彻自由贸易试验区对投资的要求和需要。一旦纠纷发生，人民法院不能拒绝提供司法解决方案，根据我国的法律规定，最高人民法院应根据司法审判的实际需要，结合自由贸易试验区总体方案的内涵和自由贸易试验区的建设，根据法律和行政法规以及全国人大授权国务院暂时调整的法律内容，适时发布相应的司法解释，解决相关法律、法规在"涉外"和"涉自由贸易试验区"案件中的适用，包括程序法的适用和解释。在制定或发布司法解释不成熟的条件下，可以根据需要发布自由贸易试验区案件法律适用的指导意见，有效指导涉自由贸易试验区案件的审理，回应涉自由贸易试验区案件审理的实践需求。发挥指导性案例以及其他典型案件的规范指引作用，通过多种信息披露形式展示指导性案例和其他典型案例的处理模式和思路，引导和规制自由贸易试验区贸易主体、投资主体、金融市场主体以及政府部门的商事活动和管理活动。

可以说，我国虽然是典型的大陆法系国家，成文法在我国的法律体系中占有举足轻重的地位，但是随着法律的发展，经济全球化的深入发展加剧了大陆法系与英美法系的融合和互动，大陆法系国家也渐渐吸取了"判例"的特点，以法国为主的大陆法系国家更是突出了"判例"的作用，甚至出现了"法官造法"。我国最高法院针对自由贸易试验区也推出了两批指导案例，为下级法院尤其是涉自贸区的法院提供司法实践支撑，为统一审判标准、适应投资便利化的要求确立了标准，增强自由贸易试验区司法裁判、法律政策和法治环境的透明度。

本节以两个典型的涉自由贸易试验区外商投资企业案例入手，分析了我国法院通过司法案例的方式解决了外商投资企业在司法实践中的一些重要问题，以司法实践的方式明确了外商投资企业的法律性质，推动了平等保护中外投资者合法权益的发展，提升了自由贸易试验区的投资便利化。

一、明确了外商投资企业涉外性的认定标准

根据我国外商投资企业法的规定,外商投资企业为中国企业,符合法人条件的,则为中国法人,[①] 与外国公司有着本质的不同。然而,由外商独资企业控制的法人因其资金来源、经营管理和决策以及利益归属等都和国外的母公司有着千丝万缕的联系,尤其设在自由贸易试验区内的企业更因其地域特点,与境外的股东关系更为密切,这使其与我国内资企业的法人又有显著区别。这类公司的业务范围往往涉外,在与其他国内法人签订合同时大多约定合同争议由国外仲裁机构进行仲裁,那么这就牵涉到该类仲裁协议是否具有涉外因素,能否请求国外仲裁机构仲裁,以及国外仲裁机构作出的裁决在我国能否得到承认和执行的问题。实践中将这类在我国注册的外商独资企业视为外国法人的呼声日益高涨。[②] 涉自由贸易试验区的"西门子国际贸易(上海)有限公司诉上海黄金置地有限公司申请承认和执行外国仲裁裁决案"[③](以下简称"黄金置地"案)便是在此背景下发生的,本案是首例涉自贸区申请承认与执行外国仲裁裁决案的裁判结果,也因在国际商事仲裁领域中"跨越"了固有涉外因素识别认定限制,突破了长期以来司法实践对涉外因素识别的限制,在尊重当事人意思自治等原则的基础上,认定将注册于中国(上海)自由贸易试验区内的两家外商独资企业间的纠纷确立为具有涉外因素,进而支持了申请人要求承认与执行由新加坡国际仲裁中心作出的仲裁裁决的

[①]《外资企业法》第二条规定"本法所称的外资企业是指依照中国有关法律在中国境内设立的全部资本由外国投资者投资的企业"。
第八条规定:"外资企业符合中国法律关于法人条件的规定的,依法取得中国法人资格。"

[②] 汤霞《我国涉自贸区仲裁中的"涉外性"认定》,《国际经贸探索》2017年第12期,第104—105页。

[③]《西门子国际贸易(上海)有限公司诉上海黄金置地有限公司申请承认和执行外国仲裁裁决一案一审民事裁定书》,2015年12月21日,http://wenshu.court.gov.cn/content/content?DocID=2ada79c4-5f76-47eb-8fe9-f4cc7ff145c2&KeyWord=(2013)沪一中民认(外仲)字第2号,2017年3月2日。

申请。法院以司法实践的方式，明确了自由贸易试验区内的外商独资企业的性质，为此类案件的审理开启了一个新的高度，同时也对自由贸易试验区内的外商投资企业提供了宽松的营商环境，多元化的争端解决方式，在争端解决方面为外国投资者提供了便利。

（一）本案事实[①]

申请人西门子国际贸易（上海）有限公司（以下简称西门子公司）诉称：西门子公司与黄金置地公司于 2005 年 9 月通过招标方式签订了"中国上海市浦东新区陆家嘴贸易区 B2-5 地块黄金置地大厦高（低）压配电系统供应工程"合同文件。合同履行过程中，双方产生争议，黄金置地公司在新加坡国际仲裁中心提起仲裁，要求解除合同、停止支付货款；西门子公司在该仲裁程序中提出了反请求，要求黄金置地公司支付全部货款、利息并赔偿其他损失。2011 年 11 月 28 日，新加坡国际仲裁中心登记作出了上述仲裁案的《最终裁决》，驳回了黄金置地公司的全部仲裁请求，并支持了西门子公司的各项仲裁反请求。根据裁决，黄金置地公司应当向西门子公司支付 9415120.49 元人民币及 172292.63 新加坡元。后黄金置地公司支付了部分款项，但至今尚欠裁决第（b）项下未付货款 4340460 元人民币以及第（c）项下截止到裁决登记日 2011 年 11 月 28 日的利息 793412.30 元人民币没有支付，合计 5133872.30 元人民币。西门子公司认为，中国与新加坡都是《承认与执行外国仲裁裁决公约》（以下简称《纽约公约》）的成员国，本案仲裁裁决应按照《纽约公约》的规定予以承认与执行。西门子公司为此向法院提出请求如下：一、承认并执行新加坡国际仲裁中心在编号为 ARB062/07 的仲裁案件中作出的《最终裁决》（2011 年第 73 号裁决）；二、强制执行被申请人黄金置地公司在《最终裁决》下应当向西门子公司支付但尚未支付的款项，即本金 4340460 元人民币及其利息；三、强制执行被申请人黄金置地公司按照《民事

[①] 《西门子国际贸易（上海）有限公司诉上海黄金置地有限公司申请承认和执行外国仲裁裁决一案一审民事裁定书》，2015 年 12 月 21 日，http://wenshu.court.gov.cn/content/content? DocID=2ada79c4—5f76—47eb—8fe9—f4cc7ff145c2 & KeyWord=（2013）沪一中民认（外仲）字第 2 号，2017 年 3 月 2 日。

诉讼法》第二百五十三条的规定应当加倍支付延迟履行期间上述款项的利息；四、由黄金置地公司承担本案诉讼费用。

被申请人上海黄金置地有限公司（以下简称黄金置地公司）答辩称：西门子公司的申请应予驳回，涉案仲裁裁决应不予承认与执行。理由如下：一、根据《纽约公约》第五条的规定，如果仲裁所依据的仲裁协议无效，或者承认与执行仲裁裁决有违我国公共政策的，相应的仲裁裁决就不应被承认与执行。本案双方当事人均为中国法人，合同履行地也在国内，故本案民事法律关系并不具有涉外因素，双方约定将争议提交外国仲裁机构进行仲裁的仲裁协议应为无效，承认与执行该仲裁裁决也将有违我国公共政策。二、涉案仲裁裁决的实体有误，若予以承认与执行将导致不公正的结果。根据双方合同约定，黄金置地公司支付所有合同价款的前提是西门子公司交付的货物经验收合格，并安装调试合格，但仲裁庭在没有查明西门子公司是否交付了合同货物的情况下（事实上，西门子公司尚未交付母线、10kV 变压器等货物），就裁决黄金置地公司支付全部合同价款，显然是错误的，这也是黄金置地公司目前尚未履行（b）（c）两项裁决义务的原因。三、关于西门子公司在本案中请求的双倍利息，其所依据的《民事诉讼法》的相关规定只适用于我国法院作出的生效判决，并不能适用于外国仲裁裁决。

针对黄金置地公司的上述答辩意见，西门子公司提出如下反驳意见：一、涉案仲裁协议应为有效，仲裁裁决应予承认与执行。1. 在仲裁程序中，是黄金置地公司依据合同中的仲裁条款先行提出仲裁，在仲裁败诉后又以仲裁协议无效为由，要求拒绝承认与执行仲裁裁决，违背了诚实信用原则。2. 裁决作出后，黄金置地公司已经履行了部分支付义务，说明其已承认并接受了仲裁裁决的法律效力。3. 关于本案是否具有涉外因素问题，因西门子公司是外商投资企业，设立在上海外高桥保税区，根据我国保税区制度，本案当事人和合同内容并非"不具涉外因素"。此外，本案标的物的主要部分是进口货物，在合同签订时位于国外，并为履行合同目的运往中国，故本案合同标的并非"不具涉外因素"。4. 我国《民事诉讼法》和《仲裁法》并未规定将没有涉外因素的纠纷提交外国仲裁机构的仲裁条款为无效。二、仲裁裁决的内容是否有误,不属于法院承认与执行阶段的审查内容。根据《纽约公约》的规定,执行地法院只能对公约第五条规定的程序性事项及公共利益进行审查,而不能对仲裁裁决的实体内容进行审查。黄金置地公司提出的合同项下部分货物未予交付的问题并不属于本案审查范围,何况仲裁裁决已经对此作出了认定。三、申请人西门子公司的执行请求事项符合裁决书和中国法律规定。我国《民事诉讼法》第二百五十三条规定的双倍罚息除适用于我国法院的生效判决外,还适用于"其他法律文书",涉案外国仲裁裁决应包含在上述"其他法律文书"之列。

申请人西门子公司向法院提交了经过公证认证的新加坡国际仲裁中心作出的 2011 年第 73 号《最终裁决》及其送达证明、包括仲裁条款的合同文件,被申请人黄金置地公司对上述文件的真实性无异议。

法院审理查明,双方当事人在合同履行中发生争议,黄金置地公司遂于 2007 年 9 月 21 日依据《货物供应合同》中的仲裁条款向新加坡国际仲裁中心申请仲裁,黄金置地公司以西门子公司提供的设备严重损坏、不符合合同及技术规范的要求等为由,主张西门子公司构成根本违约。西门子公司以本案不具有涉外因素,新加坡国际仲裁中心无权受理为由,对仲裁管辖权提出异议,仲裁庭审查后于 2009 年 3 月 30 日作出管辖权决定,驳回了西门子公司的管辖异议,同时确定仲裁语言为中文。

西门子公司在仲裁中答辩称,黄金置地公司主张的违约行为均不存在,西门子公司据此提出仲裁反请求。

仲裁案件于 2010 年 7 月 8—10 日在新加坡第一次开庭,于 2010 年 10 月 25—26 日在上海第二次开庭,于 2010 年 11 月 21 日在香港第三次开庭。仲裁庭对黄金置地公司主张的各项违约行为进行了逐项分析,最终认定,黄金置地公司主张的西门子公司的多项违约行为中,除一项微小的履约瑕疵外,其余均不成立,而该项微小的履约瑕疵并不构成西门子公司的根本违约,黄金置地公司解除合同的行为非正当合法。据此,仲裁庭于 2011 年 8 月 16 日作出裁决。

西门子公司、黄金置地公司均为在我国注册设立的外商独资企业。

(二) 法院意见①

本案为当事人申请承认与执行外国仲裁裁决纠纷，所涉仲裁裁决由新加坡国际仲裁中心在新加坡境内作出。鉴于中国和新加坡均为《纽约公约》成员国，根据《纽约公约》第一条的规定，申请人西门子公司申请承认与执行新加坡国际仲裁中心作出的仲裁裁决，应当适用《纽约公约》进行审查。经查，西门子公司已经向法院提交了《纽约公约》第四条规定的文件，包括仲裁裁决及双方当事人之间的仲裁协议（即《货物供应合同》中的仲裁条款），法院对此予以确认。

被申请人黄金置地公司在本案中提出了拒绝承认与执行涉案仲裁裁决的申请，理由主要为：系争合同并不具有涉外因素，双方约定将争议提交外国仲裁机构进行仲裁的仲裁条款应为无效，且承认与执行该仲裁裁决有违我国公共政策，仲裁裁决还存在实体错误。法院认为，对照《纽约公约》第五条规定的被请求承认或执行外国仲裁裁决的国家可以拒绝承认与执行裁决的情形，黄金置地公司提出的关于仲裁裁决的实体有误的主张不在本案的审查范围内，故本案的争议焦点在于以下两个方面：1. 系争合同中的仲裁条款是否有效？2. 承认与执行该仲裁裁决是否有违我国公共政策？

一、关于系争仲裁条款的效力问题。法院认为，双方当事人在《货物供应合同》中约定：合同争议须提交新加坡国际仲裁中心进行仲裁解决。上述仲裁条款是双方当事人的真实意思表示，且文字约定明确，将争议提交仲裁机构解决的意思表示清楚。影响该条款效力的判断关键在于系争合同关系是否具有涉外因素，如果本案纠纷系涉外合同纠纷，则当事人协商将合同争议提交外国仲裁机构的约定应为有效，反之则应认定仲裁条款无效。

本案中，申请人西门子公司与被申请人黄金置地公司均为在中国注册的公司法人，合同约定的交货地、作为合同标的物的设备目前所在地均在我国

---

① 《西门子国际贸易（上海）有限公司诉上海黄金置地有限公司申请承认和执行外国仲裁裁决一案一审民事裁定书》，2015 年 12 月 21 日，http://wenshu.court.gov.cn/content/content?DocID=2ada79c4—5f76—47eb—8fe9—f4cc7ff145c2&KeyWord=（2013）沪一中民认（外仲）字第 2 号，2017 年 3 月 2 日。

境内,该合同表面上看并不具有典型的涉外因素。然而,综观本案合同所涉的主体、履行特征等方面的实际情况,该合同当前存在与普通国内合同有明显差异的独特性,可以认定为涉外民事法律关系,主要理由有:第一,本案合同的主体均具有一定涉外因素。西门子公司与黄金置地公司虽然都是中国法人,但注册地均在上海自贸试验区区域内,且其性质均为外商独资企业,由于此类公司的资本来源、最终利益归属、公司的经营决策一般均与其境外投资者关联密切,故此类主体与普通内资公司相比具有较为明显的涉外因素。在自贸试验区推进投资贸易便利的改革背景下,上述涉外因素更应给予必要重视。第二,本案合同的履行特征具有涉外因素。合同项下的标的物设备虽最终在境内工地完成交货义务,但从合同的签订和履行过程看,该设备系先从我国境外运至自贸试验区(原上海外高桥保税区)内进行保税监管,再根据合同履行需要适时办理清关完税手续、从区内流转到区外,至此货物进口手续方才完成,故合同标的物的流转过程也具有一定的国际货物买卖特征。因此,本案合同的履行因涉及自贸试验区的特殊海关监管措施的运用,与一般的国内买卖合同纠纷具有较为明显的区别。综合以上情况,法院认为,本案合同关系符合《涉外法律适用法司法解释》第一条第五项规定的"可以认定为涉外民事关系的其他情形",故系争合同关系具有涉外因素,双方当事人约定将合同争议提交新加坡国际仲裁中心进行仲裁解决的条款有效。

二、关于承认与执行该仲裁裁决是否有违我国公共政策的问题。法院认为,仲裁庭审理的是双方当事人间的合同争议,最终裁决黄金置地公司应向西门子公司支付相应款项,该裁决内容没有与我国公共政策有相抵触之处,黄金置地公司的上述主张不能成立,法院不予采纳。

法院还注意到,黄金置地公司作为仲裁案件的申请人,仲裁程序系由其提起,双方当事人均实际参与了全部仲裁程序,在整个仲裁过程中,黄金置地公司始终是主张仲裁条款为有效的;黄金置地公司在仲裁裁决作出后部分履行了裁决确定的义务,其尚未履行(b)(c)两项义务的原因系认为该两项裁决内容存在实体错误,这说明黄金置地公司对仲裁条款的效力及仲裁管辖权仍是认可的。在此情况下,黄金置地公司又以仲裁条款无效为由,提出拒绝承认与执行涉案仲裁裁决的申请，也不符合禁止反言、诚实信用和公平合理等公认的法律原则，法院不予支持。

综上所述，本案系争合同关系具有涉外因素，合同中的仲裁条款依法有效，且仲裁裁决亦不存在有违我国公共政策之处。在充分尊重当事人意思自治的原则下，结合禁止反言、诚实信用和公平合理等公认的法律原则，经法院审查，所涉仲裁裁决不存在《纽约公约》第五条规定的拒绝承认与执行的情形，故法院对仲裁裁决的效力予以承认，并予以执行。此外，西门子公司在本案中还要求黄金置地公司加倍支付延迟履行期间的款项利息，因该事项不属于承认与执行外国仲裁裁决的范围，故法院在本案中对此不作处理。据此，依照《中华人民共和国民事诉讼法》第二百八十三条及《承认与执行外国仲裁裁决公约》第三条之规定，裁定对新加坡国际仲裁中心在编号为ARB062/07的仲裁案件中作出的《最终裁决》（2011年第73号裁决）的法律效力予以承认，并对该仲裁裁决予以执行。

（三）案件评析

本案的核心争议点在于申请人与被申请人均为中国法人，在不具有明显的涉外因素情况下，他们约定由境外仲裁机构进行仲裁的仲裁条款是否有效。根据《最高人民法院关于适用〈中华人民共和国涉外民事关系法律适用法〉若干问题的解释（一）》（以下简称《涉外法律适用法司法解释》）第一条规定："民事关系具有下列情形之一的，人民法院可以认定为涉外民事关系：（一）当事人一方或双方是外国公民、外国法人或者其他组织、无国籍人；（二）当事人一方或双方的经常居所地在中华人民共和国领域外；（三）标的物在中华人民共和国领域外；（四）产生、变更或者消灭民事关系的法律事实发生在中华人民共和国领域外；（五）可以认定为涉外民事关系的其他情形。"本案中，如果需要认定其具有涉外性，只能按照第五款的规定"可以认定为涉外民事关系的其他情形"，如果法官可以认定系争合同关系具有涉外因素，双方当事人约定将合同争议提交新加坡国际仲裁中心进行仲裁解决的条款即为有效。

本案中，在认定争议是否具有涉外性时，主要从两个方面进行分析。（1）

本案合同的主体均具有一定涉外因素。西门子公司与黄金置地公司虽然都是中国法人，但注册地均在上海自贸试验区区域内，且其性质均为外商独资企业，由于此类公司的资本来源、最终利益归属、公司的经营决策一般均与其境外投资者关联密切，故此类主体与普通内资公司相比具有较为明显的涉外因素。我们认为，在自贸试验区推进投资贸易便利的改革背景下，上述涉外因素更应给予必要重视。（2）本案合同的履行特征具有涉外因素。合同项下的标的物设备虽最终在境内工地完成交货义务，但从合同的签订和履行过程看，设备是先从我国境外运至自贸试验区（原上海外高桥保税区）内进行保税监管，再根据合同履行需要适时办理清关完税手续、从区内流转到区外，至此货物进口手续方才完成，故合同标的物的流转过程也具有一定的国际货物买卖特征。因此，本案合同的履行因涉及自贸试验区的特殊海关监管措施的运用，与一般的国内买卖合同纠纷具有较为明显的区别。结合以上两点，虽然主要纠纷发生在中国大陆，但是仍可认定该系争具有涉外因素，当事人可以将该争议提交新加坡国际仲裁中心进行仲裁解决。

（四）与自由贸易试验区区外的外商投资企业的差异性

1. 本案事实

北京朝来新生体育休闲有限公司（以下简称朝来新生公司）是在北京市工商行政管理局朝阳分局注册成立的有限责任公司（为自然人独资）。北京所望之信投资咨询有限公司（以下简称所望之信公司）是在北京市工商行政管理局注册成立的有限责任公司（为外国自然人独资），股东（发起人）安秉柱为韩国公民。

2007 年 7 月 20 日，朝来新生公司（甲方）与所望之信公司（乙方）签订《合同书》约定，甲、乙双方合作经营甲方现有的位于北京市朝阳区的高尔夫球场，并就朝来新生公司的股权比例、投资金额等相关事宜达成协议。合同中写明签订地在中国北京市。合同中还约定：如发生纠纷时，甲乙双方首先应进行友好协商，达成协议，对于不能达成协议的部分可以向大韩商事仲裁院提出诉讼进行仲裁，仲裁结果对于甲乙双方具有同等法律约束力。

合同签订后，双方开始合作经营，在经营过程中高尔夫球场土地租赁合同解除，土地被收回。因土地租赁合同解除，高尔夫球场获得补偿款1800万元，朝来新生公司与所望之信公司因土地补偿款的分配问题发生纠纷。为此，所望之信公司于2012年4月2日向大韩商事仲裁院提起仲裁，请求朝来新生公司支付所望之信公司土地补偿款248万元。朝来新生公司提起反请求，要求所望之信公司给付朝来新生公司土地补偿款1100万元及利息。

大韩商事仲裁院依据双方约定的仲裁条款受理了所望之信公司的仲裁申请及朝来新生公司的反请求申请，适用中华人民共和国法律作为准据法，于2013年5月29日作出仲裁裁决。其后，朝来新生公司于2013年6月17日向北京市第二中级人民法院提出申请，请求法院承认上述仲裁裁决。

2. 法院意见

我国及韩国均为加入1958年联合国《承认及执行外国仲裁裁决公约》的国家，现朝来新生公司申请承认韩国大韩商事仲裁院作出的仲裁裁决，应依据《承认及执行外国仲裁裁决公约》第二条、第五条的相关规定审理本案。

根据《民事诉讼法》和《仲裁法》的规定，涉外经济贸易、运输、海事中发生的纠纷，当事人可以通过订立合同中的仲裁条款或者事后达成的书面仲裁协议，提交我国仲裁机构或者其他仲裁机构仲裁。但法律并未允许国内当事人将其不具有涉外因素的争议提请外国仲裁。

本案中朝来新生公司与所望之信公司均为中国法人，双方签订的《合同书》，是双方为在中华人民共和国境内经营高尔夫球场设立的合同，转让的系中国法人的股权。双方之间的民事法律关系的设立、变更、终止的法律事实发生在我国境内、诉讼标的亦在我国境内，不具有涉外因素，故不属于我国法律规定的涉外案件。因此，《合同书》中关于如发生纠纷可以向大韩商事仲裁院提出诉讼进行仲裁的约定违反了《民事诉讼法》《仲裁法》的相关规定，该仲裁条款无效。

因大韩商事仲裁院于2013年5月29日作出的仲裁裁决所适用的准据法为中华人民共和国的法律，依据中华人民共和国法律，《合同书》中的仲裁条款为无效条款，故大韩商事仲裁院受理本案所涉仲裁案件所依据的仲裁条款无效。根据《承认及执行外国仲裁裁决公约》第五条第一款（甲）项、第五条第二款（乙）项之规定，该裁决不予承认。

3. 两案的异同性比较

在法院的审判中，两案均适用了《最高人民法院〈关于适用中华人民共和国民事诉讼法〉若干问题的意见》第三百〇四条："当事人一方或者双方是外国人、无国籍人、外国企业或者组织，或者当事人之间民事法律关系的设立、变更、终止的法律事实发生在外国，或者诉讼标的在外国的民事案件，为涉外民事案件。"这两个案件除了审理地点不同，内容相似且发生在同一时期，但法院却给出了截然不同的结果。

两案的相同点：（1）两案中的当事人均为中国法人。"朝来新生"案中，一方当事人是内资企业，为中国法人，另一方当事人是外商独资企业，亦为中国法人。"黄金置地"案中，双方当事人均是外国企业在中国注册的公司，且均为在上海自由贸易试验区内注册的外商投资企业，同为中国法人。（2）两案中的当事人均约定在外国仲裁机构仲裁。"朝来新生"案中约定由韩国仲裁机构仲裁，"黄金置地"案中约定由新加坡仲裁机构仲裁。（3）两案均申请国内法院的承认与执行。"朝来新生"案，由北京市第二中级人民法院受理，"黄金置地"案由上海市第一中级人民法院受理。

两案虽然有诸多相似点，且主要的争议点也相似，但是两个法院却作出了不同的裁决。北京市第二中级人民法院认为双方当事人均为中国法人，案件不具有涉外因素，当事人不得向外国仲裁机构提起仲裁，裁定不予承认大韩商事仲裁院仲裁裁决。上海市第一中级人民法院认为案件具有涉外因素，作出承认新加坡国际仲裁中心仲裁裁决的裁定。

之所以两案案情相似，而结果大相径庭，其原因主要是在"黄金置地"案中，当事人均为在自由贸易试验区设立的外商投资企业，虽然其为中国法人，但由于其为自由贸易试验区的外商投资企业，无论其经营业务，还是其与境外股东的联系，较之非自由贸易试验区的外商投资企业更具涉外性。此外，注册地在自由贸易试验区内的外商投资企业的资本来源、最终利益归属、公司的经营决策一般均与其境外投资者关联密切，这也是自由贸易试验区自身的定位与法律属性所决定的。因此，在自由贸易试验区推进投资便利的改革背景下，法院对这些涉外因素尤为重视。①

通过同一时期不同法院对相同内容案件作出的截然相反裁定的比较，媒体、学者们普遍认为上海市第一中级人民法院作出的裁定是对我国现行界定涉外民事关系规则的突破，对同类案件有指导意义。② 上海市第一中级人民法院的做法更符合自由贸易试验区先试先行、制度创新的特点，以司法实践的方式保护了外国投资者的合法利益，实则为外资提供了便利。同时，该法院对注册在自由贸易试验区的外商投资企业涉外性的探索也被最高法院所接受，在《最高人民法院关于为自由贸易试验区建设提供司法保障的意见》中，明确规定"在自贸试验区内注册的外商独资企业相互之间约定商事争议提交域外仲裁的，不应仅以其争议不具有涉外因素为由认定相关仲裁协议无效"。

二、平等保护中外投资者合法权益

本书第二章已经对外商投资企业法与《公司法》的适用问题进行了说明，法律规定"看上去很美"，但是在司法实践中则容易陷入误区。自由贸易试验区内的外商投资企业更是面临着这样的问题，很多企业设立初期的问题已经得以解决，但是随着时间的推移，公司治理等涉及企业经营管理权的问题则会层出不穷，在自由贸易试验区的不断发展过程中，这些投资者最关心也最头疼的问题必将得以凸显。

以下将要提到的案例体现了目前外商投资企业中经常出现的问题——外国投资者与中国投资者的意见不合，导致企业陷入僵局，经营管理停滞。虽然此案中的大拇指公司是一家外商独资企业，不涉及中方投资者，但本案的纷争恰恰是因中方管理层与外国投资者不合而起，致使外国股东的决议得不到中方公司管理层的执行，甚至对该决议置之不理，另起炉灶，损害股东的利益。无论是在中外合资经营企业还是中外合作经营企业，中外投资者就经

---

① 敖颖婕《自贸区首例申请承认与执行外国仲裁案一槌定音》，《人民法院报》2016年1月1日第003版。

② 齐宸《涉外民事关系的界定与思考》，《清华法学》2017年第2期，第35页。

营管理的分歧与单纯的内资企业股东之间的分歧有着显著的差别,本案的中方管理者与外方股东的不和也反映了这一现象。本案对实践中处理外商投资企业的纠纷有着重要的指导作用,尤其在发展到企业瓶颈期的自由贸易试验区的外商投资企业,在适用《公司法》方面,回归了外商投资企业的公司特性,不再将其视为"异类",虽然两者还有很多规定存在着差异,但是两者的融合正逐渐形成。

(一)案件事实①

大拇指环保科技集团(福建)有限公司(以下简称大拇指公司)于2004年经福建省人民政府商外资字〔2004〕0009号文件批准,取得了《中华人民共和国外商投资企业批准证书》,企业类型为外国法人独资的有限责任公司。该公司自成立始,公司的名称、住所、法定代表人、股东名称、投资总额与注册资本等进行了数次变更。2005年9月起至今,该公司股东为中华环保科技集团有限公司(以下简称环保科技公司)。2012年12月18日,大拇指公司的法定代表人变更登记为洪臻。

2008年6月30日,福建省对外贸易经济合作厅作出闽外经贸资〔2008〕251号《关于大拇指环保科技集团(福建)有限公司增加投资的批复》,同意大拇指公司投资总额由2.3亿元增至5亿元,注册资本由1.3亿元增至3.8亿元,增资部分应按公司修订章程规定的期限到资,并核准了大拇指公司就上述变更事项签订的《补充章程》。《补充章程》就增资款及缴纳时间载明:增资部分全部由环保科技公司以等值外汇现金投入,首期缴付不低于20%的新增注册资本,余额在变更营业执照签发之日起两年内缴清。

2008年7月16日,环保科技公司向大拇指公司缴纳了首期增资款50560381元;2009年5月19日,环保科技公司向大拇指公司缴纳了第二期增资款4660940元,至此,大拇指公司实收注册资本为185221300元。2010年8月18日,大拇指公司向福州中院提起另案诉讼,请求判令环保科技公司

---

① 《大拇指环保科技集团(福建)有限公司与中华环保科技集团有限公司股东出资纠纷案》,2014年12月1日,http://gongbao.court.gov.cn/details/7f487bb61c8c587ca9dfd61c9f3c2c.html,2017年2月2日。

先行支付增资款4900万元，福州中院判决支持了大拇指公司的诉讼请求。环保科技公司不服提起上诉后，福建高院于2011年8月31日作出〔2011〕闽民终字第446号（以下简称446号案）民事判决，驳回上诉，维持原判。环保科技公司于2011年10月31日按照生效判决支付了增资款49395110.4元。大拇指公司于2012年3月12日办理了营业执照变更登记，变更后，大拇指公司的注册资本为3.8亿元，实收资本234616431.4元。至2013年7月25日，环保科技公司对大拇指公司尚有145383568.6元的出资款未到位。

此外，环保科技公司于2001年在新加坡注册成立，公司类别为有限股份上市公司。2010年6月4日，新加坡高等法院作出法庭命令，应环保科技公司的申请，裁定环保科技公司进入司法管理程序，委任Seshadri Raiogpalan先生和余明缘（Ee Meng Yen Angela）女士为环保科技公司的共同及个别司法管理人，主管公司的日常事务、业务及财产，以便对公司进行整顿或者保留其全部或部分业务，确保公司可持续经营，及（或）取得比解散企业更有利的企业资产变现等。

2012年3月1日，新加坡高等法院作出法庭命令，根据环保科技公司的司法管理人Seshadri Raiogpalan和余明缘的申请，裁定将2010年6月4日作出的司法管理命令延期至2012年5月2日，批准Seshadri Rajogpalan和余明缘辞任环保科技公司的司法管理人之职，并委任Hamish Alexander Christie自本命令之日起担任环保科技公司的司法管理人，其中包含了继续进行由前司法管理人在原诉传票中提起的任何诉讼或法律程序等。

其间，2011年1月20日，环保科技公司的司法管理人作出书面决议，将大拇指公司的法定代表人田垣变更为何昱均（Ho Yuk Kwan），将董事田垣、潘成土、陈斌变更为Seshadri Rajagopalan、余明缘、何昱均。2012年3月30日，环保科技公司的司法管理人再次作出书面决议和任免书，免去何昱均大拇指公司董事长及法定代表人职务，委派保国武为大拇指公司董事长和法定代表人，免去Seshadri Raiagopalan、余明缘、何昱均三人的大拇指公司董事职务，委派保国武、徐丽雯、宋宽三人为大拇指公司董事，任期均为三年。

2012年5月16日，环保科技公司向福州中院起诉大拇指公司、田垣、陈斌和潘成土，提出了确认环保科技公司任免大拇指公司董事、监事、法定代表人的决议合法有效等诉讼请求。福州中院就该案已于2013年9月17日作出一审判决。环保科技公司不服原审判决，向福建高院提起上诉。其后，环保科技公司请求最高法院进行再审。本案由最高法院民四庭进行再审。

（二）法院意见①

大拇指公司是环保科技公司在中国境内设立的外商独资企业，按照我国《公司法》和《外资企业法》及其实施细则的有关规定，大拇指公司属于一人公司，其内部组织机构包括董事和法定代表人的任免权均由其唯一股东环保科技公司享有。

环保科技公司进入司法管理程序后，司法管理人作出了变更大拇指公司董事及法定代表人的任免决议。根据新加坡《公司法》227G的相关规定，在司法管理期间，公司董事基于《公司法》及公司章程而获得的权力及职责均由司法管理人行使及履行。因此，本案中应当对环保科技公司的司法管理人作出的上述决议予以认可。

根据我国《公司法》第四十七条第二项的规定，公司董事会作为股东会的执行机关，有义务执行股东会或公司唯一股东的决议。大拇指公司董事会应当根据其唯一股东环保科技公司的决议，办理董事及法定代表人的变更登记。由于大拇指公司董事会未执行股东决议，造成了工商登记的法定代表人与股东任命的法定代表人不一致的情形，进而引发了争议。

我国《公司法》第十三条规定，公司法定代表人变更应当办理变更登记。本院认为，法律规定对法定代表人变更事项进行登记，其意义在于向社会公示公司意志代表权的基本状态。工商登记的法定代表人对外具有公示效力，如果涉及公司以外的第三人因公司代表权而产生的外部争议，应以工商登记为准。而对于公司与股东之间因法定代表人任免产生的内部争议，则应以有效的股东会任免决议为准，并在公司内部产生法定代表人变更的法律效果。

---

① 《大拇指环保科技集团（福建）有限公司与中华环保科技集团有限公司股东出资纠纷案》，2014年12月1日，http：//gongbao.court.gov.cn/details/7f487bb61c8c587ca9dfd61c9f3c2c.html，2017年2月2日。

因此，环保科技公司作为大拇指公司的唯一股东，其作出的任命大拇指公司法定代表人的决议对大拇指公司具有拘束力。

本案起诉时，环保科技公司已经对大拇指公司的法定代表人进行了更换，其新任命的大拇指公司法定代表人明确表示反对大拇指公司提起本案诉讼。因此，本案起诉不能代表大拇指公司的真实意思，应予驳回。环保科技公司关于本案诉讼的提起并非大拇指公司真实意思的上诉理由成立。

（三）案件评析

1. 外商投资企业适用《公司法》的原则

外商独资企业又称外资企业，是由外商拥有全部资本并独立经营的企业，属于外商投资企业的一种。根据《外资企业法》第二条的规定，中国的外商独资企业，"是指依照中国有关法律在中国境内设立的全部资本由外国投资者投资的企业，不包括外国的企业和其他经济组织在中国境内的分支机构"。同时，第八条规定"外资企业符合中国法律关于法人条件的规定的，依法取得中国法人资格"。所谓"符合中国法律关于法人条件的规定"，主要是指符合我国《民法通则》第三十七条关于法人资格的4个基本条件。这类企业是按照东道国的法律注册登记而成立的，属于投资东道国的法人或经济实体。外资企业的历史较为悠久，是国际上广泛采用的一种直接投资方式。

外商独资企业在法律上具有以下特征：

第一，投资主体只有外方，全部资本都由外国投资者投入。投资主体只有外方是相对中外合资经营企业和中外合作经营企业而言的，即外商独资企业设立时不能包括中方的投资者而只能由外国的企业、其他经济组织或个人出资设立，这是外商独资企业的基本特征。目前，在我国已经设立的外商独资企业，既有由一个外国投资者设立的，也有由几个外国投资者共同投资设立的。

第二，外国投资者对外商独资企业的经营管理拥有绝对控制权。"外商独资企业的投资主体只有外方，全部资本由外方投入"的这一根本特征决定了外国投资者对其投资设立的外资企业拥有绝对的控制权，可以独立地对有关企业经营的任何重大事项作出决策。比如，章程的修改，企业的中止或解散，注册资本的增加、减少或转让及企业的合并、分离等。

第三，外商独资企业是按中国法律设立的企业。外商独资企业是外国投资者按照《外资企业法》《外资企业法实施细则》及与之有关的配套法律，经批准在中国境内注册成立的企业，因此具有中国的国籍，其合法权益受到中国法律的保护。凡符合我国法人资格的法定条件，均能取得中国法人的地位。外资企业作为中国的法人企业或非法人企业，它们与中国的其他公司、企业或经济组织之间在经济交往中处于平等的法律地位，因此它们所发生的各种经济关系只能适用中国的法律。①

本案中的大拇指公司属于外商独资企业，并且是具有中国法人资格的有限责任公司。我国《公司法》规定了两类公司，即有限责任公司和股份有限公司，既然大拇指公司属于有限责任公司，理应适用《公司法》，然而其又属于外商独资企业，同时也适用《外资企业法》。

《公司法》第二百一十七条对外商投资企业适用《公司法》问题作出了如下规定"外商投资的有限责任公司和股份有限公司适用本法；有关外商投资的法律另有规定的，适用其规定"。根据该条的规定，外商投资企业在适用《公司法》上应遵循如下两条原则：

（1）外商投资的有限责任公司和股份有限公司应适用《公司法》

第一，《公司法》是规范全国范围内所有公司的设立、管理、运行及其终止、解散等重要事宜的，它无疑是规范全国所有公司企业的最具权威的法律。外商投资企业是在中国境内投资设立的公司，属于中国的法人，应该遵守中国的法律，理应受《公司法》的管辖。

第二，外商投资企业适用《公司法》是国家主权的要求。法律作为行使国家主权的重要工具，对其境内的所有自然人和法人都具有管辖权，对于在中国境内注册登记的具有中国法人资格的外商投资企业，依据《公司法》进行管辖，这是理所当然、无可非议的。

---

① 沈四宝、王军《国际商法（第 2 版）》，对外经济贸易大学出版社，2010 年，第 151—153 页。

第三，外商投资企业法是作为我国专门规范具有外商投资因素的企业的法规。但其基本上采取出现什么具体问题就解决什么具体问题的立法方式，因此，难免存在不够全面、不够系统之处。《公司法》则具有全面和系统的特点。《公司法》的颁布和实施，毫无疑问是对外商投资企业法的有益补充。外商投资企业适用《公司法》的规定，有利于其进一步法制化和规范化，有利于我国投资软环境的进一步完善。

（2）有关外商投资的法律另有规定的适用其规定

第一，我国以《中外合资经营企业法》及其实施条例、《中外合作经营企业法》及其实施细则、《外资企业法》及其实施细则为基本内容的外商投资企业法，奠定了我国外商投资企业的法律基础，使我国外商投资企业基本上能做到有法可依。它们对鼓励、吸引以及规范外商来华投资起到了重要的作用。事实证明，这些法规是行之有效的，是基本符合我国外商投资企业的需要的，是应该而且可以继续实施的。

第二，外商投资企业是具有涉外因素的企业，在我国目前情况下具有一定的特殊性，而外商投资企业法则较有效地解决了这一特殊问题。目前，《公司法》还难以全部顾及。

第三，外商投资企业法属于我国公司法规的一个组成部分，属于解决具有涉外因素的一种特别法。《公司法》则是管辖国内所有公司企业的一般法。根据公认的法律原则，即特别法优先一般法的原则，如果两法的规定发生不一致，外商投资企业应首先适用外商投资企业法的规定。[①]

本案中涉及具有法人资格的外商独资企业如何适用《公司法》的问题。对于《外资企业法》及其实施细则的特别规定，应适用这些特别规定，如投资总额、审批制等；对于下面要讨论的股东对管理者的选择权、公司的代表权之争等则属于《公司法》的一般原则，应当适用《公司法》。

2. 环保科技公司有权选择大拇指公司的董事

[①] 沈四宝、王军《国际商法（第2版）》，对外经济贸易大学出版社，2010年，第160—168页。

保护公司股东的基本权利,这是《公司法》的一项基本任务。没有了这一条,经济就会无序,社会就可能动荡。我国《公司法》第四条明确规定了股东的基本权利,"公司股东依法享有资产收益、参与重大决策和选择管理者等权利"。股东作为公司的投资者,拥有对公司的收益权、决策权和管理者选择权。股东的这三种基本权利是相辅相成、互为条件的。① 其中,收益权是目的,决策权是手段,管理者选择权是措施,措施是实现目的和手段的具体路径。如果司法机关在审判活动中不保护股东为实现其投资最终目标而行使由法律赋予的管理者的选择权的话,股东的决策权就会形同虚设。因为公司决策是要由公司的管理者实施的,股东的收益权是要依靠公司的管理者实现的。因此,如果公司的股东无权选择管理者,或者股东选择管理者的权利受到外界的干扰,乃至不能按自己的意愿去选择管理者,这等于在实质上剥夺了投资者的所有其他法定权利,《公司法》的所有其他权利就会流于形式。由此可见,股东关于公司管理者的选择权是股东的基础权利,阻碍和破坏该权利的畅通无阻实际上是无视和违反《公司法》的立法宗旨。

在本案中,在福建注册的大拇指公司是环保科技公司全资拥有的子公司。从《公司法》的角度,大拇指公司是一人公司,环保科技公司是大拇指公司的唯一股东。按照我国《公司法》第四条规定,环保科技公司对大拇指公司拥有无阻碍的管理者选择权,包括对大拇指公司法定代表及董事会成员的委派,任何机构、人员或不法行为都不得予以阻止。

3. 大拇指公司的代表权之争

本案虽为股东出资纠纷,但是重要的焦点之一是"谁有权代表大拇指公司"。根据《公司法》第四十六条第(二)项的规定,公司董事会作为股东会的执行机关,有义务执行股东会或公司唯一股东的决议。大拇指公司董事会应当根据其唯一股东环保科技公司的决议,办理大拇指公司董事及法定代表人的变更登记。然而,大拇指公司董事会未执行其唯一股东的决议,因此造成了大拇指公司在工商登记机关登记的法定代表人(洪臻)与其唯一股东环

---

① 范健《商法(第4版)》,高等教育出版社,2011年,第65—77页。

保科技公司任命的法定代表人（保国武）不一致的情形。

从商法的角度分析，工商变更登记可以分为两种：

"设权性登记"，即只有登记才能取得权利，目前主要指不动产物权登记，《物权法》第九条规定："不动产物权的设立、变更、转让和消灭，经依法登记，发生效力；未经登记，不发生效力，但法律另有规定的除外。"

"公示性或宣示性登记"，即登记既不创设权利，也不改变权利，仅是将权利事实公之于众，使其具有一定的公信力，为交易安全提供保障。公司法人代表的变更登记即属于此种登记。我国《公司法》第十三条规定"公司法定代表人变更，应当办理变更登记"。但《公司法》第三十二条又规定"公司应当将股东的姓名或者名称向公司登记机关登记；登记事项发生变更登记的，应当办理变更登记。未经登记或者变更登记的，不得对抗第三人"。从这一点出发，股东注册登记本身主要是起向社会的公示作用，并不决定公司内部的法律关系。

公司办理法定代表人变更登记手续的法律效果是对既存的权利进行公示登记，方便工商行政管理部门的管理和第三人的查阅，使其产生公信力。公司法定代表人变更工商登记的目的就是使其影响力扩大到公司以外的第三人，使其产生对抗公司外部第三人的效力。工商登记本身并不授予股东及公司权利，也不改变其权利，有没有进行登记并不影响公司内部股东权利的变化，包括对法定代表人的选择。

根据《公司法》第十三条的规定，公司法定代表人变更应当办理变更登记。法律规定对法定代表人变更事项进行登记，其意义在于向社会公示公司意志代表权的基本状态。工商登记的法定代表人对外具有公示效力，如果涉及公司与公司之外的第三人之间因公司代表权产生的外部争议，关于公司代表权的确定应当以工商登记为准；而如果是类似本案公司与其股东之间因公司法定代表人任免产生的内部争议，则应以有效的股东会或唯一股东任免决议为准,并在公司内部产生法定代表人变更的法律效果。[①] 因此,环保科技公司作为大拇指公司的唯一股东,其作出的任命大拇指公司法定代表人的决议对大拇指公司具有拘束力。本案起诉时,环保科技公司已经对大拇指公司的法定代表人进行了更换,其新任命的大拇指公司法定代表人保国武明确表示反对大拇指公司提起本案诉讼。因此,以洪臻为法定代表人的大拇指公司提起本案诉讼不能代表大拇指公司的真实意思。

本案不仅是最高人民法院建院 65 周年重大案例之一,也是最高法院在投资法领域对自由贸易试验区提供司法支持的重要案例之一。本案的重要意义不仅在于明确了平等保护中外投资者合法权益、保障外国股东选择管理者的权利,更是以司法实践的方式优化自由贸易试验区投资法治环境的重要开端。此后,自由贸易试验区各级法院及其最高法院都通过各种司法判例的形式为自由贸易试验区的投资便利化,营造良好的投资法律环境提供了有力的保障。

---

① 沈四宝《股东对公司管理者的选择权应受法律保护》,《中国审判》2014 年第 7 期,第 20 页。

附录 1

外商投资项目核准政策演变[①]

阶段	年份	审批依据	公司/项目类别	项目金额	审批部门	《指导目录》制造业	《指导目录》服务业	子类
形成阶段	1995	《关于审批利用外商投资改造现有企业项目的通知》	国有特大型、大型及中央企业	1亿美元以下	国家经贸委审批	—	—	—
				1亿美元以上	国家经贸委审查，报国务院审批			
			地方企业	限额数以下	3000万美元以下（经济特区、沿海开放城市、沿边沿江开放城市和内地省会开放城市）	所在省、自治区、直辖市和计划单列市经贸委（经委、计经委）审查，报国家经贸委审批，抄送国务院有关行业管理部门	—	—	—
					1000万美元（其余地方）				
				1亿美元以下（限额数以上）	所在省、自治区、直辖市和计划单列市经贸委（经委、计经委）审查，报国家经贸委审批，抄送国务院有关行业管理部门			
				1亿美元以上	国家经贸委审查，报国务院审批			

[①] 沈玉良《建设开放度最高的自由贸易试验区》，上海人民出版社，2015年，第142—145页。

（续表）

阶段	年份	审批依据	公司/项目类别	项目金额	审批部门	《指导目录》制造业	子类 服务业
完善阶段	1999	《关于扩大地方鼓励类不需要国家综合平衡要综合平衡的外商投资项目审批权限有关问题的通知》（计外资〔1999〕2147号）	鼓励类	需要国家综合平衡的限额数以上（含黄金勘探与开发、稀土开发与利用的限额以下项目）	审批程序不变	196	34
			鼓励类	不需要国家综合平衡的限额以上	所在省、自治区、直辖市经贸委（经委、计经委）审批（审批权不得下放），报国家经贸委备案		
			鼓励类	限额以下	审批程序不变	—	—
			允许类	所有金额	审批程序不变		
			限制类	所有金额	审批程序不变	34	31
调整阶段	2004	《政府核准的投资项目目录（2004年本）》	鼓励类	1亿美元以下	地方发展改革部门	191	34
			鼓励类	1亿美元以上	国家发展改革委审核，报国务院核准		
			鼓励类	5亿美元以上	国家发展改革委审核，报国务院核准		
			允许类	1亿美元以下	地方发展改革部门	—	—
			允许类	1亿美元以上	国家发展改革委审核，报国务院核准		
			限制类	5000万美元以下	省级发展改革委	34	27
			限制类	5000万美元以上	国家发展改革委审核，报国务院核准		
			限制类	1亿美元以上	国家发展改革委审核，报国务院核准		

（续表）

阶段	年份	审批依据	公司/项目类别	项目金额	审批部门	《指导目录》子类	
						制造业	服务业
调整阶段	2013	《政府核准的投资项目目录(2013年本)》《外商投资项目核准和备案管理办法(征求意见稿)》	鼓励类(中方控股)	3亿美元以下	地方政府	278	47
				3亿美元以上	国家发展改革委		
			限制类	5000万美元以下和房地产项目	省级政府	32	33
				5000万美元以上(不含房地产)	国家发展改革委		

附录 2

国务院关于在自由贸易试验区暂时调整与投资便利化相关的法律、行政法规、国务院文件和经国务院批准的部门规章

法律、行政法规、国务院文件和经国务院批准的部门规章	法律、行政法规、国务院文件和经国务院批准的部门规章规定	对相关法律、法规、国务院文件和部门规章的调整
《指导外商投资方向规定》	第十二条，根据现行审批权限，外商投资项目按照项目性质分别由发展计划部门和经贸部门审批、备案；外商投资企业的合同、章程由外经贸部门审批、备案。其中，限制类限额以下的外商投资项目由省、自治区、直辖市及计划单列市人民政府的相应主管部门审批，同时报上级主管部门和行业主管部门备案，此类项目的审批权不得下放。属于服务贸易领域逐步开放的外商投资项目，按照国家有关规定审批	实施"准入前国民待遇＋负面清单"，负面清单以外的行业，停止实施外商投资项目核准（国务院规定对国内投资项目保留核准的除外）及外商投资企业的设立审批，实施备案管理
《外国企业或个人在中国境内设立合伙企业管理办法》	第十三条，外国企业或者个人在中国境内设立合伙企业涉及须经政府核准的投资项目的，依照国家有关规定办理投资项目核准手续	实施"准入前国民待遇＋负面清单"，负面清单以外的行业，停止实施外商投资项目核准（国务院规定对国内投资项目保留核准的除外），实施备案管理

(续表)

法律、行政法规、国务院文件和经国务院批准的部门规章	法律、行政法规、国务院文件和经国务院批准的部门规章规定	对相关法律、法规、国务院文件和部门规章的调整
《国务院关于投资体制改革的决定》（国发〔2004〕20号）	二、转变政府管理职能，确立企业的投资主体地位 （二）规范政府核准制。……对于外商投资项目，政府还要从市场准入、资本项目管理等方面进行核准。政府有关部门要制定严格规范的核准制度，明确核准的范围、内容、申报程序和办理时限，并向社会公布，提高办事效率，增强透明度	实施"准入前国民待遇＋负面清单"，负面清单以外的行业，停止实施外商投资项目核准（国务院规定对国内投资项目保留核准的除外），实施备案管理
《国务院关于进一步做好利用外资工作的若干意见》（国发〔2010〕9号）	四、深化外商投资管理体制改革 （十六）《外商投资产业指导目录》中总投资（包括增资）3亿美元以下的鼓励类、允许类项目，除《政府核准的投资项目目录》规定需由国务院有关部门核准之外，由地方政府有关部门核准。除法律法规明确规定由国务院有关部门审批外，在加强监管的前提下，国务院有关部门可将本部门负责的审批事项下放地方政府审批，服务业领域外商投资企业的设立（金融、电信服务除外）由地方政府按照有关规定进行审批。 （十七）调整审批内容，简化审批程序，最大限度缩小审批、核准范围，增强审批透明度。全面清理涉及外商投资的审批事项，缩短审批时间。改进审批方式，在试点并总结经验的基础上，逐步在全国推行外商投资企业合同、章程格式化审批，大力推行在线行政许可，规范行政行为	实施"准入前国民待遇＋负面清单"，负面清单以外的行业，停止实施外商投资项目核准（国务院规定对国内投资项目保留核准的除外）及外商投资企业的设立审批，实施备案管理
《中华人民共和国外资企业法实施细则》	第二十三条，外资企业将其财产或者权益对外抵押、转让，须经审批机关批准并向工商行政管理机关备案	实施"准入前国民待遇＋负面清单"，负面清单以外的行业，停止实施外资企业财产或权益对外抵押、转让审批，实施备案管理

（续表）

法律、行政法规、国务院文件和经国务院批准的部门规章	法律、行政法规、国务院文件和经国务院批准的部门规章规定	对相关法律、法规、国务院文件和部门规章的调整
《中华人民共和国外资企业法实施细则》	第二十五条，外国投资者可以用可自由兑换的外币出资，也可以用机器设备、工业产权、专有技术等作价出资。 经审批机关批准，外国投资者也可以用其从中国境内举办的其他外商投资企业获得的人民币利润出资	实施"准入前国民待遇＋负面清单"，负面清单以外的行业，停止实施外国投资者出资方式审批，实施备案管理
《中华人民共和国外资企业法实施细则》	第三十八条，外资企业的土地使用年限，与经批准的该外资企业的经营期限相同。 第六十八条，外资企业的经营期限，根据不同行业和企业的具体情况，由外国投资者在设立外资企业的申请书中拟订，经审批机关批准。 第六十九条，外资企业的经营期限，从其营业执照签发之日起计算。 外资企业经营期满需要延长经营期限的，应当在距经营期满180天前向审批机关报送延长经营期限的申请书。审批机关应当在收到申请书之日起30天内决定批准或者不批准	实施"准入前国民待遇＋负面清单"，负面清单以外的行业，停止实施外资企业经营期限审批，实施备案管理
《中华人民共和国外资企业法实施细则》	第七十条，外资企业有下列情形之一的，应予终止： （一）经营期限届满； （二）经营不善，严重亏损，外国投资者决定解散； （三）因自然灾害、战争等不可抗力而遭受严重损失，无法继续经营； （四）破产； （五）违反中国法律、法规，危害社会公共利益被依法撤销； （六）外资企业章程规定的其他解散事由已经出现。 外资企业如存在前款第（二）、（三）、（四）项所列情形，应当自行提交终止申请书，报审批机关核准。审批机关作出核准的日期为企业的终止日期。 第七十一条，外资企业依照本实施细则第七十条第（一）、（二）、（三）、（六）项的规定终止的，应当在终止之日起15天内对外公告并通知债权人，并在终止公告发出之日起15天内，提出清算程序、原则和清算委员会人选，报审批机关审核后进行清算	实施"准入前国民待遇＋负面清单"，负面清单以外的行业，停止实施外资企业终止核准，实施备案管理

（续表）

法律、行政法规、国务院文件和经国务院批准的部门规章	法律、行政法规、国务院文件和经国务院批准的部门规章规定	对相关法律、法规、国务院文件和部门规章的调整
《中华人民共和国中外合资经营企业法实施条例》	第六条，在中国境内设立合营企业，必须经中华人民共和国对外贸易经济合作部（以下简称对外贸易经济合作部）审查批准。批准后，由对外贸易经济合作部发给批准证书。 凡具备下列条件的，国务院授权省、自治区、直辖市人民政府或者国务院有关部门审批： （一）投资总额在国务院规定的投资审批权限以内，中国合营者的资金来源已经落实的； （二）不需要国家增拨原材料，不影响燃料、动力、交通运输、外贸出口配额等方面的全国平衡的。 依照前款批准设立的合营企业，应当报对外贸易经济合作部备案。 第十四条，合营企业协议、合同和章程经审批机构批准后生效，其修改时同	实施"准入前国民待遇＋负面清单"，负面清单以外的行业，停止实施中外合资经营企业设立审批，实施备案管理
《中华人民共和国中外合资经营企业法实施条例》	第二十条，合营一方向第三者转让其全部或者部分股权的，须经合营他方同意，并报审批机构批准，向登记管理机构办理变更登记手续。 合营一方转让其全部或者部分股权时，合营他方有优先购买权。 合营一方向第三者转让股权的条件，不得比向合营他方转让的条件优惠	实施"准入前国民待遇＋负面清单"，负面清单以外的行业，停止实施中外合资经营企业转让股权审批，实施备案管理
《中华人民共和国中外合资经营企业法实施条例》	第十九条，合营企业在合营期内不得减少其注册资本。因投资总额和生产经营规模等发生变化，确需减少的，须经审批机构批准。 第二十一条，合营企业注册资本的增加、减少，应当由董事会会议通过，并报审批机构批准，向登记管理机构办理变更登记手续	实施"准入前国民待遇＋负面清单"，负面清单以外的行业，停止实施中外合资经营企业增加、减少注册资本审批，实施备案管理

（续表）

法律、行政法规、国务院文件和经国务院批准的部门规章	法律、行政法规、国务院文件和经国务院批准的部门规章规定	对相关法律、法规、国务院文件和部门规章的调整
《中华人民共和国中外合资经营企业法实施条例》	第二十七条，外国合营者作为出资的机器设备或者其他物料、工业产权或者专有技术，应当报审批机构批准	实施"准入前国民待遇＋负面清单"，负面清单以外的行业，停止实施外国合营方出资方式审批，实施备案管理
《中华人民共和国中外合资经营企业法实施条例》	第九十条，合营企业在下列情况下解散： （一）合营期限届满； （二）企业发生严重亏损，无力继续经营； （三）合营一方不履行合营企业协议、合同、章程规定的义务，致使企业无法继续经营； （四）因自然灾害、战争等不可抗力遭受严重损失，无法继续经营； （五）合营企业未达到其经营目的，同时又无发展前途； （六）合营企业合同、章程所规定的其他解散原因已经出现。 前款第（二）、（四）、（五）、（六）项情况发生的，由董事会提出解散申请书，报审批机构批准；第（三）项情况发生的，由履行合同的一方提出申请，报审批机构批准。 在本条第一款第（三）项情况下，不履行合营企业协议、合同、章程规定的义务一方，应当对合营企业由此造成的损失负赔偿责任	实施"准入前国民待遇＋负面清单"，负面清单以外的行业，停止实施中外合资经营企业的解散审批，实施备案管理
《中外合资经营企业合营期限暂行规定》	第四条，合营各方在合营合同中不约定合营期限的合营企业，按照国家规定的审批权限和程序审批。除对外经济贸易部直接审批的外，其他审批机关应当在批准后30天内报对外经济贸易部备案。 第六条，在本规定施行之前已经批准设立的合营企业，按照批准的合营合同约定的期限执行，但属本规定第三条规定以外的合营企业，合营各方一致同意将合营合同中合营期限条款修改为不约定合营期限的，合营各方应当申报理由，签订修改合营合同的协议，并提出申请，报原审批机关审查	实施"准入前国民待遇＋负面清单"，负面清单以外的行业，停止实施中外合资经营企业经营期限的审批，实施备案管理

（续表）

法律、行政法规、国务院文件和经国务院批准的部门规章	法律、行政法规、国务院文件和经国务院批准的部门规章规定	对相关法律、法规、国务院文件和部门规章的调整
《中华人民共和国中外合作经营企业法实施细则》	第六条，设立合作企业由对外贸易经济合作部或者国务院授权的部门和地方人民政府审查批准。设立合作企业属于下列情形的，由国务院授权的部门或者地方人民政府审查批准： （一）投资总额在国务院规定由国务院授权的部门或者地方人民政府审批的投资限额以内的； （二）自筹资金，并且不需要国家平衡建设、生产条件的； （三）产品出口不需要领取国家有关主管部门发放的出口配额、许可证，或者虽需要取，但在报送项目建议书前已征得国家有关主管部门同意的； （四）有法律、行政法规规定由国务院授权的部门或者地方人民政府审查批准的其他情形的	实施"准入前国民待遇＋负面清单"，负面清单以外的行业，停止实施中外合作经营企业的设立审批，实施备案管理
《中华人民共和国中外合作经营企业法实施细则》	第十一条，合作企业协议、合同、章程自审查批准机关颁发批准证书之日起生效。在合作期限内，合作企业协议、合同、章程有重大变更的，须经审查批准机关批准	实施"准入前国民待遇＋负面清单"，负面清单以外的行业，停止实施中外合作经营企业协议、合同、章程重大变更的审批，实施备案管理
《中华人民共和国中外合作经营企业法实施细则》	第十六条，合作企业的注册资本，是指为设立合作企业，在工商行政管理机关登记的合作各方认缴的出资额之和。注册资本以人民币表示，也可以用合作各方约定的一种可自由兑换的外币表示。 合作企业注册资本在合作期限内不得减少。但是，因投资总额和生产经营规模等变化，确需减少的，须经审查批准机关批准	实施"准入前国民待遇＋负面清单"，负面清单以外的行业，停止实施中外合作经营企业减少注册资本的审批，实施备案管理

（续表）

法律、行政法规、国务院文件和经国务院批准的部门规章	法律、行政法规、国务院文件和经国务院批准的部门规章规定	对相关法律、法规、国务院文件和部门规章的调整
《中华人民共和国中外合作经营企业法实施细则》	第二十三条，合作各方之间相互转让或者合作一方向合作他方以外的他人转让属于其在合作企业合同中全部或者部分权利的，须经合作他方书面同意，并报审查批准机关批准	实施"准入前国民待遇＋负面清单"，负面清单以外的行业，停止实施中外合作经营企业合作方转让其在合作企业中的全部或者部分权利的审批，实施备案管理
《中华人民共和国中外合作经营企业法实施细则》	第三十五条，合作企业成立后委托合作各方以外的他人经营管理的，必须经董事会或者联合管理委员会一致同意，并应当与被委托人签订委托经营管理合同。 合作企业应当将董事会或者联合管理委员会的决议、签订的委托经营管理合同，连同被委托人的资信证明等文件，一并报送审查批准机关批准。审查批准机关应当自收到有关文件之日起30天内决定批准或者不批准	实施"准入前国民待遇＋负面清单"，负面清单以外的行业，停止实施中外合作经营企业委托经营管理合同的审批，实施备案管理
《中华人民共和国中外合作经营企业法实施细则》	第四十七条，合作企业的期限由中外合作者协商确定，并在合作企业合同中订明。 合作企业期限届满，合作各方协商同意要求延长合作期限的，应当在期限届满的180天前向审查批准机关提出申请，说明原合作企业合同执行情况，延长合作期限的原因，同时报送合作各方就延长的期限内各方的权利、义务等事项所达成的协议。审查批准机关应当自接到申请之日起30天内，决定批准或者不批准。 经批准延长合作期限的，合作企业凭批准文件向工商行政管理机关办理变更登记手续，延长的期限从期限届满后的第一天起计算。 合作企业合同约定外国合作者先行回收投资，并且投资已经回收完毕的，合作企业期限届满不再延长；但是，外国合作者增加投资，经合作各方协商同意，可以依照本条第二款的规定向审查批准机关申请延长合作期限	实施"准入前国民待遇＋负面清单"，负面清单以外的行业，停止实施中外合作经营企业延长合作期限的审批，实施备案管理

（续表）

法律、行政法规、国务院文件和经国务院批准的部门规章	法律、行政法规、国务院文件和经国务院批准的部门规章规定	对相关法律、法规、国务院文件和部门规章的调整
《中华人民共和国中外合作经营企业法实施细则》	第四十八条，合作企业因下列情形之一出现时解散： （一）合作期限届满； （二）合作企业发生严重亏损，或者因不可抗力遭受严重损失，无力继续经营； （三）中外合作者一方或者数方不履行合作企业合同、章程规定的义务，致使合作企业无法继续经营； （四）合作企业合同、章程中规定的其他解散原因已经出现； （五）合作企业违反法律、行政法规，被依法责令关闭。 前款第二项、第四项所列情形发生，应当由合作企业的董事会或者联合管理委员会做出决定，报审查批准机关批准。在前款第三项所列情形下，不履行合作企业合同、章程规定的义务的中外合作者一方或者数方，应当对履行合同的他方因此遭受的损失承担赔偿责任；履行合同的一方或者数方有权向审查批准机关提出申请，解散合作企业	实施"准入前国民待遇＋负面清单"，负面清单以外的行业，停止实施中外合作经营企业解散的审批，实施备案管理
《中华人民共和国台湾同胞投资保护法实施细则》	第十条，设立台湾同胞投资企业，应当向对外贸易经济合作部或者国务院授权的部门和地方人民政府提出申请，接到申请的审批机关应当自接到全部申请文件之日起 45 日内决定批准或者不批准。 设立台湾同胞投资企业的申请经批准后，申请人应当自接到批准证书之日起 30 日内，依法向企业登记机关登记注册，领取营业执照	实施"准入前国民待遇＋负面清单"，负面清单以外的行业，停止实施台湾同胞投资企业设立的审批，实施备案管理
《外商投资产业指导目录（2017年修订）》	限制外商投资产业目录 1. 农作物新品种选育和种子生产（中方控股）	对从事农作物（粮棉油作物除外）新品种选育（转基因除外）和种子生产（转基因除外）的两岸合资企业，暂时停止实施由大陆方面控股的要求，但台商不能独资（仅限福建自由贸易试验区）

(续表)

法律、行政法规、国务院文件和经国务院批准的部门规章	法律、行政法规、国务院文件和经国务院批准的部门规章规定	对相关法律、法规、国务院文件和部门规章的调整
《外商投资产业指导目录（2017年修订）》	限制外商投资产业目录 2. 石油、天然气（含煤层气，油页岩、油砂、页岩气等除外）的勘探、开发（限于合资、合作）	暂时停止实施相关内容，允许外商以独资形式从事矿井瓦斯利用
《外商投资产业指导目录（2017年修订）》	限制外商投资产业目录 17. 国内水上运输公司（中方控股），国际海上运输公司（限于合资、合作）	暂时停止实施相关内容，允许设立外商独资国际船舶运输、国际船舶管理、国际海运货物装卸、国际海运集装箱站和堆场企业
《外商投资产业指导目录（2017年修订）》	限制外商投资产业目录 35. 演出经纪机构（中方控股）	暂时停止实施相关内容，允许外国投资者、台湾地区的投资者设立独资演出经纪机构为设有自由贸易试验区的省、直辖市提供服务，由国务院文化主管部门制定相关管理办法
《外商投资产业指导目录（2017年修订）》	限制外商投资产业目录 23. 船舶代理（中方控股）	暂时停止实施相关内容，允许外商以合资、合作形式从事公共国际船舶代理业务，外方持股比例放宽至51%，由国务院交通运输主管部门制定相关管理办法

（续表）

法律、行政法规、国务院文件和经国务院批准的部门规章	法律、行政法规、国务院文件和经国务院批准的部门规章规定	对相关法律、法规、国务院文件和部门规章的调整
《外商投资产业指导目录（2017年修订）》	限制外商投资产业目录 24. 加油站（同一外国投资者设立超过30家分店、销售来自多个供应商的不同种类和品牌成品油的连锁加油站，由中方控股）建设、经营	暂时停止实施相关内容，允许外商以独资形式从事加油站建设、经营，由国务院商务主管部门制定相关管理办法
《外商投资产业指导目录（2017年修订）》	限制外商投资产业目录 22. 稻谷、小麦、玉米收购、批发	暂时停止实施相关内容，取消外商从事稻谷、小麦、玉米收购、批发的限制
《外商投资产业指导目录（2017年修订）》	限制外商投资产业目录 9. 干线、支线飞机设计、制造与维修，3吨级及以上直升机设计与制造，地面、水面效应航行器制造及无人机、浮空器设计与制造（中方控股） 10. 通用飞机设计、制造与维修（限于合资、合作）	暂时停止实施相关内容，允许外商以独资形式从事6吨级9座以下通用飞机设计、制造与维修业务；取消3吨级及以上民用直升机设计与制造的投资比例限制
《外商投资产业指导目录（2017年修订）》	禁止外商投资产业目录 26. 互联网新闻信息服务、网络出版服务、网络视听节目服务、互联网上网服务营业场所、互联网文化经营（音乐除外）、互联网公众发布信息服务	暂时停止实施相关内容，允许外商投资互联网上网服务营业场所

(续表)

法律、行政法规、国务院文件和经国务院批准的部门规章	法律、行政法规、国务院文件和经国务院批准的部门规章规定	对相关法律、法规、国务院文件和部门规章的调整
《营业性演出管理条例（2016修订）》	第十条，外国投资者可以与中国投资者依法设立中外合资经营、中外合作经营的演出经纪机构、演出场所经营单位；不得设立中外合资经营、中外合作经营、外资经营的文艺表演团体，不得设立外资经营的演出经纪机构、演出场所经营单位。 设立中外合资经营的演出经纪机构、演出场所经营单位，中国合营者的投资比例应当不低于51％；设立中外合作经营的演出经纪机构、演出场所经营单位，中国合作者应当拥有经营主导权。设立中外合资经营、中外合作经营的演出经纪机构、演出场所经营单位，应当依照有关外商投资的法律、法规的规定办理审批手续。 第十一条，香港特别行政区、澳门特别行政区的投资者可以在内地投资设立合资、合作、独资经营的演出经纪机构、演出场所经营单位；香港特别行政区、澳门特别行政区的演出经纪机构可以在内地设立分支机构。 台湾地区的投资者可以在内地投资设立合资、合作经营的演出经纪机构、演出场所经营单位，但内地合营者的投资比例应当不低于51％，内地合作者应当拥有经营主导权；不得设立合资、合作、独资经营的文艺表演团体和独资经营的演出经纪机构、演出场所经营单位	暂时停止实施相关内容，允许外国投资者、台湾地区的投资者设立独资演出经纪机构为本省市提供服务
《中华人民共和国国际海运条例》	第二十九条，经国务院交通主管部门批准，外商可以依照有关法律、行政法规以及国家其他有关规定，投资设立中外合资经营企业或者中外合作经营企业，经营国际船舶运输、国际船舶代理、国际船舶管理、国际海运货物装卸、国际海运货物仓储、国际海运集装箱站和堆场业务；并可以投资设立外资企业经营国际海运货物仓储业务。 经营国际船舶运输、国际船舶代理业务的中外合资经营企业，企业中外商的出资比例不得超过49％。 经营国际船舶运输、国际船舶代理业务的中外合作经营企业，企业中外商的投资比例比照适用前款规定。 中外合资国际船舶运输企业和中外合作国际船舶运输企业的董事会主席和总经理，由中外合资、合作双方协商后由中方指定	暂时停止实施相关内容，允许设立外商独资国际船舶运输、国际船舶管理、国际海运货物装卸、国际海运集装箱站和堆场企业，允许外商以合资、合作形式从事国际船舶代理业务，外方持股比例放宽至51％

(续表)

法律、行政法规、国务院文件和经国务院批准的部门规章	法律、行政法规、国务院文件和经国务院批准的部门规章规定	对相关法律、法规、国务院文件和部门规章的调整
《中华人民共和国船舶和海上设施检验条例》	第十三条，下列中国籍船舶，必须向中国船级社申请入级检验： （一）从事国际航行的船舶； （二）在海上航行的乘客定额 100 人以上的客船； （三）载重量 1000 吨以上的油船； （四）滚装船、液化气体运输船和散装化学品运输船； （五）船舶所有人或者经营人要求入级的其他船舶	暂时停止实施相关内容，加快国际船舶登记制度创新，基于对等原则逐步放开船级准入，由国务院交通运输主管部门制定相关管理办法
《印刷业管理条例》	第十四条，国家允许设立中外合资经营印刷企业、中外合作经营印刷企业，允许设立从事包装装潢印刷品印刷经营活动的外资企业。具体办法由国务院出版行政部门会同国务院对外经济贸易主管部门制定	暂时停止实施相关内容，允许设立从事其他印刷品印刷经营活动的外资企业，由国务院新闻出版主管部门制定相关管理办法
《外商投资民营航空业规定》	第四条，外商投资方式包括： （一）合资、合作经营（简称"合营"）； （二）购买民航企业的股份，包括民航企业在境外发行的股票以及在境内发行的上市外资股； （三）其他经批准的投资方式。 外商以合作经营方式投资公共航空运输和从事公务飞行、空中游览的通用航空企业，必须取得中国法人资格	暂时停止实施相关内容，允许外商以独资形式投资设立航空运输销售代理企业，由国务院民用航空主管部门制定相关管理办法
《外商投资民营航空业规定》	第六条，外商投资飞机维修（有承揽国际维修市场业务的义务）和航空油料项目，由中方控股；货运仓储、地面服务、航空食品、停车场等项目，外商投资比例由中外双方商定	暂时停止实施相关内容，允许外商以独资形式投资设立货运仓储、地面服务、航空食品、停车场等项目；取消外商投资飞机维修承揽国际维修市场业务的义务要求，由国务院民用航空主管部门制定相关管理办法

（续表）

法律、行政法规、国务院文件和经国务院批准的部门规章	法律、行政法规、国务院文件和经国务院批准的部门规章规定	对相关法律、法规、国务院文件和部门规章的调整
《中华人民共和国认证认可条例》	第十一条，外商投资企业取得认证机构资质，除应当符合本条例第十条规定的条件外，还应当符合下列条件： （一）外方投资者取得其所在国家或者地区认可机构的认可； （二）外方投资者具有3年以上从事认证活动的业务经历。 外商投资企业取得认证机构资质的申请、批准和登记，还应当符合有关外商投资法律、行政法规和国家有关规定	暂时停止实施外商投资企业取得认证机构资质的特殊要求，由国务院质量监督检验检疫主管部门制定相关管理办法
《娱乐场所管理条例》（2016年修订版）	第六条，外国投资者可以与中国投资者依法设立中外合资经营、中外合作经营的娱乐场所，不得设立外商独资经营的娱乐场所	暂时停止实施该项规定，允许设立外商独资经营的娱乐场所，在自由贸易试验区内提供服务，由国务院文化主管部门制定相关管理办法
《中华人民共和国中外合作办学条例》	第六十条，在工商行政管理部门登记注册的经营性的中外合作举办的培训机构的管理办法，由国务院另行规定	暂时停止实施该项规定，由国务院教育主管部门会同有关部门就经营性的中外合资举办的培训机构制定相关管理办法
《旅行社条例》（2017年修订版）	第二十三条，外商投资旅行社不得经营中国内地居民出国旅游业务以及赴香港特别行政区、澳门特别行政区和台湾地区旅游的业务，但是国务院决定或者我国签署的自由贸易协定和内地与香港、澳门关于建立更紧密经贸关系的安排另有规定的除外	暂时停止实施该项规定，允许在自由贸易试验区内注册的符合条件的外商投资旅行社经营中国内地居民出境旅游业务（台湾地区除外），由国务院旅游主管部门制定相关办法

（续表）

法律、行政法规、国务院文件和经国务院批准的部门规章	法律、行政法规、国务院文件和经国务院批准的部门规章规定	对相关法律、法规、国务院文件和部门规章的调整
《食盐专营办法》	第十二条，国家实行食盐定点批发制度。非食盐定点批发企业不得经营食盐批发业务。 第十三条，省、自治区、直辖市人民政府盐业主管部门按照统一规划、合理布局的要求审批确定食盐定点批发企业，颁发食盐定点批发企业证书，及时向社会公布食盐定点批发企业名单，并报国务院盐业主管部门备案。 食盐定点生产企业申请经营食盐批发业务的，省、自治区、直辖市人民政府盐业主管部门应当确定其为食盐定点批发企业并颁发食盐定点批发企业证书	暂时停止实施相关规定，允许外商以独资形式在自由贸易试验区内从事盐的批发业务
《直销管理条例》（2017年修订版）	第七条，申请成为直销企业，应当具备下列条件： （一）投资者具有良好的商业信誉，在提出申请前连续5年没有重大违法经营记录，外国投资者还应当有3年以上在中国境外从事直销活动的经验； （二）实缴注册资本不低于人民币8000万元； （三）依照本条例规定在指定银行足额缴纳了保证金； （四）依照规定建立了信息报备和披露制度	暂时停止实施外国投资者应当有3年以上在中国境外从事直销活动的经验的规定，由国务院商务主管部门制定相关管理办法
《国务院办公厅转发国土资源部等部门关于进一步鼓励外商投资勘查开采非油气矿产资源若干意见的通知》（国办发〔2000〕70号）	一、进一步开放非油气矿产资源探矿权、采矿权市场 （三）外商投资从事风险勘探，经外经贸部批准，到工商行政管理机关依法登记注册，向国土资源部申请探矿权。 （六）外商申请设立采矿企业，须经外经贸部批准，到工商行政管理机关依法登记注册，向国土资源部申请采矿权	暂时停止实施商务主管部门实施的外商在负面清单以外的非油气矿产资源领域从事风险勘探和设立采矿企业审批，实施备案管理
《汽车产业发展政策》	第四十八条，汽车整车、专用汽车、农用运输车和摩托车中外合资生产企业的中方股份比例不得低于50％。股票上市的汽车整车、专用汽车、农用运输车和摩托车股份公司对外出售法人股份时，中方法人之一必须相对控股且大于外资法人股之和。同一家外商可在国内建立两家（含两家）以下生产同类（乘用车类、商用车类、摩托车类）整车产品的合资企业，如与中方合资伙伴联合兼并国内其他汽车生产企业可不受两家的限制。境外具有法人资格的企业相对控股另一家企业，则视为同一家外商	暂时停止实施该项部分规定，允许外商以独资形式从事摩托车生产，由国务院主管部门会同有关部门修订相关管理办法

（续表）

法律、行政法规、国务院文件和经国务院批准的部门规章	法律、行政法规、国务院文件和经国务院批准的部门规章规定	对相关法律、法规、国务院文件和部门规章的调整
《钢铁业发展政策》	第二十三条，……境外钢铁企业投资中国钢铁工业，须具有钢铁自主知识产权技术，其上年普通钢产量必须达到1000万吨以上或高合金特殊钢产量达到100万吨。投资中国钢铁工业的境外非钢铁企业，必须具有强大的资金实力和较高的公信度，提供银行、会计事务所出具的验资和企业业绩证明。境外企业投资国内钢铁行业，必须结合国内现有钢铁企业的改造和搬迁实施，不布新点。外商投资我国钢铁行业，原则上不允许外商控股	暂时停止实施钢铁行业原则上不允许外商控股的规定，以及对外商的资质要求，允许设立外商独资钢铁生产企业，由国务院工业和信息化主管部门会同有关部门修订相关管理办法
《中华人民共和国船舶登记条例》	第二条第一款，下列船舶应当依照本条例规定进行登记： （一）在中华人民共和国境内有住所或者主要营业所的中国公民的船舶。 （二）依据中华人民共和国法律设立的主要营业所在中华人民共和国境内的企业法人的船舶。但是，在该法人的注册资本中有外商出资的，中方投资人的出资额不得低于50%。 （三）中华人民共和国政府公务船舶和事业法人的船舶。 （四）中华人民共和国港务监督机构认为应当登记的其他船舶	暂时停止实施相关内容，加快国际船舶登记制度创新，基于对等原则逐步放开船级准入，由国务院交通运输主管部门制定相关管理办法
《国务院办公厅转发国家计委关于城市轨道交通设备国产化实施意见的通知》（国办发〔1999〕20号）	第三部分的有关规定：城市轨道交通项目，无论使用何种建设资金，其全部轨道车辆和机电设备的平均国产化率要确保不低于70%	暂时停止实施相关内容，取消外商投资城市轨道交通项目设备国产化比例须达到70%以上的限制

（续表）

法律、行政法规、国务院文件和经国务院批准的部门规章	法律、行政法规、国务院文件和经国务院批准的部门规章规定	对相关法律、法规、国务院文件和部门规章的调整
《国务院办公厅关于加强城市快速轨道交通建设管理的通知》（国办发〔2003〕81号）	第六部分的有关规定：要不断提高城轨交通项目设备的国产化比例，对国产化率达不到70%的项目不予审批	暂时停止实施相关内容，取消外商投资城市轨道交通项目设备国产化比例须达到70%以上的限制
《中华人民共和国外资银行管理条例》	第三十四条第一款，外资银行营业性机构经营本条例第二十九条或者第三十一条规定业务范围内的人民币业务的，应当具备下列条件，并经国务院银行业监督管理机构批准： （一）提出申请前在中华人民共和国境内开业1年以上； （二）国务院银行业监督管理机构规定的其他审慎性条件	暂时停止实施相关内容，取消对外资银行营业性机构经营人民币业务的开业年限限制

结语

本书的最终完成正值我国改革开放40周年之际,40年来我国国内生产总值由3679亿元增长到2017年的82.7万亿元,年均实际增长9.5%,远高于同期世界经济2.9%左右的年均增速。我国累计使用外商直接投资超过2万亿美元,对外投资总额达到1.9万亿美元。现在,我国是世界第二大经济体、外资流入第二大国,我国外汇储备连续多年位居世界第一。改革开放傲人的成绩单说明中国只有融入世界市场才能激发内部的活力、产生最大的效能和发挥应有的作用,我国的改革开放也随着经济全球化的发展而不断深化,我国国内生产总值占世界生产总值的比重由改革开放之初的1.8%上升到15.2%,多年来对世界经济增长贡献率超过30%,可以说我国已从改革开放初期经济全球化的门外汉逐步发展成为重要的推动者。

温故而知新,改革开放宝贵的经验表明我国已取得了显著的成就,在未来也必将为我国乃至全球的发展带来巨大的红利,因此我国应以改革开放的姿态继续走向未来,在新时代继续把改革开放推向前进。如果说兴办深圳等经济特区、加入世界贸易组织是改革开放40年中的重要举措,那么建设自由贸易试验区则是党中央在新时代推进改革开放的一项战略举措,具有承上启下的重要意义,既是对前一阶段改革开放的经验总结,又是在此基础上进行的制度创新,既是对40年来我国改革开放面临的挑战的汇总,又是对今后我国改革开放的指引。

建设自由贸易试验区在全面深化改革、扩大对外开放的新形势下具有里程碑式的意义。就其所引起的社会变革的广度和深度而言，尤其在投资便利化方面，自由贸易试验区已成为全面深化改革的领跑者，在建立的 5 年中，自由贸易试验区坚持先试先行，在全国发布首张负面清单，推动外资管理制度变革；率先试行"证照分离"等制度，推动全国"放管服"改革；作为开放的前沿阵地，自由贸易试验区外商投资准入特别管理措施（负面清单）由 2013 年的 190 条措施缩减到 2018 年的 45 条措施，开放度高于我国加入世界贸易组织时的承诺和对外签订的自由贸易协定。① 在外资领域，自由贸易试验区的累累硕果不仅吸引了大量外国资本的流入、优化了投资监管的措施、提高了我国的外资利用率，更缩小了我国与国际通行规则之间的距离，体现了对外开放的持续扩大。

将自由贸易试验区建设打造为新时代改革开放的新高地，大力推进投资便利化建设既是我国践行新理念、创造新机制、对接新规则的必经之路，更是探索新路径、培育新优势、形成新格局的重要举措。② 从 2013 年的上海到 2014 年的广东、天津、福建，再到 2017 年的辽宁、浙江、河南、湖北、重庆、四川、陕西和 2018 年的海南，自由贸易试验区呈现出园区显著扩充、差异化试点改革，形成了东西双向互济、内外联系的开放新格局。在自由贸易试验区投资便利化建设的推动下，我国也积极修改外商投资企业法，在自由贸易试验区的经验累积下，适应下一步持续开放的需要，将这些宝贵的做法和经验上升为法律，并且此次修改并非过去的"敲敲打打"，而是突破原有企业法的架构，成为一部真正对外商投资进行规制的法律。

正如本书绪论中所提到的，改革开放带给中国翻天覆地的变化，开放的力度和深度也随着国际投资环境的变化和我国国际地位的提升产生了巨大的差异，如果说改革开放初期我国为了资金和先进的技术而大力吸引外资的话，当下我国吸引外资的动因不再是唯数字论或唯技术论了，外资已成为我国经

---

① 顾学明《把自由贸易试验区建成新时代改革开放新高地》，《人民日报》2018 年 12 月 4 日第 7 版。

② 李光辉《大家手笔：不断提高自由贸易试验区发展水平》，《人民日报》2018 年 11 月 22 日第 7 版。

济发展不可或缺的组成因素。我国利用外资既不像过去为吸引外资可以不计成本,也不是逢外资必进行严格审核,而是将"质"与"量"相结合,为符合我国社会、经济发展需要的外资提供便利,真正体现外资的全面国民待遇。自由贸易试验区作为投资便利化制度创新的高地,依靠制度创新激发外国投资者的热情,为我国当下有效利用外资,对接国际标准,提升我国的国际公信力进行了必要的探索和有益的试验。本书既围绕自由贸易试验区投资便利化的法律制度的创新与探索展开,从国际投资的两大重要组成部分——绿地投资和褐地投资入手,同时对自由贸易试验区投资便利化的法治保障进行分析,全面系统地从法律角度对我国自由贸易试验区投资便利化进行了剖析,并对下一步的发展提出了相关的建议。

本书第一章主要对我国自由贸易试验区的相关背景及各个自由贸易试验区的特点进行简要介绍。本章系统地梳理了我国自由贸易试验区的投资制度沿革,为随后章节的展开进行了铺垫,方便读者了解自由贸易试验区乃至我国外资制度的演进,同时,本章尝试对三批自由贸易试验区的投资便利化进行总结,归纳出不同批次的自由贸易试验区在投资便利化方面的特点和理念。本书第二章聚焦于自由贸易试验区关于绿地投资的制度创新。自由贸易试验区最为成功的制度创新之一就是"准入前国民待遇+负面清单"的外资管理模式,从 2013 年上海自由贸易试验区首次采取了此种方式后,推广到全面范围内实施,成为"可复制可推广"的成功范例。自由贸易试验区外资管理模式的改革是一个系统性工程,负面清单的实施只是起点,仍需相应的制度创新配合该制度的顺利实施,负面清单模式下的事中事后监管便是重要的措施之一,也是本章讨论的另一个重点。此外,对目前我国外商投资企业法在自由贸易试验区实施中遇到的问题也进行了适当地分析,并提出了立法建议。本书第三章聚焦于自由贸易试验区关于褐地投资的制度创新和完善。国际直接投资进入我国市场已从最初的绿地投资方式过渡到以并购为主的投资方式,国家安全作为外资并购监管中最核心的内容,自由贸易试验区虽有试行办法,仍有诸多方面不够完善,亟待完善国家安全审查。本章结合美国、澳大利亚、欧盟等的国家安全审查制度,提出完善自由贸易试验区国家安全审查制度的建议，并以三一重工诉奥巴马案为切入点，着重分析了审查中应注意的问题。本书第四章从自由贸易试验区投资便利化的法治保障入手，如果说宽松适度、监管有效的外资法律体系是投资便利化的前端要求的话，那么纠纷解决机制则是投资便利化的后端要求，投资者在投资地的选择、市场准入、项目运营、纠纷解决等诸多方面进行考量时，都具有相同的影响力。因此，在自由贸易试验区建设过程中，无论是法院从司法审判角度还是仲裁等多元纠纷解决机制都为涉外资提供了有效的法治保障。本章节以最高法院颁布的《司法保障的意见》入手，结合对自由贸易试验区外资问题具有重要影响力的案件的分析，明确我国不仅在外资管理方面保障外资便利化的实施，司法机关和仲裁机构也通过各种方式，发挥其各自的作用为自由贸易试验区的外资便利化提供法治保障。

  本书的完成是建立在中外学者大量的研究成果之上的，虽然在注释和参考文献中均已列明，但在此还是要表示衷心的感谢，如果没有这些优秀的学术成果，本书也无法最终完成。笔者多年来一直从事国际经济法的教学与科研工作，尤其对国际投资和国际商事争端解决颇感兴趣，在中央财经大学法学院既讲授国际经济法、国际商法，也为国际学生开设英文课程"FDI Law in China"，同时作为多家仲裁机构的仲裁员也身体力行参与各类商事案例的处理，这些经历均为本书的写作提供了很好的素材。此外，本书的出版要着重感谢厦门市委党校的谢进老师，如果没有谢进老师将不会有本书的出现。同时还要感谢鹭江出版社，编辑们辛勤的付出提升了本书的质量和价值。最后要感谢我的家人，他们的支持是我前进的动力。由于水平有限，书中难免挂一漏万，存在疏漏和不妥之处，笔者将在今后的研究中加以改进，同时也敬请各位学者、专家和读者给予批评和指正。

主要参考文献

中文文献

1. 汤黎明，郑少华．自由贸易区法律适用（第三辑）［M］．北京：法律出版社，2016.

2. 林珏．区域自由贸易协定中"负面清单"的国际比较研究［M］．北京：北京大学出版社，2016.

3. 孟庆伟，方辉，郝红波．直击自贸区：从投资贸易便利到共享金融创新红利步步为赢［M］．北京：中国海关出版社，2016.

4. 孙元欣．2016中国自由贸易试验区发展研究报告［M］．上海：格致出版社，2016.

5. 李善民．中国自由贸易试验区发展蓝皮书（2016—2017）［M］．广州：中山大学出版社，2016.

6. 胡加祥，等．上海自贸区成立三周年回眸（制度篇）［M］．上海：上海交通大学出版社，2016.

7. 高小珺，高大石．自由贸易试验区的制度创新与法律保障［M］．北京：法律出版社，2017.

8. 蒲杰．中国自由贸易试验区法律保障制度研究［M］．成都：电子科技大学出版社，2017.

9. 李猛．中国自贸区法律制度建立与完善研究［M］．北京：人民出版社，2017.

10. 廖凡，等．上海自贸试验区建设推进与制度创新［M］．北京：中国社会科学出版社，2017.

11. 黄建忠，陈子雷，蒙英华，等．中国自由贸易试验区研究蓝皮书（2016）［M］．北京：经济科学出版社，2017.

12. 肖林，马海倩．国家试验：中国（上海）自由贸易试验区制度设计［M］．上海：上海人民出版社，2014.

13. 沈玉良．建设开放度最高的自由贸易试验区［M］．上海：上海人民出版社，2015.

14. 唐珏岚．中国（上海）自由贸易试验区建设干部读本［M］．上海：上海人民出版社，2015.

15. 上海财经大学自由贸易区研究院，上海发展研究院．全球自贸区发展研究及借鉴［M］．上海：格致出版社，2015.

16. 黄建忠，陈子雷，蒙英华，等．中国自由贸易实验区研究蓝皮书2015［M］．北京：机械工业出版社，2015.

17. 沈四宝，王军．国际商法（第3版）［M］．北京：对外经济贸易大学出版社，2016.

18. ［德］鲁道夫·多尔查，［奥］克里斯托弗·朔伊尔．国际投资法原则（原书第二版）［M］．祁欢，施进，译．北京：中国政法大学出版社，2014.

19. 姚梅镇．外商投资企业法教程［M］．北京：法律出版社，1990.

20. 张文显．法理学［M］．北京：法律出版社，1997.

21. 黎学玲．中国涉外经贸法［M］．北京：人民法院出版社，2004.

22. 赵旭东．公司法学［M］．北京：高等教育出版社，2003.

23. 卢炯星．中国外商投资企业法问题研究［M］．北京：法律出版社，2001.

24. 沈四宝．中国涉外经贸法［M］．北京：首都经济贸易大学出版社，2002.

25. 沈四宝. 揭开公司面纱法律原则与典型案例选评 [M]. 北京：对外经济贸易大学出版社，2005.

26. 沈四宝. 新公司法修改热点问题讲座 [M]. 北京：中国法制出版社，2005.

27. 沈四宝. 国际投资法 [M]. 北京：中国对外经济贸易出版社，1990.

28. 沈四宝. 国际商法论丛（第3卷）[M]. 北京：法律出版社，2001.

29. 曹康泰. 新公司法修订研究报告（下册）[M]. 北京：中国法制出版社，2005.

30. 郭晓文. 中国国际经济贸易仲裁案例分析 [M]. 香港：三联书店（香港）有限公司，1997.

31. 王贵国. 国际投资法 [M]. 北京：北京大学出版社，2001.

32. 余劲松. 国际投资法 [M]. 北京：法律出版社，2002.

33. 安建. 中华人民共和国公司法释义（2005新版）[M]. 北京：法律出版社，2005.

34. 范健. 商法（第4版）[M]. 北京：高等教育出版社，2011.

35. 赵相林. 国际私法（第四版）[M]. 北京：中国政法大学出版社，2014.

36. 田文英. 外资并购与国家安全 [M]. 北京：法律出版社，2011.

37. 曹秋菊. 开放经济下的中国产业安全 [M]. 北京：经济科学出版社，2007.

38. 李孟刚. 产业安全理论研究（第二版）[M]. 北京：经济科学出版社，2010.

39. 刘和平. 欧盟并购控制法律制度研究 [M]. 北京：北京大学出版社，2006.

40. 王小琼. 西方国家外资并购国家安全审查制度的最新发展及其启示——兼论开放经济条件下我国外资并购安全审查制度的建构 [M]. 武汉：湖北人民出版社，2010.

41. 朱最新，刘云甫. 行政备案管理制度研究 [M]. 北京：知识产权出版社，2012.

42. 王名扬．美国行政法（上）［M］．北京：中国法制出版社，2005.

43. 黄进，宋连斌，徐前权．仲裁法学［M］．北京：中国政法大学出版社，2002.

44. 李双元，谢石松，欧福永．国际民事诉讼法概论（第三版）［M］．武汉：武汉大学出版社，2016.

45. 韩健．现代国际商事仲裁法的理论与实践［M］．北京：法律出版社，1993.

46. 张斌生．仲裁法新论［M］．厦门：厦门大学出版社，2008.

47. 丁颖．美国商事仲裁制度研究——以仲裁协议和仲裁裁决为中心［M］．武汉：武汉大学出版社，2007.

48. 全国人大常委会法律工作委员会．中华人民共和国仲裁法律释义［M］．北京：法律出版社，1997.

49. 沈四宝，于建龙．中国仲裁年度报告（2013—2014）［M］．北京：法律出版社，2016.

50. 杨良宜．国际商务仲裁［M］．北京：中国政法大学出版社，1997.

51. 车敬子．中国外商投资企业法律制度及其完善［D］．北京：对外经济贸易大学，2004.

52. 李群．外资并购国家安全审查法律制度研究［D］．重庆：西南政法大学，2012.

53. 何芳．外资管辖权研究［D］．重庆：西南政法大学，2016.

54. 张举胜．美国外资并购国家安全审查制度研究［D］．北京：中国政法大学，2011.

55. 施明浩．外国投资国家安全审查立法研究［D］．上海：华东政法大学，2015.

56. 汤海涵．澳大利亚并购投资相关法律制度研究［D］．武汉：武汉大学，2012.

57. 王贵国．"一带一路"争端解决制度研究［J］．中国法学，2017(6).

58. 赵玉敏. 国际投资体系中的准入前国民待遇——从日韩投资国民待遇看国际投资规则的发展趋势 [J]. 国际贸易, 2012 (3).

59. 余劲松. 中国发展过程中的外资准入阶段国民待遇问题 [J]. 法学家, 2004 (6).

60. 王宏军. 论印度外资法的体系及其对我国的启示 [J]. 经济问题探索, 2009 (2).

61. 王宏军. 印度外资准入制度评析 [J]. 云南民族大学学报（哲学社会科学版）, 2009 (1).

62. 王宏军. 印度外资制度的国际法构成 [J]. 云南大学学报（法学版）, 2009 (1).

63. 王宏军. 印度外资准入制度研究——以我国企业对印度的投资为例 [J]. 法商研究, 2008 (5).

64. 樊正兰, 张宝明. 负面清单的国际比较及实证研究 [J]. 上海经济研究, 2014 (12).

65. 温先涛. 《中国投资保护协定范本》（草案）论稿（一）[J]. 国际经济法学刊, 18 (4); 19 (1); 19 (2).

66. 龚柏华. 中国（上海）自由贸易试验区外资准入"负面清单"模式法律分析 [J]. 世界贸易组织动态与研究, 2013 (6).

67. 龚柏华. "法无禁止即可为"的法理与上海自贸区"负面清单"模式 [J]. 东方法学, 2013 (6).

68. 杨荣珍, 高天昊. 外商投资负面清单模式的国内外经验比较研究 [J]. 山东大学学报（哲学社会科学版）, 2016 (5).

69. 聂平香, 戴丽华. 美国负面清单管理模式探析及对我国的借鉴 [J]. 国际贸易, 2014 (4).

70. 陆建明, 吴立鹏, 梁思焱. 美国双边投资协议与自由贸易协议负面清单的关联性与差异性分析 [J]. 国际商务研究, 2017 (2).

71. 魏新亚. 自贸试验区负面清单与中美BIT谈判对接的基础研究 [J]. 亚太经济, 2017 (6).

72. 杨嫒，赵晓雷．TPP、KORUS 和 BIT 的金融负面清单比较研究及对中国（上海）自由贸易试验区的启示［J］．国际经贸探索，2017（4）．

73. 高维和，孙元欣，王佳圆．美国 FTA、BIT 中的外资准入负面清单：细则与启示［J］．外国经济与管理，2015（3）．

74. 沈玉良，冯湘．NAFTA 类型及中国（上海）自由贸易试验区制度设计导向［J］．世界经济研究，2014（7）．

75. 武芳．墨西哥负面清单设计特点及借鉴［J］．国际经济合作，2014（6）．

76. 武芳．韩国负面清单中的产业选择及对我国的启示［J］．国际贸易，2014（6）．

77. 申海平．菲律宾外国投资"负面清单"发展之启示［J］．法学，2014（9）．

78. 申海平．上海自贸区负面清单的法律地位及其调整［J］．东方法学，2014（5）．

79. 王中美．"负面清单"转型经验的国际比较及对中国的借鉴意义［J］．国际经贸探索，2014（9）．

80. 岳鹰．印度的外商投资准入政策及其对我国的启示［J］．哈尔滨师范大学社会科学学报，2017（2）．

81. 杨建生，梁智俊．浅析印尼对外商投资的法律规制［J］．中国与东盟，2009（8）．

82. 顾晨．印度尼西亚"负面清单"改革之经验［J］．法学，2014(9)．

83. 孙元欣，吉莉，周任远．上海自由贸易试验区负面清单（2013 版）及其改进［J］．外国经济与管理，2014（3）．

84. 孙元欣．上海自贸试验区负面清单（2014 版）的评估与思考［J］．上海经济研究，2014（10）．

85. 刘冰．自由贸易试验区负面清单比较研究——以 2015 版负面清单为视角［J］．哈尔滨学院学报，2016（7）．

86. 上海市商务委员会．中国（上海）自由贸易试验区 2014 版负面清单

解读 [J]. 中国外资, 2014 (9).

87. 庄锡强. 关于建立自由贸易试验区事中事后监管体系的研究 [J]. 发展研究, 2016 (2).

88. 高凛. 自贸试验区负面清单模式下事中事后监管 [J]. 国际商务研究, 2017 (1).

89. 陈奇星. 强化事中事后监管：上海自贸试验区的探索与思考 [J]. 中国行政管理, 2015 (6).

90. 张米良, 肖利雪. 自贸试验区事中事后监管的实践经验与启示——以上海、广东自贸试验区为例 [J]. 贵州商学院学报, 2017 (3).

91. 谢进. 我国自贸试验区事中事后监管制度研究 [J]. 党政干部论坛, 2016 (3).

92. 蒋硕亮, 刘凯. 上海自贸试验区事中事后监管制度创新：构建"四位一体"大监管格局 [J]. 外国经济与管理, 2015 (8).

93. 唐晶晶. 我国投资领域"负面清单"法律制度完善研究 [J]. 甘肃政法学院学报, 2017 (2).

94. 华东政法大学课题组. 我国自贸试验区负面清单透明度现状、存在问题及对策研究 [J]. 科学发展, 2015 (79).

95. 黄东黎. 入世十年与中国法治 [J]. 法治研究, 2011 (3).

96. 刘贵祥. 外商投资纠纷中的疑难问题 [J]. 法学杂志, 2010 (3).

97. 杨继. 公司董事"注意义务"与"忠实义务"辨 [J]. 比较法研究, 2003 (3).

98. 付荣, 麻锦亮. 论外资审批的效力 [J]. 法律适用, 2010 (1).

99. 沈四宝. 股东对公司管理者的选择权应受法律保护 [J]. 中国审判, 2014 (7).

100. 高晓力. 环保科技公司与大拇指公司股东出资纠纷案法律适用解读 [J]. 中国审判, 2014 (7).

101. 沈健. 经济全球化背景下我国外资准入困境与出路——以外商投资企业审批制度为视角 [J]. 湖南商学院学报, 2012 (2).

102. 幕亚平,肖小月. 我国外资并购中的国家安全审查制度［J］. 法学研究, 2009（5）.

103. 刘卫东,等. 论国家安全的概念及其特点［J］. 世界地理研究, 2002（2）.

104. 张庆东. 公共利益：现代公共管理的本质问题［J］. 云南行政学院学报, 2001（4）.

105. 鲁林. 美国对外来投资国家安全审查制度述评［J］. 现代国际关系, 2013（9）.

106. 胡盛涛. 寻求投资开放与国家安全的新平衡——美国境内外资并购中的国家安全审查制度及其对中国立法的借鉴［J］. 国际经济法学刊, 2007(1).

107. 王小琼,何焰. 美国外资并购国家安全审查立法的新发展及其启示——兼论《中华人民共和国反垄断法》第 31 条的实施［J］. 法商研究, 2008（6）.

108. 张庆麟,刘艳. 澳大利亚外资并购国家安全审查制度的新发展［J］. 法学评论, 2012（4）.

109. 江山. 论中国外商投资国家安全审查制度的法律建构［J］. 现代法学, 2015（5）.

110. 黄晋. 完善自贸试验区外商投资国家安全审查制度［J］. 人民法治, 2016（2）.

111. 丁丁,潘方方. 对我国的外资并购国家安全审查制度的分析及建议［J］. 当代法学, 2012（3）.

112. 李善民,等. 罗尔斯公司收购案与美国的安全审查［J］. 中山大学学报（社会科学版）, 2014（1）.

113. 黄洁. 自贸区外商投资国家安全审查的思考［J］. 北京化工大学学报（社会科学版）, 2016（1）.

114. 宋晓燕. 中国（上海）自由贸易试验区的外资安全审查机制［J］. 法学, 2014（1）.

115. 徐运良. 福建自由贸易试验区司法保障机制优化创新探析［J］. 福

建广播电视大学学报，2017（6）.

116. 唐晶晶，曹守晔. 自贸区内行政备案行为应有可诉性［J］. 人民论坛，2017（5）.

117. 朱最新，曹延亮. 行政备案的法理界说［J］. 法学杂志，2010（4）.

118. 马太建. 如何把握行政许可的界限［J］. 行政与法，2004（4）.

119. 张红. 论行政备案的边界［J］. 国家行政学院学报，2016（3）.

120. 丁晓华. 涉自贸区备案行为司法审查问题研究——聚焦"负面清单"外的投资领域［J］. 政治与法律，2014（2）.

121. 赖震平. 我国商事仲裁制度的阙如——以临时仲裁在上海自贸区的试构建为视角［J］. 河北法学，2015（2）.

122. 刘晓红，周祺. 我国建立临时仲裁利弊分析和时机选择［J］. 南京社会科学，2012（9）.

123. 王岩，宋连斌. 试论临时仲裁及其在我国的现状［J］. 北京仲裁，2005（1）.

124. 张建. 构建中国自贸区临时仲裁规则的法律思考——以《横琴自由贸易试验区临时仲裁规则》为中心［J］. 南海法学，2017（2）.

125. 张建. 中国自贸区临时仲裁规则的法律构建［J］. 石河子大学学报（哲学社会科学版），2017（5）.

126. 李昌超，陈磊. 论我国临时仲裁制度之建构［J］. 湖北经济学院学报，2014（1）.

127. 齐宸. 涉外民事关系的界定与思考［J］. 清华法学，2017（2）.

英文文献

1. M. Sornarajah. The International Law on Foreign Investment［M］. Cambridge：Cambridge University Press，2004.

2. Paul E. Comeaux，Kinsella N. Stephan. Protecting Foreign Investment Under International Law：Legal Aspects of Political Risk［M］. Oceana：Oceana Publications，1997.

3. Rudolf Dolzer, Christoph Schreuer. Principles of International Investment Law [M]. Oxford: Oxford University Press, 2008.

4. Surya P. Subedi. International Investment Law: Reconciling Policy and Principle [M]. Oregon: Hart Publishing, 2008.

5. Earl H. Fry. The Politics of International Investment [M]. New York: McGraw Hill Higher Education, 1983.

6. Henrik Horn, Petros C., Mavroidis and Andre Sapir. Beyond the WTO? An Anatomy of EU and US Preferential Trade Agreement [J]. World Economy, 2010, 33 (11).

7. Lawan Thanadsillapakul. Investment Liberalization under FTAs and Some Legal Issues of International Law [J]. Korea University Law Review, 2010.

8. UNCTAD. World Investment Report 1995 [R]. Geneva: UNCTAD, 1995.

9. UNCTAD. World Investment Report 2002 [R]. Geneva: UNCTAD, 2002.

10. UNCTAD. World Investment Report 2003 [R]. Geneva: UNCTAD, 2003.

11. UNCTAD. World Investment Report 2004 [R]. Geneva: UNCTAD, 2004.

12. UNCTAD. World Investment Report 2005 [R]. Geneva: UNCTAD, 2005.

13. UNCTAD. World Investment Report 2006 [R]. Geneva: UNCTAD, 2006.

14. UNCTAD. World Investment Report 2008 [R]. Geneva: UNCTAD, 2008.

15. UNCTAD. World Investment Report 2009 [R]. Geneva: UNCTAD, 2009.

16. UNCTAD. World Investment Report 2010 [R]. Geneva: UNCTAD, 2010.

17. UNCTAD. World Investment Report 2012 [R]. Geneva: UNCTAD, 2012.

18. UNCTAD. World Investment Report 2013 [R]. Geneva: UNCTAD, 2013.

19. UNCTAD. World Investment Report 2014 [R]. Geneva: UNCTAD, 2014.

20. UNCTAD. World Investment Report 2015 [R]. Geneva: UNCTAD, 2015.

21. UNCTAD. World Investment Report 2016 [R]. Geneva: UNCTAD, 2016.

图书在版编目（CIP）数据

中国自贸试验区投资便利化研究／沈健著．—厦门：鹭江出版社，2019.5
（中国自贸试验区研究丛书）
ISBN 978-7-5459-1558-7

Ⅰ.①中… Ⅱ.①沈… Ⅲ.①自由贸易区－投资－研究－中国 Ⅳ.①F752

中国版本图书馆 CIP 数据核字（2019）第 004005 号

"中国自贸试验区研究"丛书
沈四宝　主编

ZHONGGUO ZIMAO SHIYANQU TOUZI BIANLIHUA YANJIU
中国自贸试验区投资便利化研究
沈健　著

出版发行：	鹭江出版社
地　　址：	厦门市湖明路 22 号　　邮政编码：361004
印　　刷：	福建新华印刷有限责任公司
地　　址：	福州市福新中路 42 号　　联系电话：0591－83661214
开　　本：	700mm×1000mm　1/16
插　　页：	3
印　　张：	20.75
字　　数：	307 千字
版　　次：	2019 年 5 月第 1 版　　2019 年 5 月第 1 次印刷
书　　号：	ISBN 978-7-5459-1558-7
定　　价：	69.00 元

如发现印装质量问题，请寄承印厂调换。